Fürth
Nürnberg
Zirndorf

mitmischen 2

Sven Christoffer
Guiskard Eck
Eberhard Gloger
Siegfried Gomell
Helmut Heimbach
Dr. Christoph Kühberger
Klaus Leinen
Harald-Matthias Neumann
Dr. Antonius Wollschläger

Berater:
Dr. Christoph Kühberger
Dr. Ellen Schulte-Bunert

Ernst Klett Verlag
Stuttgart · Leipzig

mitmischen 2
Unterrichtswerk für den Geschichtsunterricht
an Haupt- und Gesamtschulen

1. Auflage 1 8 7 6 5 | 2017 2016 2015 2014

www.klett.de

Autoren: Sven Christoffer, Guiskard Eck, Eberhard Gloger, Siegfried Gomell, Helmut Heimbach, Dr. Christoph Kühberger, Klaus Leinen, Harald-Matthias Neumann, Dr. Antonius Wollschläger

Redaktion: Christine Reinke

Layoutkonzeption und Umschlaggestaltung: know idea GmbH, Freiburg
Karten: Ingenieurbüro für Kartographie Joachim Zwick, Gießen und Kartographisches Büro Borleis & Weis, Leipzig
Grafiken: Rudolf Hungreder, Leinfelden-Echterdingen, Lutz-Erich Müller, Leipzig, Jacqueline Urban, Eisenach und Ursula Wedde, Göppingen
Satz: Druckmedienzentrum, Gotha
Herstellung: Katja Taubert
Reproduktion: Meyle + Müller, Medien-Management, Pforzheim
Druck: Firmengruppe APPL, aprinta druck, Wemding

Printed in Germany
978-3-12-431020-0

9 783124 310200

Hallo,

vor dir liegt „mitmischen“ – dein neues Buch für das Fach Geschichte.
„mitmischen“ wird dich die nächsten Jahre lang begleiten.
In „mitmischen 2“ startest du mit den Entdeckern. Du erlebst, welche neuen Gebiete auf der Erde entdeckt wurden. Danach geht es um die Besiedelung Nordamerikas. Und schließlich erfährst du, wie im 17. und 18. Jahrhundert Könige und Fürsten regierten und wie Deutschland entstanden ist. Später geht es ins 19. Jahrhundert, in dem die Industrialisierung Einzug hielt. Den Abschluss bilden der Imperialismus und der 1. Weltkrieg. In allen Zeiten wirst du erleben, wie die Menschen zusammenlebten und wie sie ihre Probleme lösten.

„Und was hat das alles mit mir zu tun?“, fragst du dich jetzt vielleicht.
Lass dich überraschen! Du wirst viele Spuren aus der Vergangenheit in unserer Welt heute entdecken. Die Gewürze aus fernen Ländern stehen bei euch in der Küche.
Die Erklärung der Menschenrechte bildeten die Basis für unser Grundgesetz.
Und auch heute gibt es viele Erfindungen des 19. Jahrhundert, die unser Leben vereinfachen.

Mit „mitmischen“ lernst du aber nicht nur, sondern du kannst auch vieles selber machen und ausprobieren. Dafür gibt dir „mitmischen“ viele Tipps.
Außerdem kannst du auch immer wieder selbst in Geschichte mitmischen, indem du und deine Klasse eine Ausstellung macht, eure Stadt erkundet, Leute befragt oder euer Rathaus und den Bürgermeister oder die Bürgermeisterin besucht.

Viel Spaß dabei wünscht dir
das „mitmischen“-Team!

So arbeitest du mit diesem Buch

Hier erfährst du alles darüber, wie das Buch aufgebaut ist und welche Elemente dir dabei helfen, die Texte und Materialien zu verstehen.

Themeneinheit:
Dieses Buch hat sechs Themeneinheiten. Jede beginnt mit einer Auftakt-Doppelseite. Jede hat auch eine spezielle Farbe. Im Inhaltsverzeichnis kannst du die Farben im Überblick sehen. Ein Zeitstrahl gibt dir einen kurzen Überblick über die Abfolge der geschichtlichen Ereignisse und wo wir noch heute Spuren der Vergangenheit entdecken.

Kapitelseiten:
Jede Themeneinheit ist unterteilt in Kapitel, die jeweils auf einer Doppelseite behandelt werden.
Die Kapitel bestehen aus drei wichtigen Ebenen:
- Kopfzeile in der Farbe der Themeneinheit
- Inhalt: Texte, Bilder und Karten
- Aufgaben (unten, auf der gelben Fläche)

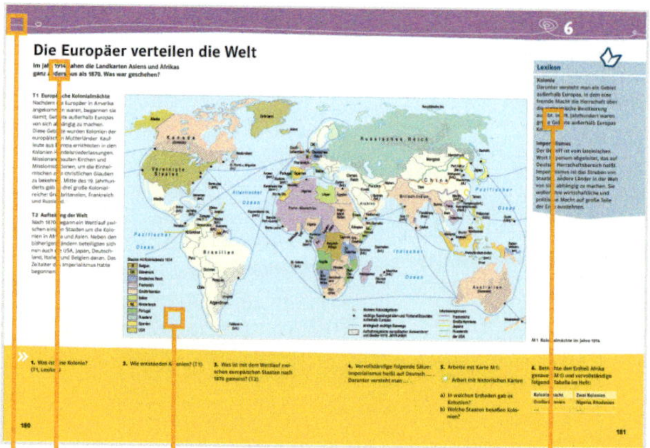

Die Kopfzeile in der jeweiligen Kapitelfarbe und die Kapitelnummerierung zeigt dir, in welchem Thema du dich befindest.

Unter der Überschrift findest du einen kleinen **Einführungstext**. So kannst du schnell sehen, worum es auf dieser Seite geht.

Der Text, den die Autorinnen und Autoren für dich geschrieben haben, ist durch Zwischenüberschriften gegliedert und mit einem **T** gekennzeichnet.

Bilder, Karten und Quellentexte auf jeder Doppelseite sind durchnummeriert. Das sieht dann zum Beispiel so aus: **M1**

Textquellen sind in großen Anführungszeichen gesetzt.

Wie du mit diesen **Materialien** umgehst, lernst du im Unterricht, aber auch die Seiten „Methode" helfen dir dabei.

Auf manchen Seiten findest du farbige Kästen, in denen zusätzliche oder wichtige Informationen hervorgehoben sind wie z. B. hier im Lexikon (blau) oder wie im Tipp (orange).

Methodenseiten:
Wenn hinter der Kapitelzahl „Methode" steht, dann geht es auf dieser Doppelseite darum, mit bestimmten Materialien richtig umzugehen – z. B. Karten lesen, Bilder untersuchen und Textquellen verstehen.

Abschluss:
Hier geht´s noch einmal ganz spannend zur Sache, denn für jede Themeneinheit gibt es ein großes Quiz, in dem du ordentlich punkten und zeigen kannst, wie fit du im Thema bist.

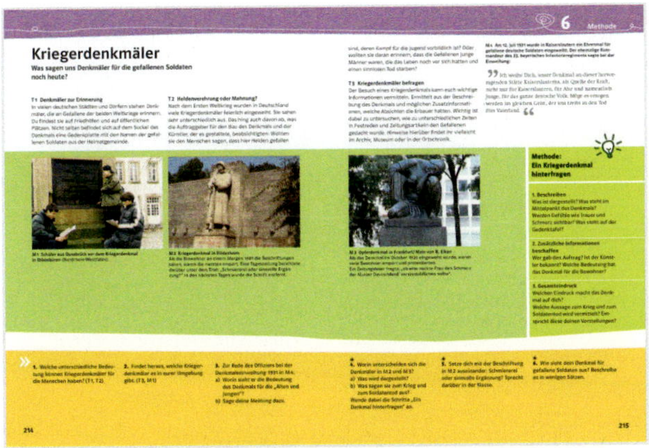

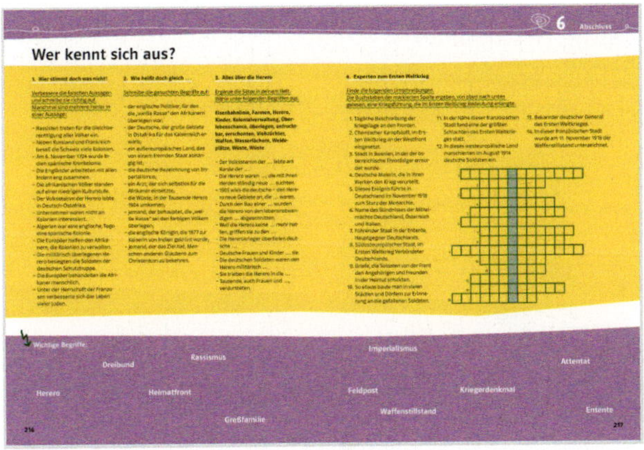

Symbole im Buch und was sie dir zeigen:

Tipp
Hier findest du Hinweise und konkrete Anleitungen zum Nacherleben von geschichtlichen Themen. Viel Spaß dabei!

Lexikon
Hier werden wichtige oder schwierige Begriffe erklärt.

Aufgaben
Immer im unteren Feld, zeigt es dir, wo die Aufgaben beginnen.

Extra
Zusätzliche Materialien, wenn du im Unterricht gut vorangekommen bist.

Methode
Hier stehen die einzelnen Arbeitsschritte für eine bestimmte Methode.

Wichtige Begriffe
Auf der Abschlussseite stehen im unteren Feld Begriffe, die du kennen solltest.

Niveau/Schwierigkeitsgrad
Bei den Aufgaben zeigt das Sternchen, ob eine Aufgabe schwieriger ist. Wenn du sie lösen kannst, bist du richtig gut!

Internetbegleitung
www.klett.de/online
Online-Link: 431020-0000

1 Aufbruch in eine neue Zeit
Ab Seite 10

2 Indianer in Nordamerika
Ab Seite 48

3 Absolutismus und Aufklärung
Ab Seite 76

4 Deutsche auf dem Weg zur Nation
Ab Seite 112

5 Fortschritt im 19. Jahrhundert
Ab Seite 136

6 Imperialismus und Erster Weltkrieg
Ab Seite 178

1 Aufbruch in eine neue Zeit

Ende des 15. Jh. begann in Europa ein neues Zeitalter. Kunst, Wissenschaft und Technik entwickelten sich. Seefahrer wagten sich auf ferne Ozeane hinaus. Auf der Suche nach einem Seeweg nach Indien erreichte Kolumbus den in Europa noch unbekannten Erdteil Amerika. Ihm folgten Eroberer, die die Völker dort unterwarfen. Deren Länder wurden Kolonialbesitz europäischer Könige.

Bezug zu heute

Nachkommen der Inkas heute

Logos von Produkten des „Fairen Handels“

Geschichte erleben

Chronologie

1492
Martin Behaim stellt den ersten Globus her.

1492
Kolumbus entdeckt Amerika.

Barriada am Rande von Lima

Eine Feldfrucht aus Amerika

1521
Cortés erobert Tenochtitlan/ Mexiko.

um 1600
Zwangsarbeiter aus Afrika verarbeiten Zuckerrohr.

Bücher, Brillen, Taschenuhren

Zu Beginn der Neuzeit veränderten viele bedeutsame Erfindungen das Leben der Menschen.

M1 Papst Gregor am Schreibpult, darunter drei Schreiber (Elfenbeinschnitzerei, 11. Jh.)

M2 Druckerwerkstatt im 16. Jh. (Kupferstich von Philipp Galle)

T1 Eine mühevolle Arbeit

Im Mittelalter gab es nur sehr wenige Bücher. Sie wurden in den Bibliotheken der Klöster sorgfältig aufbewahrt. Gern liehen Mönche oder Nonnen Bücher von anderen Klöstern aus und schrieben sie vollständig ab. Manche Klöster fertigten aber auch Abschriften für reiche Auftraggeber, etwa Bischöfe oder Fürsten. In einer Schreibwerkstatt, dem Scriptorium, schrieben die Mönche Tag für Tag mit zugespitzten Gänsefedern und selbstgefertigter Tinte. Satz für Satz setzten sie sorgfältig auf Pergament. Das war eine äußerst anstrengende und mühevolle Arbeit. Für ein Buch brauchten sie oft länger als ein Jahr. Kein Wunder, dass kaum ein Kloster mehr als 200 oder 300 Bücher besaß.

T2 Die Nachfrage wächst

Im 13. Jahrhundert wurden in vielen Städten Europas Universitäten gegründet. Nun brauchte man mehr Bücher. Immer mehr Menschen lasen. Reiche Kaufleute wollten selbst Bücher besitzen. Doch für ein Buch musste der Gegenwert von 30 bis 50 Ochsen bezahlt werden. Es wurde versucht, ganze Buchseiten spiegelbildlich in Holzbretter zu

»

1. Erkläre, warum vor der Erfindung des Buchdruckes Bücher so teuer waren. (T1)

2. Warum stieg im 13. Jh. die Nachfrage nach Büchern an? (T2)

3. Das von Gutenberg erfundene Verfahren war komplizierter als das Abschreiben. Trotzdem waren gedruckte Bücher billiger als handgeschriebene. Erkläre, warum. (T3)

4. Beschreibe die Tätigkeiten der Männer auf M2.

schnitzen und viele Seiten wie mit einem Stempel zu „drucken". Doch das war noch umständlicher als das Abschreiben.

T3 Gutenberg hat einen Idee

Ein Goldschmied in Mainz, Johannes Gutenberg, hatte eine bessere Idee: Er goss alle Buchstaben des Alphabets in Metall. Diese Buchstaben wurden Lettern genannt. Gutenberg fügte sie zu Wörtern, zu Sätzen und zu einer ganzen Seite zusammen. Mit Druckerschwärze und einer Presse konnte er nun viele Drucke dieser Seite fertigen. Wenn er genügend Seiten gedruckt hatte, konnte man die Lettern wieder auseinandernehmen und mit ihnen eine neue Seite „setzen". Zwar war auch das eine langwierige Arbeit. Doch am Ende hatte man nicht nur eine einzige Buchabschrift, sondern viele hundert Exemplare hergestellt.

T4 Der Buchdruck verbreitet sich

1455 erschien zum ersten Mal ein gedrucktes Buch – eine Bibel. In den nächsten Jahrzehnten entstanden überall in Europa Buchdruckereien. Für den gleichen Preis, den man für ein handgeschriebenes Buch bezahlen musste, bekam man jetzt zehn bis fünfzehn gedruckte. Noch billiger waren einzelne gedruckte Seiten. Mit diesen „Flugblättern" verbreiteten sich Neuigkeiten rasch. Immer mehr Menschen hatten jetzt Zugang zu Büchern, nicht nur hohe Geistliche und Reiche. Es lohnte sich, lesen zu lernen.

T5 Brillen erleichtern das Lesen

Menschen mit altersschwachen Augen konnten keine Bücher mehr lesen, nicht mehr schreiben, nähen oder sticken. Nun wurden Brillen hergestellt, die es auch weitsichtigen Kaufleuten und Gelehrten ermöglichten, Bücher und Papiere zu lesen.

M3 Taschenuhr aus dem 16. Jh.
Pendeluhren, die durch Gewichte betrieben wurden, funktionierten nur, wenn sie nicht bewegt wurden. Die neu erfundenen Taschenuhren hatten ein Federwerk. Sie konnten herumgetragen und auch auf schwankenden Schiffen verwendet werden.

M4 Kanone (Holzschnitt von 1529)

M5 Bücherproduktion seit dem 15. Jh.
Es ist die geschätzte Zahl der Titel angegeben. Die Zahl der gedruckten Exemplare war wesentlich höher.

15. Jahrhundert	40 000 Titel
16. Jahrhundert	520 000 Titel
17. Jahrhundert	1 250 000 Titel
18. Jahrhundert	2 000 000 Titel
19. Jahrhundert	8 000 000 Titel

M6 Die erste Gutenberg-Bibel kostete 42 Gulden, so viel wie 14 Ochsen. 1522 war das „Neue Testament" für nur 1½ Gulden zu haben.

Lexikon

Pergament
wurde aus gereinigten und geglätteten Tierhäuten hergestellt und wie Papier beschrieben und bemalt.

5. Zähle die Erfindungen auf und erkläre, wie sie das Leben veränderten. (T3 – T5, M2 – M4)

* **6.** Erkennst du einen Zusammenhang zwischen M5 und M6? Vergleiche M6 mit Preisen heutiger Bücher.

* **7.** Das gedruckte Buch war im 15. Jh. ein neues Medium. Welche „neuen Medien" gibt es heute?

Der Mensch steht im Mittelpunkt

Ende des Mittelalters wurden in Europa Kunst und Wissenschaft der griechischen und römischen Antike wiederentdeckt.

M1 Standbild aus Ravensburg (um 1480, Lindenholz)
Schützend breitet Maria, die Mutter Gottes, ihren Mantel über die betenden Christen aus. Die „Schutzmantel-Maria" ist in der Übergangszeit vom Mittelalter zur Neuzeit entstanden. Noch war die Religion der Mittelpunkt des Lebens.

T1 Im Mittelpunkt die Religion

Im Mittelalter waren die Menschen sehr religiös. Der christliche Glaube und die Kirche standen im Mittelpunkt ihres Lebens. Der arme Bauer und der mächtige Fürst – jeder hatte seinen festen Platz in der Gesellschaft. Diese Ordnung war von Gott gewollt. Es war sein Wille, dass der Bauer harte Feldarbeit verrichten musste, der Priester die Messe las und der Adel über Land und Leute herrschte. So verkündete es auch die Kirche.

T2 Religiöse Kunst

Auch die Werke der Künstler des Mittelalters waren Ausdruck tiefer Frömmigkeit. Vor allem das Leiden Christi, die Mutter Gottes und die Heiligen wurden immer wieder dargestellt. Im späten Mittelalter wurden auch Alltagsszenen, Landschaften oder Gebäude gezeigt, meist aber nur im Hintergrund.

T3 Zurück zu den Griechen

Als 1453 die muslimischen Türken Konstantinopel (heute Istanbul) erobert hatten, waren viele christliche Gelehrte nach Italien geflohen. Sie brachten Schriften aus der griechischen und römischen Antike mit. Diese Schriften weckten das Interesse der gebildeten Bürger in den Städten Oberitaliens. Viele von ihnen, die durch Handel zu Reichtum und Ansehen gelangt waren, wollten sich aus den Zwängen der Kirche befreien. Sie suchten nach neuen Ideen. Die Zeit der Antike war im Mittelalter als „heidnisch" verdammt worden. Jetzt wurden Kunst und Wissenschaft der Antike bewundert und zum Vorbild genommen.

»

1. In welcher Epoche suchten die Menschen der Renaissance ihre Vorbilder? (T3, T4)

2. M2 – M4 stammen von italienischen Künstlern, M1 nicht. Kannst du dir erklären, warum?

3. Welche Gründe gab es dafür, dass Ende des 15. Jh. Wissenschaft und Kunst der Antike „wiedergeboren" wurden? (T3, T4)

4. Erkläre den Begriff „Renaissance". (T4)

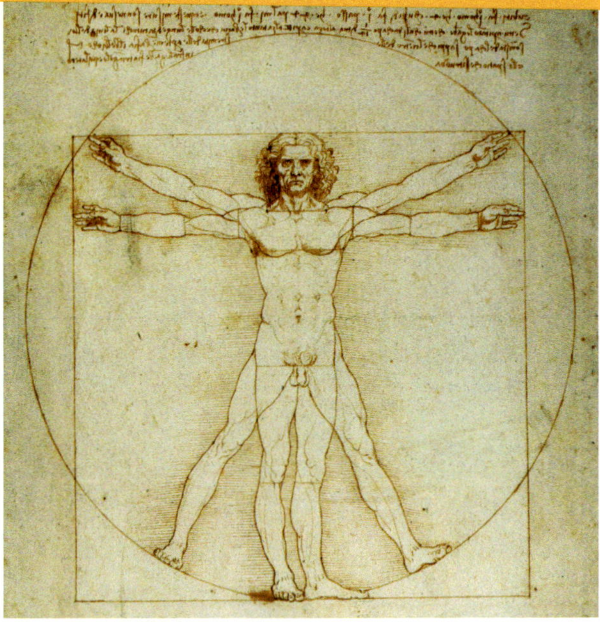

M 2 Zeichnung von Leonardo da Vinci (um 1490)
Der Künstler betont die Harmonie des menschlichen Körpers durch geometrische Figuren.

T 4 Eine Wiedergeburt

Renaissance (= Wiedergeburt) nennen wir diese Zeit, weil in ihr Geist, Kunst und Wissenschaft der Antike gleichsam „wiedergeboren" wurden. Der Mensch wurde nicht länger als willenloser Spielball überirdischer Mächte angesehen. Er war ein Wesen, das durch seinen eigenen Willen und seinen Geist sein Leben selbst gestalten konnte. Dieses Menschenbild stand nicht im Gegensatz zum christlichen Glauben, denn Gott hatte ja den Menschen „nach seinem Bilde erschaffen".

M 4 Lesender Knabe
(Ausschnitt eines Bildes von Vincenzo Foppa, 1468)
Es stellt vermutlich einen römischen Gelehrten aus der Antike als Kind dar.

M 3 Der heilige Augustinus als Lehrer (Gemälde von Benozzo Gozzoli um 1465)
Der Heilige trägt die Kleidung eines Universitätsprofessors. Seine Zuhörer diskutieren miteinander.

Lexikon

Antike
Die geschichtliche Zeit vor dem Mittelalter, die auch Altertum genannt wurde.

Harmonie
Ausgewogenheit, schöner Gleichklang

5. Vergleiche die Haltung der betenden Menschen auf M 1 mit der der Studierenden auf M 3. Welche Unterschiede fallen dir auf?

*
6. Woran kannst du bei M 1 erkennen, dass es in der Übergangszeit vom Mittelalter zur Neuzeit entstanden ist?

*
7. Erläutere den Titel dieser Doppelseite mithilfe von T 4 und M 1 – M 4.

Wo der Pfeffer wächst ...

Heute sind sie aus unserem Alltag nicht mehr wegzudenken, damals waren sie eine unschätzbare Kostbarkeit – Gewürze.

T1 Im Eiscafé
„... also zweimal Erdbeer-Vanille und für mich Schoko-Zitrone." Katrin sitzt mit ihren Freundinnen in dem kleinen Eiscafé an der Ecke. Sie hat die beste Englisch-Arbeit geschrieben. Deswegen hat sie zum Eis eingeladen. Als das Eis kommt, sagt Mona nachdenklich: „Erdbeeren und Zitronen kenne ich ja, aber wie sieht eigentlich Vanille aus?" „Vanille – das ist doch ein Gewürz, so ein schwarzer Stängel – oder sind die gelb?", fragt Anja. „Vanillesoße ist jedenfalls gelb", behauptet Katrin. Die Mädchen nehmen sich vor, einmal in der Küche nach den Gewürzen zu schauen.

Ingwerbonbons, Chili con Carne, Pfeffersalami, Zimtsterne, ... – kaum einmal denken wir daran, dass die meisten Gewürze in unseren Lebens- und Genussmitteln aus fernen Ländern stammen. Vor etwa 500 Jahren waren sie selten und teuer. Manche wurden mit Gold aufgewogen. Das war nur etwas für Reiche. Arme mussten sich mit etwas Salz und heimischen Kräutern begnügen. Heute bekommt man Gewürze für wenig Geld im Supermarkt – auch Zimtstangen.

T2 Luxusgüter aus fernen Ländern
Durch die Kreuzzüge hatten die Europäer die Schätze des Orients kennengelernt, also der Länder östlich und südöstlich des Mittelmeeres. Noch weiter östlich lag Indien. So nannte man damals alle Länder Asiens, auch China und Japan. Reiche Bürger und Adlige begehrten die Luxusgüter aus diesen fernen Ländern: Edelsteine, Seide und Teppiche – vor allem aber Gewürze. Aus drei Gründen waren damals Gewürze so begehrt:

- Sie verbesserten den Geschmack der oft faden und wenig abwechslungsreichen Speisen jener Zeit, sie regten den Appetit an und förderten die Verdauung.

M1 Preistabelle von 1393

Ware	Preis
1 fetter Ochse	11 Schillinge
1 Pfund Zucker	58 Schillinge
1 Pfund Muskatnüsse	80 Schillinge

1 Schilling war ungefähr der Lohn für 2 bis 3 Arbeitstage eines Bauarbeiters.

M2 Gewürzkrämer auf einem Markt in Nürnberg (Mitte des 15. Jh.)

- Manche Gewürze erhöhten die Haltbarkeit leicht verderblicher Lebensmittel. Scharf gewürzt schmeckte auch das, was nicht mehr ganz frisch war – sehr wichtig in einer Zeit, in der man nur durch Salzen (Pökeln), Räuchern und Trocknen Lebensmittel haltbar machen konnte.
- Einige Gewürze galten als Medizin. Heute wissen wir, dass dies zum großen Teil Aberglaube war. Aber maßvoller Gebrauch von Gewürzen wirkt tatsächlich gesundheitsfördernd.

»

1. Warum wollten die Europäer die fernen Gewürzländer selbst erreichen? (T3)

2. Erkundige dich nach dem heutigen Preis einiger Gewürze. Vergleiche mit dem späten Mittelalter. Was sind die Gründe für die Preisunterschiede? (M1)

3. Arbeite mit dem Atlas:
a) Suche die Länder, in denen heute Gewürze angebaut werden.
b) Suche die Wege, auf denen die Gewürze aus Asien nach Europa kamen.

T3 Gewürzhandel
Mit Gewürzen konnte man viel Geld verdienen. War in Indien eine Hand voll Pfefferkörner für ein oder zwei Schillinge zu haben, so kostete in Alexandria die gleiche Menge schon 12, in Venedig 16, bei den Verbrauchern in Deutschland schließlich 30 Schillinge oder mehr.
Lange Landwege und der Seeweg über das Schwarze Meer und das Mittelmeer ließen die Preise steigen. Die italienischen Städte am Mittelmeer – allen voran Venedig – verdienten gut am Zwischenhandel. Ebenso die muslimischen Araber, durch deren Gebiet die Karawanenstraßen führten. Daher versuchten die europäischen Händler immer wieder vergeblich, selber zu den Ursprungsländern dieser Waren vorzudringen.
Als die muslimischen Türken im Jahre 1453 das christliche Konstantinopel (heute Istanbul) eroberten, war auch den Kaufleuten aus Venedig der Zugang zum Schwarzen Meer und zu den wichtigsten Handelsplätzen versperrt.
Wenn man doch nur die Gewürzländer direkt mit dem Schiff erreichen könnte …

Extra

M3 Anis

M4 Chili

M5 Fenchel

M6 Ingwer

M7 Koriander

M8 Muskat

M9 Safran

M10 Vanille

M11 Wo Gewürze heute angebaut werden

Gewürz	Anbaugebiet
Anis	Mexiko, China, Russland, Spanien, Italien, Niederlande, Türkei
Chili	Äthiopien, Kenia, Tansania, Nigeria, USA, Mexiko, China, Japan, Pakistan, Indien
Fenchel	China, Indien
Ingwer	Indien, China, Jamaika, Nigeria
Koriander	Argentinien, Russland, Indien, Rumänien, Marokko
Muskatnuss	Indonesien, Grenada
Nelken	China, Tansania, Indonesien
Pfeffer	Indien, Brasilien, Ceylon, Indonesien
Piment	Mexiko, Jamaika
Safran	Spanien
Vanille	Madagaskar, Indonesien
Zimt	China, Ceylon, Vietnam, Malaysia, Tansania

*
4. Stell dir vor, du begegnest einem Zeitreisenden aus dem Mittelalter. Erkläre ihm, wie wir heute unsere Lebensmittel frisch halten.

*
5. Zucker gehört nicht zu den Gewürzen. Finde heraus, warum er trotzdem im Mittelalter sehr teuer war.

Magnetberge und Mahlströme

Große Gefahren und abergläubische Ängste hielten im Mittelalter die Seeleute davon ab, sich weit auf den Ozean hinauszuwagen.

M1 Ausschnitt aus einer Seekarte von 1539, auf der ein Teil der Küste Norwegens abgebildet ist, in der Mitte ein Mahlstrom.

M2 Ein Magnetberg zieht die Nägel aus den Schiffplanken (Holzschnitt aus dem späten 15. Jh.)

T1 Unheimliches Meer

Den Menschen des Mittelalters erschien die Weite der Meere unheimlich und bedrohlich. Viele Schiffe waren von Stürmen auf die offene See hinausgetrieben worden und niemals zurückgekehrt. Freiwillig fuhr dort niemand hin. Zwar waren die Wikinger schon im 10. Jahrhundert mit ihren Drachenbooten auf die hohe See hinausgefahren und hatten auch die Ostküste Amerikas erreicht. Doch diese kühnen Seereisen waren wieder in Vergessenheit geraten. Für die Schiffsleute des Mittelalters war das Meer kein Ort für Abenteuer und Entdeckungen, sondern ein Verkehrsweg. Ihre Segelschiffe trugen die Waren der Kaufleute von einem Hafen zum anderen. Die Seestädte an Nordsee und Ostsee sowie am Mittelmeer waren nicht allzu weit voneinander entfernt. Bei günstigem Wind konnte man in wenigen Tagen von einem Hafen zum nächsten gelangen. Wo es möglich war, segelte man in Sichtweite der Küsten.

T2 Angst und Aberglaube

Unter den Seeleuten gingen schauerliche Geschichten um. Sie erzählten, dass draußen in den Weiten der Ozeane riesige Ungeheuer lauerten. Diese warteten nur darauf, aufzutauchen und ganze Schiffe mit ihrer Mannschaft zu verschlingen. Auch von Magnetbergen wurde erzählt. Sie hielten die Schiffe fest oder zogen die Nägel aus den Planken, so dass die Schiffe ausein-

»

1. Warum fuhren die Seeleute des Mittelalters nicht gern auf die hohe See hinaus? (T1, T2)

2. Welche Gefahren waren nur eingebildet und welche bestanden wirklich? (T1 – T3)

3. Die Erfindung des Buchdrucks half, wahre und falsche Nachrichten schnell zu verbreiten. Erläutere diese Behauptung anhand von M1 und M2.

anderfielen. Im Norden – so glaubte man – drehten sich gewaltige Strudel, Mahlströme genannt, die jedes Schiff in die Tiefe rissen. Auch vor Reisen nach Süden wurden die Seeleute gewarnt. Man glaubte, in der Nähe des Äquators würde es so heiß, dass Schiff und Besatzung schwarz gebrannt würden. Außerdem würde das Meerwasser dort kochen und zu einer schleimigen Masse werden, aus der sich kein Schiff befreien konnte.

T3 Gefahren der See

Nicht nur abergläubische Ängste machten den Seereisenden zu schaffen. Ihnen drohten auch wirkliche Belastungen und Gefahren. Ungeziefer und immer wieder eindringendes Seewasser verdarben die Lebensmittelvorräte. Das Trinkwasser faulte. Pökelfleisch sowie Schiffszwieback verschimmelten. Auf längeren Seereisen quälten Hunger und Durst die Seeleute. Zwar wusste damals noch niemand, was Vitaminmangel war, doch die meisten Matrosen kannten seine Folge, den Skorbut. Wer daran erkrankte, dem blutete das Zahnfleisch. Schließlich fielen die Zähne aus und die erschöpften Kranken waren zur Arbeit unfähig. Wenn eine Flaute die Segelschiffe festhielt, lagen diese oft wochenlang an einer Stelle. Aber auch Stürme, Klippen und sogar Seeräuber bedrohten ständig das Leben der Seefahrer.

T4 Weltreisen im Mittelalter

Vereinzelt gab es auch im Mittelalter schon Weltreisende, die auf Landwegen und Seewegen bis nach Indien oder sogar China gekommen waren. Ihre Erlebnisse schilderten sie manchmal in Büchern. Meist aber wurden ihre Abenteuer von Mund zu Mund weitergetragen. Selbst Gesehenes und Erlebtes mischte sich mit Gehörtem. Gestalten aus der mittelalterlichen Märchenwelt wurden auf ferne Länder übertragen. Phantasie und Wirklichkeit waren nicht klar zu trennen. So entstanden Bilder und Berichte über seltsame Fabelwesen und und merkwürdige Menschengestalten.

M3 Fabelwesen (Holzschnitt aus dem Reisebuch des Jehan de Mandeville um 1360)
Der Verfasser hat die Länder, über die er schrieb, nicht alle selbst bereist, sondern Berichte anderer zusammengetragen.

M4 In einem alten Märchen wird erklärt, warum das Meerwasser salzig ist:

» Ein Seeräuber traf einmal zwei Schwestern, die am Ufer saßen und grobes Salz in einer Mühle mahlten. Er verschleppte die beiden auf sein Schiff und nahm die Mühle gleich mit. Um sich zu rächen, mahlten die beiden unablässig weiter – so lange, bis das Schiff unter der Last des Salzes sank. Beim Untergang entstand ein trichterförmiger Strudel, der alle sich ihm nähernden Schiffe in die Tiefe zieht – der Mahlstrom. «

Lexikon

Skorbut
Eine Mangelkrankheit, die Menschen befällt, deren Nahrung zu wenig oder gar kein Vitamin C enthält.

Flaute
Anders für Windstille; hatte zur Zeit der Segelschiffe die gleichen Folgen wie heute ein Motorschaden.

4. Die Entdecker hatten große Mühe, Seeleute für ihre Reisen anzuheuern. Überlege, warum.

* **5.** Einige der abergläubischen Vorstellungen hatten vielleicht einen wahren Kern. Überlege, welche das sein könnten.

* **6.** Welche Wirkungen hatten die im Mittelalter verbreiteten Vorstellungen von den Ozeanen und fernen Ländern auf die Endeckungsreisen?

Nach Süden, bis die Butter schmilzt

Die Entwicklung der Navigation half den Seefahrern, den Weg über die Weiten der Ozeane zu finden.

T1 Die Erde – eine Scheibe?
Im Mittelalter hielten viele Menschen die Erde für eine riesige Scheibe im Mittelpunkt des Weltalls. Um sie kreisten Sonne, Mond und Sterne. Doch schon den griechischen Wissenschaftlern war aufgefallen: Der Schatten der Erde auf dem Mond ist kreisförmig. Zudem scheint ein Schiff, das sich vom Ufer entfernt, am Horizont zu versinken. Das war nur erklärbar, wenn man annahm, dass die Erde die Gestalt einer Kugel hat.

T2 Ein neues Bild der Welt
Doch das war nur noch wenigen Gelehrten bekannt. Mit der Renaissance erwachte aber das Interesse an den Wissenschaften der Antike neu. Bald setzte sich unter den Gelehrten die Erkenntnis durch, dass die Erde die Gestalt einer Kugel hat.

T3 Erfahrung weist den Weg
Mehr als tausend Jahre lang hatten die Schiffe auf dem Mittelmeer, der Nordsee und Ostsee immer wieder die gleichen Routen befahren. Erfahrene Kapitäne bestimmten ihren Weg nach auffälligen Punkten an der Küste und nach dem Stand der Sonne. Sie kannten die Wassertiefen und die Meeresströmungen. Es interessierte sie kaum, ob die Erde eine Scheibe war oder eine Kugel.
Als aber die Entdeckerschiffe sich immer weiter auf die endlosen Flächen des Ozeans hinauswagten, reichte die „Erfahrungsnavigation" nicht mehr aus. Es mussten neue Möglichkeiten der Orientierung auf See gefunden werden. Dabei halfen die Beobachtung der Gestirne und die Mathematik.

M1 Globus von 1492, hergestellt von Martin Behaim in Nürnberg

M2 Eine holländische Schule für Navigation (Kupferstich von 1622)

1. Welches Bild von der Erde hatten die meisten Menschen im Mittelalter? (T1)

2. Welche Erkenntnis der Gelehrten wird in T2 beschrieben?

3. Erkläre den Begriff „Erfahrungsnavigation" mithilfe von T3 und dem Lexikon.

4. Welche Navigationsinstrumente erkennst du auf M2? Nimm auch M4 zu Hilfe.

5. Schiffe und Flugzeuge finden heute auch bei Nacht und Nebel zum Ziel. Viele Pkw verfügen über GPS. Erkundige dich, wie das funktioniert.

M 3 Winkelmessung mit dem Jakobsstab

Stechzirkel – mit ihm wurden Entfernungen auf Karten oder Globen abgegriffen.

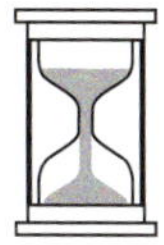

Sanduhr – die Pendeluhren funktionierten auf bewegter See nicht.

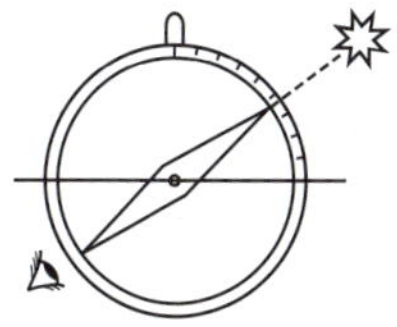

Astrolabium – mit ihm konnte man Gestirne genau anpeilen und ihre Winkelhöhe auf einer Skala ablesen.

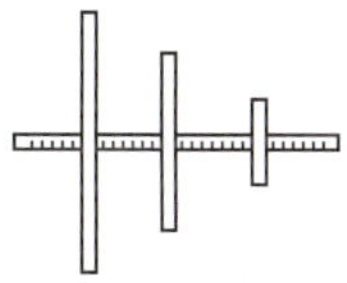

Jakobsstab – mit ihm konnte man ebenfalls Gestirne anpeilen. Er war auf See leichter zu bedienen als das Astrolabium. Beide Navigationsinstrumente wurden später vom Sextanten abgelöst.

M 4 Navigationsinstrumente

T 4 Ein altes Segelhandbuch

„Nach Süden, bis die Butter schmilzt, und dann geradewegs nach Westen." So sollten die Seeleute den Weg zu den westindischen Inseln finden. Es schien ganz einfach, nach Süden bis in die heißen Tropen zu segeln und dann westwärts, bis man auf die gesuchten Inseln stieß.

T 5 Der Kompass zeigt die Richtung

Die Himmelsrichtungen konnte man am Kompass ablesen. Seine magnetische Eisenspitze zeigte immer nach Norden. Oft waren die Schiffe viele Wochen unterwegs, ohne, dass Land in Sicht war. Da war es schwer, den Standort zu bestimmen. Hierbei half auch der Kompass nicht weiter.

T 6 Peilen und schätzen

Nur am Äquator steht die Sonne mittags genau senkrecht am Himmel über dem Standort. Je weiter man sich vom Äquator entfernt, umso tiefer steht die Sonne um 12 Uhr und umso kleiner wird der Winkel zwischen Sonne und Horizont. Also konnten die Seeleute ihre Nord-Süd-Position, die „Breite", durch Anpeilen der Sonne recht genau ermitteln. Für die Peilung wurden besondere Instrumente entwickelt. Die West-Ost-Position, die „Länge", ließ sich dagegen nur grob schätzen.

Lexikon

Navigation
Das ist die Standortbestimmung und Wegfindung bei Schiffen, Land- und Luftfahrzeugen innerhalb eines geographischen Raumes.

GPS
Darunter versteht man eine modernes Navigationssystem.

6. Warum reicht ein Kompass zur Navigation in fremden Gewässern allein nicht aus?

* **7.** Vergleiche den Behaim-Globus M 1 mit einem modernen Globus oder mit der Weltkarte in deinem Atlas. Was kannst du über die Kenntnisse des Martin Behaim ablesen?

* **8.** Erkläre anhand von M 3, wozu die Navigationsinstrumente auch auf dem Land genutzt wurden.

Der lange Weg nach Indien

Indien – so nannten die Europäer im Mittelalter alle fernen Länder im Osten. Dorthin zog es Kaufleute, Seefahrer und Abenteurer.

T1 Ein Prinz sucht neue Seewege

Am Westrand Europas, weitab von den wichtigen Handelswegen, lag das kleine Königreich Portugal. Hier wurde 1394 Prinz Heinrich geboren. Er glaubte fest daran, dass es einen Weg gäbe, den Machtbereich der Araber und Türken zu umgehen. Vielleicht war es möglich, um Afrika herum zu segeln und Indien sowie China direkt anzusteuern.

M1 Portugiesischer Soldat (Bronzestatue von einem afrikanischen Künstler aus Benin, Westafrika, 16. Jh.)

T2 Sklaven, Gold und Elfenbein

Prinz Heinrich wollte aber nicht nur die Herkunftsländer von Gewürzen, Gold und Elfenbein erreichen. Auch der Handel mit Sklaven aus Afrika lockte ihn. Sklaven wurden in Italien und Spanien als billige Arbeitskräfte eingesetzt. Zudem hatte er von einem christlichen König gehört, dessen Reich irgendwo im Osten Afrikas liegen sollte. Mit ihm wollte er Kontakt aufnehmen. Der Prinz rüstete Segelschiffe aus, die die Westküste Afrikas erkundeten. Jahr für Jahr segelten die Portugiesen immer weiter nach Süden. Sie errichteten Stützpunkte auf den Inseln westlich von Afrika und entlang der Westküste.

T3 Portugiesen an Afrikas Westküste

Als Prinz Heinrich 1460 starb, hatten seine Seeleute noch nicht einmal den Äquator erreicht. Afrika war viel größer, als man erwartet hatte. Aber Portugal beherrschte nun den Handel an Afrikas Westküste und drang immer weiter vor. Das kleine Land hatte bewiesen, dass Entdeckungsreisen großen Nutzen bringen konnten.

T4 Der Seeweg nach Indien

So war es auch ein Portugiese, dem es als erstem Europäer gelang, die Südspitze Afrikas zu umsegeln. Vasco da Gama hatte es gewagt, von der Westküste Afrikas aus seine Schiffe nach Südwesten weit in den Ozean hinauszuführen. Von August bis November sahen seine Seeleute kein Land. In einem großen Bogen steuerte er dann um die Südspitze Afrikas herum nach Osten. So umfuhr Vasco da Gama gefährliche Stürme und die Klippen an den Küsten. Das hatten seine Vorgänger nicht geschafft.

»

1. Warum suchten die Portugiesen einen Seeweg um Afrika herum? (T1)

2. Warum dauerte es so lange, bis ihnen die Umrundung gelang? (T2–T4)

3. Was hatten die Portugiesen in Indien erwartet und was fand Vasco da Gama dort tatsächlich vor? (T5)

T5 Große Städte, reiche Kaufleute

Am 20. Mai 1498 erreichte Vasco da Gama die Stadt Kalikut (heute Koschikode) an der Westküste Indiens. Fast ein Jahr war er unterwegs gewesen. Die Portugiesen hatten erwartet, hier auf arme Wilde zu stoßen.
Doch sie fanden eine große Stadt vor, die durch den Handel mit Gewürzen, Gold und Edelsteinen reich geworden war. Ihre Bewohner zeigten wenig Interesse an den ärmlichen Waren der Europäer. Nur mit Verlust konnte Vasco da Gama seine Ladung loswerden. Aber er hatte bewiesen, dass Indien von Europa aus auf dem Seeweg erreicht werden konnte. Dieser Weg war jedoch weiter und gefahrvoller, als man angenommen hatte.

M3 Ein Seemann aus Vasco da Gamas Mannschaft berichtet, wie einer der Portugiesen in Kalikut zwei Männer findet, mit denen er sich auf Spanisch verständigen kann (Mitte 15. Jh.):

❞ Sie begrüßten ihn mit den Worten: „Hol dich der Teufel! Wer hat dich hierher gebracht?“ Und sie fragten, was wir so weit in der Ferne suchten, und er antwortetet ihnen: „Wir kommen Christen und Gewürze suchen (…)“
Dann bewirteten sie ihn, und nachdem er gegessen hatte, kam er zurück zu den Schiffen, und mit ihm kam einer (…) (der Männer) und als selbiger an Bord trat, waren seine ersten Worte: „Willkommen, willkommen! Viel Rubinen, viel Smaragden! Danket Gott auf den Knieen, dass er euch in ein Land gebracht hat, wo des Reichtums so viel ist! ❝

M2 So könnte es auf einem Entdeckerschiff ausgesehen haben (Rekonstruktionszeichnung)
Die Schiffe waren nur etwa 20 m lang. Die Laderäume waren vollgestopft mit Vorräten für eine mehrmonatige Reise. Ein Bett hatte nur der Kapitän. Die Matrosen mussten sich einen Schlafplatz an Deck oder auf der Ladung suchen. (1) Kapitänskammer, (2) Ruderpinne, (3) Kompass, (4) Luke zum Laderaum, (5) Kanone, (6) Pumpe, (7) Ankerwinde, (8) Pökelfleisch, (9) Schiffszwieback, (10) Fässer mit gesalzenem Fisch, (11) Öl, (12) Laderaum, (13) Trinkwasser, (14) Wein, (15) Zwiebeln und Knoblauch, (16) Mehlsäcke, (17) Waffen und Munition, (18) Segel, (19) Taue

4. Was lässt sich aus M1 über das Auftreten der Portugiesen in Afrika schließen?

* **5.** Erläutere, wozu die in der Legende zu M2 benannten Teile des Schiffes und seiner Ladung gebraucht wurden.

* **6.** Welches ist heute der kürzeste Weg für eine Schiffsreise von Europa nach Ostasien?

Auf Westkurs in die Neue Welt

Christoph Kolumbus versuchte, Indien auf dem Seeweg zu erreichen, indem er nach Westen über den Atlantik fuhr. Dabei stieß er auf einen in Europa unbekannten Kontinent.

M1 Christoph Kolumbus
(Gemälde von 1520)

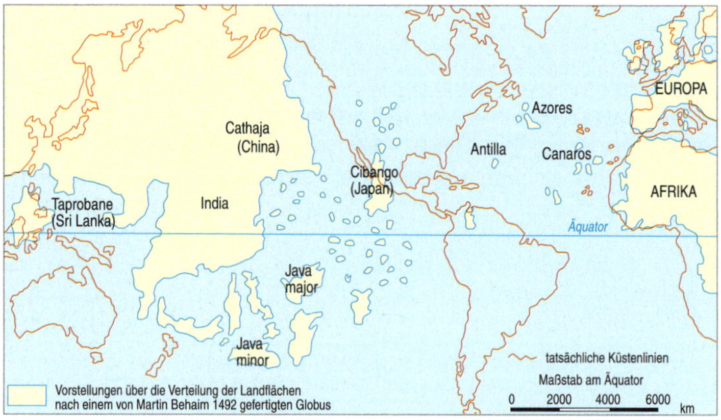

M2 Rekonstruktion von Toscanellis Karte. Hinzugefügt wurde eine Linie, die die wirklichen Umrisse der Länder, Inseln und Kontinente zeigt.

T1 Kolumbus hat eine Idee

Vasco da Gama hatte bewiesen, dass man das ferne Indien mit dem Schiff erreichen konnte. Doch der Weg um Afrika herum war viel länger, schwieriger und gefährlicher als gedacht.
Kolumbus glaubte, einen kürzeren Weg nach Indien zu kennen. Er wusste, dass die Erde die Gestalt einer Kugel hat. Eine Kugel aber lässt sich in beliebiger Richtung umrunden. Daher wollte er Indien nicht auf der Route um Afrika herum, sondern direkt nach Westen segelnd „durch die Hintertür" ansteuern.

T2 Toscanellis Karte

Auch Toscanelli, ein Gelehrter aus Italien, hatte über den Westkurs nach Indien nachgedacht und sogar eine Karte gezeichnet. Er schickte diese an Kolumbus und schrieb dazu, man könne aus ihr erkennen, dass der Weg nicht so schwierig sei, wie man glaubte. Reiche Städte seien dort zu finden mit mächtigen Königen, die nur darauf warteten, mit Christen in Verbindung zu treten. Doch auch Toscanelli schätzte die Größe der Erde viel zu gering ein. Es ahnte niemand, dass zwischen Europa und Japan ein riesiger Doppelkontinent liegt.

T3 Drei Schiffe vom König

Kolumbus brauchte Geld für die geplante Reise. Er trug seine Pläne dem König von Portugal vor. Doch der wies ihn ab. Enttäuscht versuchte Kolumbus nun sein Glück am spanischen Königshof. Nach langer Wartezeit erhielt er endlich das Kommando über drei Schiffe. Zudem sollte er Vizekönig über alle neu entdeckten Gebiete werden und den zehnten Teil der erbeuteten Schätze erhalten.

»

1. Was hat Kolumbus auf seiner Reise gesucht und was hat er gefunden? (T1)

2. Kolumbus glaubte, dass zwischen Europa und Japan nur der Atlantik läge. Was liegt in Wirklichkeit alles dazwischen?

3. Wie kam es, dass Kolumbus nicht erkannte, dass er einen unbekannten Kontinent erreicht hatte? (T4)

M3 Kolumbus aus der Sicht der Spanier
Kolumbus landet auf der Insel Haiti (kolorierter Kupferstich von Dietrich de Bry aus dem Jahre 1594)

T4 Indien oder unbekannter Kontinent?

Am 3. August 1492 stach die kleine Flotte in See. Der September verging, ohne dass Land in Sicht kam. Die Seeleute wurden unruhig. Meuterei drohte. Als am 12. Oktober endlich eine kleine Insel in Sicht kam, war Kolumbus fest überzeugt, dass Indien vor ihm lag. So nannte er die Menschen dort „Indianer" (spanisch: Indios). Bis zu seinem Tode 1506 glaubte Kolumbus, den Seeweg nach Indien gefunden zu haben.

M4 Aus dem Tagebuch des Kolumbus:

» (Ich) (…) traf eine Halbinsel an, (…) die in wenigen Tagen Arbeit zu einer Insel umgestaltet werden könnte. Doch halte ich eine derartige Umgestaltung nicht für erforderlich, da ja die Bewohner keine besonderen Kenntnisse von Waffen besitzen. Sollten Eure Hoheiten (das spanische Königspaar) den Befehl erteilen, alle Inselbewohner nach Kastilien (Spanien) zu schaffen, oder aber sie auf ihrer eigenen Insel als Sklaven zu halten, so wäre dieser Befehl leicht durchführbar, da man mit einigen fünfzig Mann alle anderen niederhalten und zu allem zwingen könnte (…) «

M5 Die Spanier aus der Sicht der Indianer
Spanier landen an der Küste Mexikos (aztekische Darstellung aus dem Kodex Duràn)

Lexikon

Kontinent
Darunter versteht man eine andere Bezeichnung für Erdteil.

4. Aus T3 und M4 können wir einiges über Absichten und Pläne des Kolumbus erfahren. Was hatte er wohl mit dem Land und den Menschen dort vor?

5. Welche Gründe mag der spanische Königshof gehabt haben, Kolumbus die Reise zu finanzieren und ihm wichtige Ämter zu übertragen?

*
6. Wie stellen die Künstler auf den Bildern die Menschen des eigenen Volkes dar, wie die Fremden? Vergleiche auch die Darstellung der Schiffe. (M3, M5)

Wem gehört die Federkrone?

Zur Zeit des Kolumbus herrschten im heutigen Mexiko die Azteken, ein Volk mit einer hoch entwickelten Kultur.

T1 Die Azteken – ein Kriegervolk
Als Kolumbus Amerika erreichte, herrschten im Gebiet des heutigen Mexiko die Azteken. In vielen Kriegen hatten sie die Nachbarvölker unterworfen. Ihre Hauptstadt war Tenochtitlan, heute Mexiko City. Die Unterworfenen mussten umfangreiche Abgaben entrichten. Höchste Gottheit dieses Volkes war Huitzlipochtli, der zugleich Sonnengott und Kriegsgott war. Er forderte ständig Menschenopfer – so glaubten die Azteken. Daher wurden immer wieder Kriegsgefangene und Sklaven – manchmal auch Freiwillige – von den Priestern getötet, manchmal mehrere Tausend in wenigen Tagen. Dieses blutige Ritual galt bei den Azteken nicht als grausam oder unmenschlich. Der Opfertod wurde sogar als sehr ehrenvoll angesehen. Wer geopfert wurde oder als Krieger im Kampf fiel, zog „als Begleiter der Sonne" in das „Sonnenreich" ein. Wer eines natürlichen Todes starb, kam in das trostlose Reich des Todesgottes – so sagten die aztekischen Priester.

M1 Aztekische Federkrone

M2 Mexiko fordert die Krone zurück:

„Seit Jahren bemüht sich Mexiko vergeblich, die so genannte Federkrone des Moctezuma zurückzuerhalten. Sie ist im Völkerkundemuseum in Wien ausgestellt. War dieser Kopfschmuck wirklich einmal die Krone des aztekischen Herrschers Moctezuma II., der vor etwa 500 Jahren Mexiko regierte? Das wertvolle Stück soll durch den Eroberer Cortés zunächst an den spanischen Königshof und später nach Österreich gelangt sein. Wissenschaftler bestreiten dies. Einige glauben, es handele sich um die Zierde aztekischer Priester. Eine mexikanische Kommission soll jetzt in Wien klären, was es mit dem Federschmuck auf sich hat."

T2 Weder Rad noch Pflug
Die Azteken verwendeten weder den Pflug noch das Rad. Verschiedene Metalle – vor allem Kupfer und Gold – verarbeiteten sie mit großer Kunstfertigkeit zu Schmuck. Ihre Werkzeuge und Waffen hingegen fertigten sie meist aus Stein. Webkunst und die Töpferei beherrschten sie meisterhaft.

M3 Die aztekische Gesellschaft

»

1. Welche Forderung stellt Mexiko an das Wiener Völkerkundemuseum? (M2)
2. Die Azteken waren keine „unzivilisierten Wilden", sondern ein kulturell sehr hoch entwickeltes Volk. Begründe diese Behauptung mithilfe von T1, T2 und M4.
3. Die Spanier erklärten die Götter der Azteken für Teufel. Warum? (T1)
4. Beschreibe die Schichtung der aztekischen Gesellschaft. (M3)

M 4 Der große Tempelplatz in Tenochtitlan. Links die Pyramide mit den Tempeln des Regengottes Tlaloc und des Sonnen- und Kriegsgottes Huitzlipochtli, davor der kreisrunde Opferstein, hinten der Salzsee und die Vulkane. Die Stadt hatte etwa 300 000 Einwohner. Sie lag auf einer Insel inmitten eines Salzsees, durch vier Dämme mit dem Festland verbunden. (Rekonstruktion)

M 5 Huitzlipochtli, wichtigster Gott der Azteken, musste nach dem Glauben der Azteken mit Menschenblut ernährt werden, um den Kampf gegen seine Brüder, die Sterne, und seine Schwester, den Mond, zu bestehen. Ohne Menschenopfer – so glaubten die Azteken – würde die Sonne nicht mehr aufgehen.

M 6 Töpfermarkt von Tenochtitlan
(Foto eines Modells aus einem Museum in Mexiko City)
Angeboten wurden z. B. Obst, Gemüse und Fleisch, Werkzeuge sowie Kleidung, Schmuck und Sklaven.

Lexikon

Moctezuma
Er war ein aztekischer Herrscher, der auch als Montezuma bekannt war.

5. Womit begründeten die aztekischen Priester ihre Opferhandlungen? (T 1, M 5)

* **6.** In vielen Museen sind wertvolle Kunstschätze ausgestellt, die von anderen Kontinenten nach Europa gebracht wurden. Diskutiert, was für und was gegen eine Rückgabe spricht.

* **7.** Überlege, warum sich Menschen freiwillig als Opfer für die Götter töten ließen. Kennst du andere Religionen, die ähnliche Vorstellungen vom Leben nach dem Tode haben?

Eine Kultur wird geköpft

Der Spanier Hernando Cortés eroberte mit einer kleinen Truppe das Reich der Azteken und zerstörte in kurzer Zeit die blühende Hochkultur.

T1 Moctezuma – von Sorgen geplagt

Große Sorgen quälten Moctezuma, den Herrscher des mächtigen Aztekenreiches. Seine Priester hatten großes Unheil vorhergesagt. Ein gewaltiger Komet war am Himmel erschienen – und nun kam auch noch die Nachricht von der Ostküste seines Reiches: Fremde Männer mit Bärten und weißen Gesichtern waren dort gelandet. Schon in alter Zeit hatten die Priester vorausgesagt, dass der einstmals vertriebene Gott Quetzalcoatl aus Osten zurückkehren würde, um die Herrschaft an sich zu reißen und den Menschenopfern ein Ende zu setzen. War Quetzalcoatl tatsächlich wieder erschienen? Waren diese Männer Götter? Einige schienen mit gewaltigen Tieren verwachsen zu sein, die Hirschen ähnelten. Andere waren ganz in Metall gekleidet. Sie besaßen Waffen, die mit großem Lärm Feuer spieen. Moctezuma war unschlüssig. Er schickte den Unbekannten reiche Geschenke, vor allem Gold. Gleichzeitig verbot er ihnen, in seine Hauptstadt Tenochtitlan zu kommen.

M1 Ein Bote Moctezumas überreicht Cortés eine Halskette.
(Zeichnungen aus einer Bilderhandschrift von 1579, Ausschnitt)

T2 Cortés – krank vor Goldgier?

„Ich leide an einer Krankheit des Herzens, die nur durch Gold zu heilen ist." So etwa lautete die Nachricht, die der spanische General Hernando Cortés an Moctezuma senden ließ. Cortés hatte von einem unvorstellbar reichen Land irgendwo im Westen gehört. Er wollte dieses Land finden, für die spanische Krone erobern und die Einwohner zum christlichen Glauben bekehren. Vor allem aber trieb ihn die Gier nach Macht, Ruhm und Gold. Im Februar 1519 verließ er mit 11 Schiffen, 16 Pferden und knapp 700 Männern die Insel Kuba und segelte nach Mexiko. Sein Ziel war die Hauptstadt der Azteken, Tenochtitlan. Indianer, die sich ihm entgegenstellten, bekämpfte er mit rücksichtsloser Härte. Es gelang ihm aber auch, einzelne Stämme als Verbündete zu gewinnen. Viele Indianer wurden getauft.

Als die Spanier endlich Tenochtitlan erreichten, empfing Moctezuma sie wie Freunde. Doch die Azteken merkten bald: Die Spanier waren keine Götter, sondern goldgierige Menschen. Sie durchsuchten die Tempel nach Schätzen, zerstörten die Götterbilder, erschlugen aztekische Priester und errichteten ein Kreuz auf der Tempelpyramide.

»

1. Warum hielten die Azteken die Spanier zunächst für Götter? (T1)

2. Wodurch mögen sie ihre Meinung geändert haben?

3. Was ist in T1 mit den Hirschen und Feuer speienden Waffen gemeint?

4. In T2 sind die Gründe genannt, die Cortés veranlassten, nach Tenochtitlan zu gehen. Welche waren das?

M 2 **Cortés mit seiner Dolmetscherin Doña Marina,** dahinter ein aztekischer Adliger (Bilderhandschrift von 1579, Ausschnitt)

Lexikon

Geisel
Person, die gefangen genommen wird, um sie nur gegen die Erfüllung bestimmter Forderungen wieder freizulassen.

T 3 Eroberung Tenochtitlans

Schließlich wehrten sich die Azteken gegen die Spanier. Cortés nahm ihren Herrscher Moctezuma als Geisel gefangen. Als Moctezuma zu seinem Volk sprechen wollte, wurde er von der Menge gesteinigt. Nur unter großen Verlusten konnten die Spanier aus Tenochtitlan fliehen. Doch im Sommer 1521 kehrte Cortés mit Verstärkung zurück. Nach zwei Monaten Belagerung fiel die Stadt und ging in Flammen auf. Das Aztekenreich hörte auf zu existieren. Tenochtitlan hieß von nun an Mexiko und wurde Hauptstadt des spanischen Kolonialreiches in Mittelamerika.

M 3 Eine aztekische Quelle beschreibt das Verhalten der Spanier:

❞ Alles Gold rafften (sie) zu einem Haufen. An die anderen Kostbarkeiten legten sie Feuer, und alles verbrannte (...) Das ganze Schatzhaus durchwühlten die Spanier, sie drängten und fragten und griffen nach allem, was ihnen gefiel. ❝

T 4 Doña Marina

Cortés hatte von unterworfenen Indianern 20 junge Frauen „zum Geschenk" erhalten. Unter ihnen war Malitzin: Sie fiel durch ihre Schönheit und Klugheit auf. Sie lernte schnell die spanische Sprache und war bald für Cortés eine unentbehrliche Dolmetscherin und Beraterin. Da sie vornehmer Abstammung war, nannten die Spanier sie respektvoll „Doña (= Herrin) Marina".

M 4 Ein spanischer Soldat erinnert sich 1568:

❞ Auf einem Sockel (des Tempels) stand der Gott der Hölle (...) Dem Ungeheuer waren an diesem Tag schon fünf Menschenherzen geopfert worden (...) (Cortés) sagte lächelnd zu Moctezuma: ‚Ich kann nicht begreifen, wie ein so großer und weiser Herrscher wie Ihr an diese Götzen glauben kann, die doch böse Geister, Teufel (...) (sind). Erlaubt uns, auf die Spitze dieses Tempels ein Kreuz und (...) ein Mutter Gottes Bild zu setzen.' (...) Moctezuma antwortete (...) mit nur schlecht verhaltenem Zorn: ‚In unseren Augen sind es gute Götter. Sie schenken uns Leben und Gedeihen, Wasser und gute Ernten, und wenn wir sie darum bitten, auch Siege. Deshalb (...) opfern wir ihnen.' ❝

5. Beschreibe anhand von T 1 bis T 3 die Eroberung Tenochtitlans.

*
6. Warum reagiert Moctezuma wütend auf die Bitte von Cortés? (M 4)

*
7. Überlegt, welche Erwartungen Moctezuma und welche Cortés bei ihrer ersten Begegnung hatten.

Von Chaskis und Brücken aus Gras

Um 1500 lebten etwa 12 Millionen Menschen im Reich der Inka im Westen Südamerikas. Ihr Ackerbau war hoch entwickelt und sie verfügten über ein ausgedehntes Straßennetz.

T1 Hochkulturen in Amerika

Als die Europäer in Amerika landeten, gab es dort viele unterschiedliche Völker. Einige lebten als Jäger, Ackerbauer oder Fischer in kleinen Gemeinschaften. Andere hatten Hochkulturen entwickelt, so etwa die Azteken und die Mayas in Mittelamerika oder die Inkas im Westen Südamerikas. Dieses Volk hatte mehrere andere Völker in vielen Kriegen unterworfen und zu einem großem Staat unter ihrer Herrschaft zusammengefügt. Von der Kultur der Unterworfenen haben die Inkas viel übernommen.

T2 Städte, Straßen ...

Die Hauptstadt Cusco lag etwa in der Mitte des Inkastaates in einer Höhe von etwa 3400 m in den Anden. Die Stadt hatte damals 50000 Einwohner. Von hier aus wurde das Reich verwaltet.
Gut ausgebaute Straßen und Wege von vielen tausend Kilometern Länge durchzogen das riesige Land. Auf ihnen wurden Waren transportiert – meist auf dem Rücken von Menschen oder von Lamas. Wagen kannten die Inkas nicht. Wenn Aufstände drohten, konnten Truppen in jeden Winkel des Reiches geschickt werden. Alle 20 bis 30 km standen Herbergen, alle 2 km kleine Steinhäuser für die Chaskis.

T3 ... und schnelle Läufer

Die Chaskis waren Schnellläufer, Boten, die Nachrichten und Befehle in einer Art Staffellauf an alle Orte des Reiches brachten. Jeder Chaski wurde nach etwa 2 km von einem anderen abgelöst. Auf diese Weise konnten an einem Tag 250 bis 300 km zurückgelegt werden.

M1 Indianische Hochkulturen um 1500

M2 Ruinen der in 2300 m Höhe gelegenen Stadt Machu Picchu
Die Inkas waren Meister des Festungsbaus. So sicherten sie die eroberten Gebiete.

»

1. Welche Hochkulturen fanden die Spanier in Amerika vor? (T1)

2. Warum waren die Chaskis für die Verwaltung des Reiches so wichtig? (T3)

3. Arbeite mit dem Atlas: Schreibe auf, welche heutigen Länder auf den Gebieten der Reiche der Inkas und der Azteken liegen. (M1)

Geschichtskarten lesen

M 3 Hängebrücke aus Gräsern und Zweigen
Damit überwanden die Inkas tiefe Schluchten. Das Foto zeigt eine der letzten noch erhaltenen Brücken aus der Inkazeit.

M 5 Feldarbeiten bei den Inkas
In den gebirgigen Teilen des Landes legten die Inkas an Berghängen ihre Felder in Form von Terrassen an. So vergrößerten sie die Anbaufläche und verhinderten das Wegschwemmen der Erde. Die Felder wurden künstlich bewässert. Von den Gebirgsbächen führten schmale Kanäle bis zu den Anpflanzungen.

M 4 Ein spanischer Eroberer berichtet über die Hauptstadt Cusco:

» Sie ist voller herrschaftlicher Paläste, denn hier leben keine armen Leute. Jeder vornehme Herr baut hier sein Haus. Die meisten dieser Häuser sind aus Stein erbaut (...). Alle Straßen sind gepflastert und in der Mitte jeder Straße läuft ein mit Steinen ausgelegter Wassergraben. Hoch über der Stadt liegt eine sehr schöne aus Stein und Lehm erbaute Festung. Viele Spanier, die fremde Reiche gesehen haben, erklären, dass sie nie ein Bauwerk gesehen haben wie diese Festung. «

T 4 Ein Volk von Bauern

Die meisten Bewohner des Landes lebten als Bauern im Hochland der Anden zwischen steilen Berghängen, in trockenen Tälern und auf kalten Hochebenen. Hier war die Landwirtschaft eine mühselige Arbeit.

T 5 Kartoffeln, Mais, Bohnen, ...

Hauptnahrungsmittel der Inkas war der Mais, von dem viele unterschiedliche Sorten angebaut wurden. Hinzu kamen Kartoffeln, Bohnen und Kürbisse. Jeder Bauernfamilie wurde Land zugewiesen. Sie mussten neben ihren eigenen auch die Äcker des Herrschers und der Priester mit bewirtschaften. Durch die ausgeklügelten Anbaumethoden waren die Erträge so gut, dass sie für alle reichten.

Lexikon

Hochkultur
Ein Volk, das hoch entwickelte Kunstwerke, Bauten sowie Städte und Straßen errichtet und eine gut organisierte Verwaltung besitzt.

4. Bestimme mithilfe der Karte M 1 die Nord-Süd-Ausdehnung des Inkareiches. Suche im Atlas zwei Orte heraus, deren Entfernung voneinander etwa dieser Strecke entspricht.

5. Das Inkareich war eine Hochkultur. Begründe diese Feststellung mithilfe von T 2, T 3, M 2 – M 5.

*
6. Zwischen Macht und Kultur eines Volkes und seiner landwirtschaftlichen und handwerklichen Produktion besteht ein Zusammenhang. Versuche, diesen am Beispiel der Inkas zu erklären.

Der Reichtum aus Übersee

Francisco Pizarro eroberte das mächtige Inkareich im Westen Südamerikas. Alle eroberten Gebiete in Mittel- und Südamerika wurden von den Spaniern rücksichtslos ausgebeutet.

T1 Ein Zimmer voller Gold

„Ich lasse diesen Raum mit Gold füllen, so hoch, wie ein großer Mann mit ausgetrecktem Arm reichen kann - wenn ihr mir dafür wieder die Freiheit gebt."
Was sich wie ein Märchen anhört, waren die Worte des mächtigen Herrschers des Inkareiches, Atahualpa. Im Jahre 1532 hatte ihn der spanische Eroberer Francisco Pizarro gefangen genommen. Mit wenig mehr als hundert Soldaten war der Spanier in das Inkareich eingedrungen. Als Pizarro nach endlosen Fußmärschen vor dem gewaltigen Heer der Inkas stand, griff er zu einer List. Er lud Atahualpa zu einem Festmahl in das Lager der Spanier ein. Doch kaum hatte der Inkaherrscher mit großem Gefolge das Lager betreten, da stürzten sich Pizarros Soldaten auf die kaum bewaffneten Indianer, töteten über tausend und nahmen Atahualpa gefangen.

M1 Atahualpas Gold-Raum Der Mann zeigt die Linie, bis zu der die Schätze aufgeschichtet wurden.

M2 Indianer bringen Gold und Kunstschätze, um für Atahualpa die Freiheit zu erkaufen. (Kupferstich von Theodor de Bry, Ende 16. Jh.)

T2 Goldgier der Spanier

Atahualpa sah in der Goldgier der Spanier seine einzige Hoffnung, freigelassen zu werden. So kam es zu dem Angebot. Pizarro ging sofort darauf ein. Tag für Tag trugen die Untertanen Atahualpas große Mengen Gold und Silber herbei. Doch als der Raum tatsächlich gefüllt war, ließ Pizarro den Inkaherrscher unter einem Vorwand erdrosseln. Nach langen Kämpfen eroberten die Spanier schließlich das riesige Inkareich vollständig.

M3 Eines der wenigen Kunstwerke der Inkas, das nicht zerschlagen und eingeschmolzen wurde.

»

1. Was für Gründe hatte Pizarro, Atahualpa gefangen zu nehmen und trotz seines Versprechens nicht freizulassen? (T1, T2)

2. Was wurde aus den Reichen der Inkas und der Azteken nach ihrer Eroberung durch die Spanier? (T3)

3. Die Errichtung von Kolonien in Übersee brachte den europäischen Königen viele Vorteile, aber auch Nachteile. Welche waren das? (T3, M4)

4. Arbeite mit dem Atlas: Welche Staaten haben sich aus den Kolonien in Mittelamerika und Südamerika entwickelt? (M4)

Geschichtskarten lesen

T3 Kolonien entstehen

Innerhalb weniger Jahre hatten die Spanier zwei Hochkulturen zerstört, das Reich der Azteken und das Inkareich. Auf den Trümmern errichteten sie das „Vizekönigreich Neuspanien" und das „Vizekönigreich Peru". Beide waren Besitz der spanischen Krone.

An der Ostküste des südamerikanischen Kontinents gründete Portugal eine Kolonie. Spanien und Portugal waren die ersten europäischen Kolonialmächte. Andere europäische Länder folgten bald.

T4 Die Seelen für Gott, das Land dem König

Schnell hatten die Eroberer alle wertvollen Gegenstände aus den Tempeln und Schatzhäusern geraubt und eingeschmolzen.

Ein Fünftel aller erbeuteten Schätze ging an den König. Die eroberten Länder nahm die Krone als „Neuspanien" in Besitz. Die Eroberer wurden mit der Zuweisung von Land und den darauf lebenden indianischen Familien belohnt. Im Jahre 1503 ordnete der spanische König an, die Indianer zu taufen und sie als Christen und freie Untertanen der spanischen Krone leben zu lassen. Es sollte Aufgabe ihrer spanischen Grundherrn sein, sie zu bekehren und zu beschützen. Diese durften dafür über die Arbeitskraft ihrer „Schützlinge" verfügen.

M4 Mittelamerika und Südamerika zur Zeit der Eroberungen und ersten Kolonien

M5 Über die Goldgier der Eroberer schrieb ein spanischer Priester:

„Gott hat in seiner Weisheit im Boden jener so unendlich weit entfernten Heidenländer Gold und Silber in Hülle und Fülle wachsen lassen, damit wenigstens die Goldgier die Christen dorthin locke, wohin die Liebe zu Christus sie niemals ziehen würde."

Lexikon

Krone
hier: Symbol für das Königreich; Besitz der „Krone" war Staatsbesitz.

Vizekönig
Bezeichnung für den Stellvertreter des (spanischen) Königs in den neuen Gebieten, den Vizekönigreichen.

5. Auch der Priester in M5 wollte die Indianer zum Christentum bekehren. Wie urteilt er über seine spanischen Landsleute und ihre Absichten?

*
6. Arbeite mit M4:
- Welche Handelsgüter wurden aus Amerika geholt?
- Erläutere die beiden Pfeile ganz oben rechts.

Gerechtigkeit für die Indios?

Viele Spanier wanderten im 16. Jahrhundert nach Mittel- und Südamerika aus, um dort schnell reich zu werden. Sie entrechteten und versklavten die einheimische Bevölkerung.

M1 Verarbeitung von Zuckerrohr durch Zwangsarbeiter
(Kupferstich von Theodor de Bry, 1595)

T1 Siedler und Abenteurer
Schnell hatte sich in Spanien herumgesprochen, dass man jenseits des Ozeans in Neuspanien und Peru scheinbar mühelos zu großem Reichtum kommen konnte. Diese Gerüchte lockten viele Menschen an: Abenteurer, verarmte Adlige, sogar Kriminelle – alle suchten ihr Glück als Siedler in den neuen Provinzen. Man schätzt, dass im 16. Jahrhundert 200 000 bis 300 000 Auswanderer aus Spanien nach Amerika gingen. Dort traten sie wie Herren über Land und Leute auf.

M2 Bartholomé de las Casas,
der Bischof wird bis heute als „Anwalt der Indios" verehrt. (Gemälde, 1876)

T2 Gewinn für die Krone
Die spanische Krone war sehr daran interessiert, ihre Staatseinkünfte durch Einfuhr von Gold, Silber und Rohstoffen aus den Vizekönigreichen zu vermehren. Sie vergab daher Bergbaurechte, aber auch große Ländereien an spanische Siedler. Nach und nach bildete sich eine Schicht vermögender Grundbesitzer spanischer Herkunft heraus.

T3 Herren und Knechte
Die Indianer wurden gezwungen, in den Bergwerken Silbererz abzubauen. Diese harte und ungewohnte Arbeit überlebten nur wenige. Nicht viel besser erging es denen, die auf den riesigen Plantagen Zuckerrohr und später auch Baumwolle ernten mussten. Während viele der Siedler großen Reichtum anhäuften, gingen die Indianer an der harten Zwangsarbeit zugrunde. Andere fielen den von den Spaniern eingeschleppten Seuchen zum Opfer. Gegen Pocken, Typhus und Masern besaßen sie keine Abwehrkräfte. Wieder andere wurden von den neuen Herren aus Willkür getötet oder erlagen Misshandlungen.

»

1. Warum gingen spanische Siedler nach Amerika? (T1)

2. Welche Folgen hatte die spanische Besiedlung für die Indianer? (T3)

3. Beschreibe die Arbeiten, die auf M1 zu erkennen sind.

4. Auf M2 und M3 sind Indianer zu sehen. Wie werden sie jeweils dargestellt?

5. Es wird geschätzt, dass die indianische Bevölkerung in den eroberten Gebieten in Amerika von 50 Millionen im Jahr 1492 auf 5 Millionen im Jahr 1570 sank.
Was waren die Ursachen für diese Entwicklung?

T4 Ein Anwalt der Indianer

Es gab aber auch Spanier, die sich gegen die Misshandlung der Indianer wandten. Der Mönch und spätere Bischof Las Casas setzte sich beim spanischen König für eine menschlichere Behandlung der indianischen Bevölkerung ein. Doch die Siedler in Amerika waren empört: Wie sollten die Kolonien ohne die Zwangsarbeit der Indianer weiterhin Gewinne für Spanien abwerfen?

T5 Sklaven aus Afrika

Einige Siedler erklärten Las Casas, dass sie auf die Versklavung der Indianer verzichten würden, wenn sie stattdessen Sklaven aus Afrika einführen könnten. Las Casas erreichte beim spanischen König die Erlaubnis, Sklaven aus Afrika nach Amerika zu holen. Sie erschienen ihm kräftiger als die Indianer und besser für die harte Arbeit geeignet.
Tatsächlich waren Sklaven aus Afrika auf den Plantagen ausdauernder und fügsamer als die Indianer. Der spanische König erteilte einem Handelshaus in Deutschland die Erlaubnis, 4000 Sklaven aus Afrika nach Amerika zu schicken. Doch das war erst der Anfang.

T6 Menschen als Ware

Zum Leiden der Indianer kam jetzt das der Sklaven aus Afrika. Man schätzt, dass insgesamt etwa 1,5 Millionen Menschen als Sklaven aus Afrika nach Amerika verschleppt wurden.

M3 Spanische Soldaten jagen fliehende Indianer. (Rekonstruktionszeichnung, 20. Jh.)

M4 Las Casas schrieb um 1550 über die Spanier in den Kolonien:

❞ (Der Gouverneur) übergab nämlich jedem Spanier, der den Wunsch dazu äußerte, dem einen 50, dem anderen 100 Indianer. Er stellte ihnen eine Bescheinigung aus: „Euch werden hiermit (...) Indianer zugewiesen, damit ihr euch ihrer bedient und sie im katholischen Glauben unterweisen lässt." (...) Er ließ geschehen, dass die Spanier die verheirateten Männer zum Goldgraben fortschleppten und die Frauen in den Häusern und Farmen zurückblieben. (...) Sie mussten die Erde (...) mit Pfählen aufbrechen.* (...) Die neugeborenen Kinder konnten sich nicht entwickeln, weil die Mütter, von Anstrengungen erschöpft, keine Nahrung für sie hatten. So starben die Männer in den Goldminen, die Frauen auf den Farmen vor Erschöpfung und die neugeborenen Kinder, weil sie keine Muttermilch bekamen (...) ❝

* Die Indios besaßen keine eisernen Werkzeuge und lockerten die Erde mit angespitzten Holzpfählen.

M5 Demonstration landloser Bauern (modernes Gemälde des argentinischen Malers und Friedensnobelpreisträgers Adolfo Pérez Esquivel)
Auf den Transparenten steht: „Landreform", „Recht auf Land" und „Das Land – ein Geschenk Gottes".

6. Was können wir aus dem Gemälde M5 über die heutige Situation der Bauern indianischer Abstammung schließen?

*
7. Sprecht über das Gemälde M5. Vergleicht die Haltung der Demonstranten mit der der Soldaten. Welche Bedeutung hat die Figur im Mittelpunkt? Versucht, etwas über den Maler herauszufinden.

Was wurde aus den Kolonialreichen?

In vielen Ländern Mittel- und Südamerikas sind die Folgen der langen Kolonialherrschaft bis heute nicht beseitigt.

M1 Kleinbauern im Andenhochland beim Pflügen und Säen

M2 Kind beim Wasserholen in den Barriadas

T1 Zum Beispiel Peru

Das Vizekönigreich Peru, das die Spanier auf dem Gebiet des ehemaligen Inkareichs errrichtet hatten, war fast 300 Jahre lang Besitz der spanischen Krone. Es war Mittelpunkt der Kolonialherrschaft der Spanier in Amerika. Erst 1821 befreite sich das Land aus der Abhängigkeit von Spanien und wurde ein selbständiger Staat. Sein heutiges Staatsgebiet ist aber wesenlich kleiner als das des Vizekönigreiches.

T2 Reiche Städter – arme Bauern

Während der Kolonialzeit hatten die neuen Herren viele Städte gegründet, in denen sich spanische Einwanderer niederließen. Andere errichteten auf den fruchtbarsten Böden große Farmen, so genannte Haziendas. Hier wurden in großem Umfang Getreide und Fleisch produziert zum Verkauf an die Stadtbewohner. Für die große Mehrheit der Ärmeren blieben nur die weniger fruchtbaren Böden. Dort sind viele Familien indianischer Abstammung als Kleinbauern tätig. Sie produzieren das meiste von dem, was sie zum Leben benötigen, selbst. Andere arbeiten für geringen Lohn als Landarbeiter für die Großgrundbesitzer.

T3 Bis heute – wenig Industrie

Während der Kolonialherrschaft wollte der spanische König vor allem Gold und Silber, später Zuckerrohr und Baumwolle aus den Kolonien beziehen und Steuern von den reichen Großgrundbesitzern kassieren. Den Aufbau von Gewerbebetrieben in den Kolonien zur Verarbeitung der Rohstoffe ließ er verbieten. So kam es, dass die indianische Bevölkerung in den weiten Landgebieten auf Selbstversorgung angewiesen blieb, oft bis heute.

»

1. Beschreibe, wie die Bauern auf M1 Landarbeit betreiben. Warum benutzen sie keine Maschinen?

2. Nenne Gründe für die Armut der Familien indianischer Abstammung. (T2, T3)

3. Vergleiche das Leben des Kindes auf M2 mit dem von Kindern bei uns.

M3 Barriada am Rande von Lima

M4 Markt in Pisac
Frauen aus kleinbäuerlichen Familien bieten Feldfrüchte aus eigenem Anbau an.

T4 Unabhängikeit nur für die Oberschicht

Als sich Peru 1821 die Unabhängigkeit von Spanien erkämpfte, änderte das nichts an der Ungleichheit. Der Gegensatz zwischen den vermögenden und einflussreichen Familien in den großen Städten und der armen Landbevölkerung blieb – eigentlich bis heute.

T5 Peru heute

Heute hat die Republik Peru etwa 28 Millionen Einwohner. Davon leben etwa 8 Millionen in der Hauptstadt Lima. In der Mitte der Stadt stehen viele schöne alte Häuser und Kirchen. Es gibt aber auch moderne Geschäfte und Parks. Um die Innenstadt legt sich wie ein enger Gürtel ein ständig wachsender Ring von notdürftig zusammengezimmerten Hütten: die Barriadas. Die Anzahl der der dort lebenden Menschen wird auf 2 Millionen geschätzt.

T6 Landflucht und Verstädterung

In den Hütten der Barriadas wohnen meist Familien indianischer Abstammung. Vorher lebten sie in kleinen Dörfern in den Bergen. Bürgerkriege bedrohten ihr Leben. Die kargen Erträge der Äcker reichten nicht mehr für den Lebensunterhalt. Sie verließen ihre Dörfer in der Hoffnung auf ein besseres Leben in der Stadt. Doch dort gibt es Arbeit nur für wenige. Die meisten arbeiten als Kleinhändler, Schuhputzer oder als Gelegenheitsarbeiter.

Lexikon

Hazienda
Landgut, Farm in Mittel- und Südamerika

Barriadas
Siedlungen der Besitzlosen in den Randgebieten großer Städte Mittel- und Südamerikas, oft eine Ansammlung einfacher Hütten.

M5 Die Kindheit eines Indianermädchens – Rigoberta Menchú erinnert sich:

» Mit acht Jahren verdiente ich mein erstes Geld (…) Ich hatte täglich 35 Pfund Kaffee zu pflücken und bekam dafür 20 Centavos (ungefähr 26 Cent). Wenn ich die Menge nicht schaffte, musste ich am nächsten Tag für dieselben 20 Centavos weiterarbeiten. Wenn man einmal sein Tagessoll nicht schaffte, blieb man unweigerlich mit seiner Arbeit zurück, bis man zum Schluss vielleicht zwei ganze Tage unentgeldlich nacharbeiten musste (…) «

4. Worin unterscheidet sich der Markt auf Bild M4 von einem Wochenmarkt bei uns?

5. Welche Gründe veranlassen die Dorfbewohner, in die Barriadas der Städte zu ziehen? (T5, T6)

* **6.** Etwa 85 % der Peruaner sind katholisch. In den Städten wird meist Spanisch gesprochen, auf dem Lande eher Quechua, die alte Inkasprache. Die reichen Bodenschätze des Landes werden von ausländischen Gesellschaften abgebaut und exportiert. Warum ist das so?

Mit den Augen der anderen

Fast alle Berichte und Darstellungen der Eroberungszeit stammen von den Spaniern. Nur sehr wenige Bilder zeigen uns die Spanier aus den Augen der Indios.

M1 Spanische Eroberer im Kampf mit aztekischen Kriegern (Rekonstruktionszeichnung aus einem modernen Jugendbuch)

T1 Verbrannte Vergangenheit

Als die Spanier die Azteken besiegt hatten, gingen sie daran, fast alle Kunstwerke und Schriften der Besiegten zu vernichten. Standbilder wurden zerschlagen, Goldschmuck eingeschmolzen und Schriften verbrannt. Nichts von dem, was die christlichen Eroberer als „heidnisches Teufelswerk" ansahen, sollte erhalten bleiben. Der erste Bischof von Mexiko war stolz darauf, 500 Tempel und 20 000 heidnische Götterbilder zerstört zu haben.

T2 Geschichte in Bildern

Aztekische Schreiber hatten das Wissen über die Religion, das Alltagsleben und die Geschichte ihres Volkes in Büchern festgehalten. Sie schrieben und malten auf Hirschleder oder auch auf lange Streifen aus der Rinde eines Baumes. Diese Bücher waren nicht wie unsere am Rücken gebunden, sondern wie eine Ziehharmonika gefaltet. Sie waren in einer Art Bilderschrift verfasst und ähnelten den heutigen Comics. Von diesen „Kodizes" sind weltweit nur noch vier erhalten.

»

1. Warum sind so wenige der indianischen Kodizes erhalten geblieben? (T1, T2)

2. Weshalb zerstörten die spanischen Eroberer die Kunstwerke und Schriften der besiegten Azteken? (T1)

3. Beschreibe, was auf M1 – M3 geschieht.

4. Vergleiche M2 und M3 mit M1. Welche Unterschiede fallen dir auf?

M 2 + 3 Ein spanischer Reiter mit Lanze versucht, mit indianischen Verbündeten eine aztekische Stadt zu erobern. Die Indios kämpfen mit Pfeil und Bogen sowie mit Holzkeulen mit scharfen Feuersteinklingen. (beide Abb. aus einem mexikanischen Kodex um 1560)

T 3 Mönche als Bewahrer

Den Eroberern folgten spanische Missionare. Um den Indios die christliche Lehre besser verständlich machen zu können, lernten einige von ihnen die Sprache der Azteken. Sie begannen, sich nun auch für die Kultur dieses Volkes zu interessieren. Manche Missionare befragten die Azteken nach ihrer Geschichte und Kultur und schrieben auf, was sie erzählten. Aztekische Künstler malten dazu Bilder.

T 4 Tlaxcala

Ein indianisches Volk, das in der Nachbarschaft zu den Azteken lebte, waren die Tlaxcalaner. Sie führten häufig Kriege mit den Azteken. So verbündeten sie sich mit Cortés. Krieger aus Tlaxcala kämpften an der Seite der Spanier und halfen bei der Eroberung Tenochtitlans. Doch die siegreichen Spanier dankten den Tlaxcaianern nicht. Sie unterdrückten sie genauso wie die Azteken und alle anderen indianischen Völker.

T 5 Der Kodex aus Tlaxcala

Zwischen 1550 und 1564 fertigten Künstler aus Tlaxcala eine bebilderte Schrift mit etwa 80 Bildern, die den Eroberungszug des Hernando Cortés aus der Sicht der Indios zeigt. Obwohl wir wissen, dass nur wenige der spanischen Eroberer beritten waren, werden die Spanier fast nur als Reiter und mit einer Lanze bewaffnet dargestellt. Zwar ist das Original der Schrift verloren gegangen, aber eine mit großer Sorgfalt gefertigte Kopie der Bilder blieb erhalten.

Lexikon

Missionare
hier: Mönche, die die „indianischen Heiden" zum Christentum bekehren sollten

Kodizes (Einzahl: Kodex)
hier: alte Handschriften indianischen Ursprungs

5. Woher hatten die Zeichner der Bilder ihr Wissen über die dargestellten Ereignisse und Personen? (M 1 – M 3)

* **6.** Was glaubst du, aus welchen Bildern wir ein genaueres Bild über die damaligen Ereignisse erhalten, aus M 1 oder M 2 und M 3?

* **7.** Warum begannen die Missionare, sich für Kultur und Geschichte der Azteken zu interessieren, nachdem sie deren Sprache gelernt hatten?

Der reiche Berg von Potosi

Hoch in den Anden liegt das kleine Städtchen Potosi. Dort wurden während der spanischen Kolonialzeit in Zwangsarbeit große Mengen von Silber abgebaut.

M1 Im Silberbergwerk von Potosi
(Kupferstich von Theodor de Bry, 1596)
Bis zum Jahr 1800 wurden hier etwa 130 000 Tonnen Silber abgebaut – von indianischen Männern, Frauen und Kindern in Zwangsarbeit. Dabei fanden viele den Tod.

T1 Ein folgenschwerer Fund

Im Jahre 1545 trieb der Indianerjunge Diego Huallpa die Lamaherde seines Herrn auf die Weide. Da entlief ihm ein Tier. Der Junge machte sich auf den Weg, das Lama zu suchen. Erst abends fand er es auf einem Berggipfel in über 4 000 m Höhe. Nun war es zu spät, um noch nach Hause zurückzukehren. Gegen die Kälte entzündete Diego ein Feuer und wärmte sich daran, bis er einschlief. Als er am anderen Morgen erwachte, machte er eine seltsame Entdeckung. Da, wo das Feuer gebrannt hatte, glänzten im Sonnenlicht dünne, hell schimmernde Fäden. Durch Zufall war er auf das größte Silbervorkommen gestoßen, das jemals entdeckt wurde.

T2 Spanier nutzen die Entdeckung

Noch im gleichen Jahr gründeten die Spanier am Fuße des Silberberges die Stadt Potosí. 25 Jahre nach ihrer Gründung zählte sie schon 120 000 Einwohner und war größer als Madrid, Rom oder Paris. 1650 gehörte Potosí zu den reichsten Städten der Welt. So sollen einmal anlässlich eines Kirchenfestes die Pflastersteine der Hauptstraße mit Silber überzogen worden sein. Luxuswaren aus aller Welt gelangten in die Silberstadt: spanische Weine und Diamanten aus Ceylon, Elfenbein aus Indien und Parfüm aus Arabien, Teppiche aus Persien und Porzellan aus China. In Potosí gab es 14 Tanzhäuser und 36 Spielhöllen. Aber auch mancherlei Gesindel wurde von dem Reichtum angelockt.

M2 Einwohnerin von Potosi
In der Umgebung des Bergwerkes liegen noch heute große Abraumhalden. Hier suchen die Armen nach noch verwertbaren Erzen und Mineralien.

»

1. Was waren die Folgen der Entdeckung des Diego Huallpa? (T1)

2. War die Entdeckung des Diego gut oder schlecht für die Menschen? (T1)

3. Beschreibe anhand von M1 die Arbeitsbedingungen im Bergwerk Potosi.

M 3 Potosi heute

M 4 Zählstelle für das gewonnene Silber
Das Gesicht über dem Eingang stellt Diego Huallpa dar.

M 5 Ein Indianerschicksal

„Ein Indianer (kehrte) vom Bergwerk zurück. Und er fand seine Frau tot. Und der Dorfvorsteher kam zu ihm und sagte: ‚Ich weiß, ich tue dir weh, du kommst gerade erst aus dem Stollen und findest dich als Witwer wieder, mit zwei Söhnen zu ernähren und du bist (...) erschöpft von der Arbeit. Aber ich kann nicht anders: Ich finde keinen Indianer für die Mita und wenn die Zahl nicht voll wird, verbrennen sie mich, peitschen sie mich, trinken sie mein Blut. Hab' Mitleid mit mir, kehr wieder zurück ins Bergwerk.' Da nahm der Indianer seine zwei kleinen Söhne, umarmte und küsste sie zärtlich und hängte sie an einem Baum auf. Dann nahm er ein Küchenmesser und stieß es sich durch den Hals, um nicht wieder ins Bergwerk zu müssen."

T 3 Potosi heute

Als die Silbervorkommen nach 1800 zur Neige gingen, endete die Blütezeit von Potosi. Allmählich wurde aus der Stadt ein unbedeutender Ort. Aus der Glanzzeit der Stadt sind noch einige Gebäude erhalten – etwa die „Casa de la Moneda", wo einstmals das geförderte Silber gewogen, gezählt und verpackt wurde.
Bis heute werden in Potosi Zinn, Kupfer und Silber gefördert. Zwar gibt es keine Mita mehr, gleichwohl sind die Arbeitsbedingungen immer noch sehr schlecht. Es gibt kaum Sicherheits- oder Gesundheitsvorkehrungen. Viele Bergleute sterben an der Staublunge oder an Unfällen.

Lexikon

Abraum
Der Schutt, der beim Bergbau nach Gewinnung des Erzes übrig bleibt.

Mita
Bei den Inkas eine Art Gemeinschaftsdienst; bei den Spaniern die Zwangsarbeit der indianischen Dorfbewohner in den Bergwerken.

4. Ein mittelgroßer LKW kann etwa 12 Tonnen laden. Wie oft hätte dieser LKW fahren müssen, um das gesamte in Potosi gewonnene Silber fortzuschaffen? (M 1)

* **5.** Potosi liegt etwa 4000 m hoch. Was bedeutet das für die Arbeit im Bergwerk?

* **6.** Der Vizekönig von Peru soll 1699 nach einem Besuch von Potosi gesagt haben, dass nicht Silber, sondern Indianerblut und Indianerschweiß verschifft werde. Was kann er damit gemeint haben?

Was wir den Indianern verdanken

Viele der uns vertrauten Lebens- und Genussmittel stammen ursprünglich aus Amerika und waren vor den Reisen des Kolumbus in Europa unbekannt.

M1 Viele uns sehr vertraute Lebensmittel sind aus Amerika zu uns gekommen.

T1 Geschenke aus Amerika

In der Lebensmittelabteilung der Supermärkte sind die Regale voll mit Waren aus aller Welt. Stellen wir uns einmal vor, dort würde nur das angeboten, was bereits vor den Entdeckungsreisen in Deutschland bekannt war. Wie sähe dann unser Speisezettel aus? Auf Brot und Milch brauchten wir nicht zu verzichten, auch nicht auf Eier, Schweinebraten und Rinderfilet, ein paar Äpfel dazu …

Fehlen würden uns aber Putenschnitzel mit Pommes, Tomaten, Ananas, Kakao und Paprika. Es gäbe weder Erdnüsse noch Mais, Paprika oder Avocados. Dafür hätten wir keine Probleme mit einem Rauchverbot, denn das Tabakrauchen haben die Europäer erst von den Indios gelernt.

T2 Kartoffeln als Zierpflanzen

Bei vielen indianischen Völkern war die Kartoffel neben dem Mais wichtigstes Nahrungsmittel. Sie ließ sich auch in den Höhen der Anden anbauen, in großer Höhe, wo der Mais nicht mehr wuchs. Die Europäer wussten zunächst nichts Rechtes mit dieser merkwürdigen Knolle anzufangen. Das Kraut und die Früchte waren ungenießbar, sogar giftig. Also schmückten sie als Zierpflanzen Gärten und Parks der Fürsten. Erst im 18. Jahrhundert gewöhnten sich die Menschen allmählich an den Geschmack gekochter Kartoffeln. Bald wurden sie unentbehrlich für die Ernährung der ständig wachsenden Bevölkerung. Als Mitte des 19. Jahrhunderts in Irland ein Pilzbefall fast die gesamte Kartoffelernte vernichtete, verhungerten viele hunderttausend Menschen.

M2 Kartoffeln – wie sie für den deutschen Markt gezüchtet wurden.
Die Indianer kannten schon über 200 verschiedene Sorten.

1. Welche Lebens- und Genussmittel kamen aus Amerika zu uns? (T1, T2)

2. Schreibe auf, welche verschiedenen Arten von Kartoffelspeisen du kennst.

3. Erkläre mithilfe von T2 die Gründe für die Hungersnot in Irland.

M 3 Kartoffelpüree auf Indianisch:

» Es ist ja so praktisch: Karton aufreißen, Kartoffelpulver in heißes Wasser einrühren und fertig ist der Kartoffelbrei. Oder der Kartoffelknödel. Oder der Kartoffelpuffer. Oder (…)
Aber es war nicht die Firma Pfanni, die diese Idee als Erstes hatte – es waren die Inkas: Hoch oben in den Anden ließ man Kartoffeln nachts gefrieren. Am nächsten Morgen wurde das Wasser vorsichtig mit bloßen Füßen herausgetreten. Die Kartoffelstückchen trockneten tagsüber in der heißen Sonne und nachts gefroren sie wieder. Das wurde so oft wiederholt, bis ein bröseliges Kartoffelpulver entstand, das jahrelang haltbar war. «

M 6 Herstellung von Trockenkartoffeln

Extra

M 4 Was kommt wo her?

» Einige Produkte kommen heute aus Mittel- und Südamerika zu uns, die die Indianer noch gar nicht kannten. Sie wurden von den Europäern in die Kolonien gebracht und werden bis heute dort angebaut. Apfelsinen kommen ursprünglich aus China, Bananen aus Südostasien. Kaffeepflanzen wuchsen einstmals in Afrika in Abessinien. In Europa wurde der Kaffee erst Ende des 17. Jahrhunderts ein beliebtes Getränk. Zuckerrohr wuchs wohl ursprünglich in Südostasien und wurde schon durch die Spanier nach Amerika gebracht und dort in großen Plantagen angebaut. Das geerntete Rohr wird zu Sirup und sogar zu Rum verarbeitet. Heute noch finden wir in den Regalen der Supermärkte braunen Zucker, Rohrzucker, der aus Übersee kommt. «

M 5 Waren aus Mittelamerika

4. Beschreibe die Herstellung von indianischem Kartoffelpüree. (M 3)

5. Vergleiche die Waren auf M 1 und M 2 mit denen auf M 5. Was unterscheidet sie?

* **6.** Warum haben die Europäer tropische Nutzpflanzen fern von ihren Ursprungsländern in Amerika angebaut?

Ungleicher Handel – fairer Handel

Viele ehemalige Kolonien sind auch heute noch gezwungen, ihre Waren zu äußert ungünstigen Bedingungen auf dem Weltmarkt anzubieten. Es gibt aber Organisationen, die sich für „fairen Handel" einsetzen.

T1 Auf dem Wochenmarkt

Sandra geht mit ihrer Mutter einkaufen. „Kartoffeln, Tomaten und Äpfel ... Haben wir jetzt alles?" Mutter guckt auf ihren Zettel. „Kaffee und Schokolade wollte ich auch noch mitnehmen." Sandra wundert sich: „Vom Wochenmarkt?" „Nein, aber von der Kirche." Ihre Mutter lacht. Nun lacht auch Sandra. „Natürlich – der Dritte-Welt-Laden! Da hätte ich auch gleich draufkommen können."

Sandra weiß aus dem Religionsunterricht, dass es Kirchengemeinden gibt, die solche Läden organsieren. An bestimmten Tagen bieten sie Waren aus der „Dritten Welt" an: Kaffee, Tee, Schokolade, Honig, ... Die Waren kommen meist aus Lateinamerika, Afrika und Asien.

M1 Dritte-Welt-Laden

Dieser hochwertige Kaffee wurde von TRANSFAIR e. V. mit dem TRANSFAIR-Siegel für „Fairen Handel" ausgezeichnet. TRANSFAIR e. V. ist ein Zusammenschluss von Organisationen, die sich für partnerschaftliche Wirtschaftsbeziehungen der so genannten „Dritten Welt" einsetzen.

„Fairer Handel" sichert und verbessert die Lebensbedingungen der dortigen Kleinbauern. Er fördert die Selbständigkeit und Gleichberechtigung der im Handelsgeschehen benachteiligten Erzeuger. Die konkreten Maßnahmen des „Fairen Handels" umfassen

- Erzeugerpreise, die deutlich über dem Weltmarktniveau liegen.
- angemessene Vorfinanzierung
- längerfristige Liefer- und Abnahmeverträge.

Dieser Kaffee mit dem TRANSFAIR-Siegel bietet anspruchsvollen Kaffeetrinkern eine ausgewogene Bohnenmischung von Kleinbauern-Kooperationen.

Deshalb haben Sie sich nicht nur für Kaffee aus einer der weltbesten Anbauregionen entschieden, sondern leisten gleichzeitig einen Beitrag für die Hilfe zur Selbsthilfe vor Ort.

M2 Text auf einer Kaffeepackung

»

1. Erzähle, was Sandra auf dem Wochenmarkt erlebt hat. (T1)

2. Erkundige dich, wo es in deiner Umgebung „fair gehandelte" Waren gibt und welche das sind.

3. Warum betreiben oft Mitglieder von Kirchengemeinden ehrenamtlich einen Dritte-Welt-Laden?

M3 gepa-Verpackung

gepa
Fair Handelshaus

M4 Logo gepa

TRANSFAIR
FAIRTRADE

M5 Logo TRANSFAIR

Lexikon

Dritte Welt
Ehemalige Kolonialländer – dort leben auch heute noch die meisten Menschen in großer Armut. Gesundheitswesen, Bildung und Ausbildung sind in diesen Ländern kaum entwickelt.

T2 Einst Kolonie – heute Dritte Welt
Zu Hause liest Sandra den Text auf der Kaffeepackung. Aber wie kam es zu den ungleichen Handelsbedingungen? Viele ehemalige Kolonien verfügen über reiche Vorkommen an Rohstoffen und Bodenschätzen. In anderen macht das warme Klima die Erzeugung landwirtschaftlicher Produkte möglich – wie Bananen, Zitrusfrüchte, Reis, Kako, Kaffee und Tee. Moderne Industrieanlagen aber fehlen zumeist.
Die Großmächte haben in der Vergangenheit aus ihren Kolonien Rohstoffe und landwirtschaftliche Produkte zu äußerst niedrigen Preisen importiert. Heute versuchen die Industrieländer das Gleiche, indem sie Einfluss auf die Preise im Welthandel nehmen. Rohstoffe kaufen sie möglichst billig, ihre technischen Produkte verkaufen sie sehr teuer – wie zur Kolonialzeit.

T3 Pro und Kontra Fairer Handel
Sollte man möglichst viel in Dritte-Welt-Läden kaufen? Dafür gibt viele Argumente: Man hilft, die Armut in der Dritten Welt zu bekämpfen – inzwischen wird durchgehend sehr gute Qualität angeboten. Es gibt aber auch Gegenargumente: Die Waren sind etwas teurer – die Auswahl ist nicht groß. Ihr findet sicher noch mehr Argumente. Macht eine Pro-Kontra-Diskussion.

Methode: Eine Pro-Kontra-Diskussion führen

1. Wählt eine Diskussionsleiterin oder einen Diskussionsleiter.

2. Stellt zwei Gruppen zusammen mit jeweils 4 bis 5 Schülerinnen und Schülern, eine Gruppe für „Pro" und eine für „Kontra":

3. Gebt den Gruppen Zeit, für ihren Standpunkt Argumente zu sammeln und zu notieren.

4. Jede Gruppe trägt ihre Argumente vor. Die Zuhörer können Fragen stellen.

*
4. Auf dem Weltmarkt sind die Preise für einige Rohstoffe gesunken, für Industrieprodukte gestiegen. Nenne Ursachen und Folgen dieser Entwicklung.

Entdecker und Entdeckungen

1. Kennst du die Begriffe?

a) Ein kleines Gerät, dessen Spitze immer nach Norden zeigt.
b) Eine große Stadt am Ostrand Europas, die 1453 von den Türken erobert wurde.
c) Große Gebäude, in denen die Indianer ihre Götter verehrten.
d) Eine Bezeichnung, die sowohl für die Kopfbedeckung eines Königs, wie auch für die Verwaltung des Königshofes angewendet wird.

2. Arbeite mit der Karte

a) Welche Bodenschätze und Rohstoffe wurden in den spanischen, welche in den portugiesischen Kolonien gewonnen? Nutze auch die Karte.
b) Zu welchen heutigen Staaten gehören die Siedlungsräume der verschiedenen indianischen Völker? Schlage im Atlas nach.
c) Beschreibe die Besiedlung Lateinamerikas durch europäische Einwanderer.
d) Findest du auch einen Eintrag über die Herkunft der indianischen Völker?

Wichtige Begriffe:

Kolonialmächte

Gewürzländer

Dritte Welt

Kolonie

Globus

3. Silbenrätsel

Aus diesen Silben lassen sich sechs Namen von Persönlichkeiten bilden, die in diesem Kapitel eine Rolle spielen.

ATA AL BUS COR HEIN KO ZU HU MOC LUM NA MA MA TE RI RICH TEZ PA

4. Gewürzexperten gesucht

Viele unserer Nahrungsmittel und Genussmittel oder Gewürze kommen ursprünglich aus Amerika. Nachstehend die indianischen Bezeichnungen. Finde heraus, wie sie bei uns heißen. Eine kleine Hilfe:

- Ein Gewürz, das bei den Azteken „tlilxochitl" hieß, nannten die Spanier vainilla (kleine Schote).
- Auch ein Blick in den Warenkorb kann hilfreich sein.

Indianische Bezeichnung	unser Begriff
bataten	Süßkartoffeln
tomatl	…
tabaco	…
chili	…
papa	…
cacauatl	…
tlilxochitl	…

5. Richtig oder falsch?

Berichtige die falschen Aussagen und schreibe sie richtig auf.

a) Kolumbus unternahm seine Reisen in der Absicht, neue Kontinente zu entdecken.
b) Die Gelehrten zur Zeit der Entdeckungen glaubten, dass die Erde eine Scheibe sei.
c) Die Azteken hielten Cortés und seine Männer zunächst für Götter.
d) Die aztekischen Priester opferten ihren Göttern Gold und Tiere.
e) Spanische Kolonien wurden an der Westküste, portugiesische an der Ostküste Südamerikas errichtet.

Krone

Kompass

Vizekönigreich

Navigation

Missionare

2 Indianer in Nordamerika

Wir kennen sie alle – die Indianer.
Viele von euch werden Indianer und Cowboy gespielt haben.
Es gibt sie aber nicht – die Indianer. Es sind viele verschiedene Stämme und Völker mit unterschiedlichen Lebensweisen und Gebräuchen.
Selbst die Sprachen sind verschieden.
Schrecklich wurde es für die Indianer, als die Europäer kamen …

Bezug zu heute

Die Mohawk-Indianer leben modern, aber auch in ihren Traditionen.

Indianer knüpfen Teppiche, heute fast nur noch für Touristen.

Geschichte erleben

Chronologie

Vor etwa 400 Jahren
Auf dem Gebiet der heutigen USA leben etwa 1 Million Indianer.
Es gibt etwa 500 Stämme.

1492
Amerika wird von Christoph Kolumbus entdeckt. Nordamerika wird aber erst im 17. Jahrhundert zum Ziel von Einwanderern aus Europa.

Die Aussichtsplattform über den Grand Canyon ist ein Besuchermagnet, aber eigentlich heiliges Land für die Indianer.

Widerstand heute, weil die Indianer in Reservaten leben.

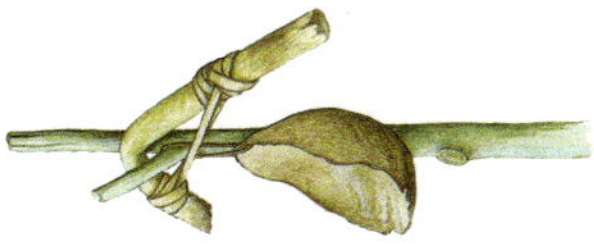

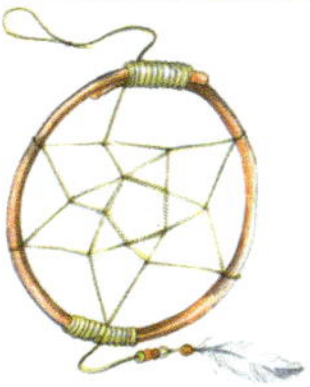

29. 12. 1890

Immer weiter drängen die Siedler nach Westen vor. In vielen Kriegen werden die Indianer gnadenlos bekämpft.
Mit dem Massaker am Wounded Knee enden die Indianerkriege.

Heute

sind die Indianergebiete auf Reservate beschränkt, die den Indianern vom Staat zugeteilt wurden.

Die ersten Amerikaner

Vermutlich stammen die Indianer von Jägervölkern Asiens ab. Deren Nachfahren besiedelten nach und nach ganz Amerika. Aus den nordasiatischen Jägern entwickelten sich im Laufe der Jahrtausende viele unterschiedliche Indianerstämme.

M1 Die Indianerstämme um 1600 auf dem Gebiet der heutigen USA

T1 Einwanderer

Im hohen Norden trennt ein schmaler Meeresstreifen Asien von Nordamerika. Während der Eiszeit, vor etwa 15 000 bis 30 000 Jahren, verband dort noch eine Landbrücke die beiden Kontinente miteinander.
Viele Wissenschaftler gehen heute davon aus, dass einige Jäger und Sammler, die im Nordosten Asiens umherzogen, über die Landbrücke auf den amerikanischen Kontinent gekommen sind.
Wahrscheinlich sind sie vor mehr als 12 000 Jahren an der Ostküste des amerikanischen Kontinents entlang nach Süden gezogen. Große Teile Nordamerikas waren zu dieser Zeit von riesigen Gletschern bedeckt. Als diese Gletscher am Ende der Eiszeit vor etwa 10 000 Jahren schmolzen, breiteten sich die eingewanderten Menschen auch im Norden aus.

»

1. Beschreibe, wie die ersten Siedler nach Amerika gekommen sind. (T1)

2. Nenne die verschiedenen Lebensräume, die sich in Nordamerika finden und denen sich die Einwanderer anpassen mussten. (T2)

3. Fertige eine Aufstellung über die Lebensweise der verschiedenen Indianergruppen an. (T3 – T6)

T2 Einheimische

Im Laufe der Jahrhunderte entwickelten diese Einwanderer unterschiedliche Lebensweisen. Sie wurden in verschiedenen Gebieten heimisch. Dabei passten sie ihre Lebensweise den jeweiligen Gebieten an: Das Leben in den wildreichen Waldgebieten musste anders sein als das in der Grassteppe, an der Küste, im fruchtbaren Hügelland oder in den Bergen.
Es bildeten sich im Laufe der Zeit etwa 500 Stämme in Nordamerika heraus.
Je nach Lebensraum und Lebensweise lassen sich diese Stämme in verschiedene Gruppen zusammenfassen. Oft sind ihre Sprachen und Kulturen einander sehr ähnlich.

T3 Indianerstämme des Nordwestens

Das Meer, die Flüsse und die Seen boten viel Nahrung. Die Indianer waren deshalb geschickte Fischer und gute Bootsbauer. Aber auch als Jäger durchstreiften sie besonders in den langen und kalten Wintern die wildreichen Wälder.

T4 Bauern und Viehzüchter im Südwesten

Der Südwesten Nordamerikas ist heiß und trocken. Die felsige Landschaft ist geprägt von Steppen und Wüsten. Dort lebten einige Indianerstämme vom Ackerbau und von der Zucht kleinerer Haustiere wie Ziegen und Truthähnen. Angebaut wurden vor allem Mais, Bohnen, Obst und Tabak. Andere Stämme lebten von der Jagd und der Schafzucht.

T5 Die Waldindianer des Nordostens

Die nordöstlichen Gebiete Nordamerikas sind reich an Flüssen, Seen und Wäldern. Die Natur bot deshalb den Waldindianern einen reich gedeckten Tisch an Fischen, Muscheln aus Seen und Flüssen und Wildtieren, die sie in den Wäldern jagten. Trotzdem waren sie auch Bauern. Sie bauten Mais und Bohnen an, die in den warmen Sommern gut wuchsen. Hinzu kamen Kürbisse, Sonnenblumen und Tabak.

M2 Ein Dorf der Irokesen vor der Einwanderung der Europäer

T6 Die Prärieindianer

In Filmen werden oft die Prärieindianer als „die" Indianer dargestellt. Prärie bedeutet Graslandschaft. Die Indianer der Graslandschaft lebten von den Bisons, die hier grasten. Die Bisons bildeten mit ihrem Fleisch, den Fellen, Sehnen und Knochen die Lebensgrundlage dieser Indianer. Sie jagten die Tiere und sie zogen mit den großen Herden mit, wenn diese zu anderen Weidegründen wanderten. Die Pferde, auf denen sie in den Filmen oft zu sehen sind, lernten sie allerdings erst sehr spät kennen – als die Europäer kamen. Zunächst setzten sie Hunde als Zugtiere für das Gepäck ein.

T7 Indianer?

Als Christoph Kolumbus 1492 Amerika entdeckte, glaubte er in Indien zu sein. Den Seeweg nach Indien hatte er nämlich gesucht. Er nannte die Einwohner, auf die er traf, nach dem Land – Indianer eben.

4. Ordne den verschiedenen Indianergruppen entsprechende Indianerstämme zu. Nutze dazu Karte M1.

5. Erkläre die Herkunft des Namens „Indianer". (T7)

* **6.** In welchen Lebensbereich gehören die Irokesen? Woran kann man das auf M2 erkennen?

Die passenden Unterkünfte

Die Umwelt bestimmte die Lebensweise der verschiedenen Indianerstämme. So sahen auch die Behausungen der Indianer sehr unterschiedlich aus. Bauern wohnten anders als Jäger. Bauern im kalten Norden hatten andere Häuser als die im Süden.

M 1 Der Pueblo Acoma wurde auf einem Berg 120 m über der Steppe gebaut.

M 2 Hopi-Indianer
Hopi bedeutet „die Friedlichen" (Rekonstruktionszeichnung)

T 1 Pueblos

Viele Indianer des Südwestens lebten und arbeiteten wie die Hopi als Bauern. Auf ihren Feldern bauten sie vor allem Mais an. Dieser wuchs selbst auf den kargen Sandböden der steinigen Ebenen zwischen den Flüssen Colorado und Rio Grande. Jahr für Jahr pflügten sie mit den Grabstöcken, säten und ernteten. Es lohnte sich also, eine feste Behausung zu bauen. In den heißen und trockenen Gebieten des Südwestens fiel wenig Regen. Deshalb war es günstig, Häuser aus Lehmziegeln zu bauen. Die Lehmziegel hielten die Hitze besser ab als Holz, das es zudem in diesen Gegenden nicht so häufig gab. Die Pueblos wurden oft an Felswände oder auf steile Felsen gebaut und hatten mehrere Stockwerke. Dadurch war es in den Häusern angenehm kühl. Zugleich konnte man vor wilden Tieren oder Angreifern schnell auf die höheren Stockwerke fliehen und die Leitern hoch ziehen.

T 2 Totempfahl vor dem Haus

Die Indianerstämme des Nordwestens waren als Bauern, Fischer und Jäger ebenfalls sesshaft. In den kalten Wintern brauchten sie feste und warme Behausungen. Diese bauten sie aus dicken Holzbrettern. Zunächst fertigten sie aus Baumstämmen einen rechteckigen Rahmen. Auf diesem befestigten sie dann die Planken. Bekannt sind vor allem die Totempfähle, die sie vor ihren Häusern aufstellten. Das waren große Baumstämme, in die sie Figuren und Masken ritzten, schnitzten und diese dann bemalten. Auf diese Weise erzählten sie die Geschichte ihrer Vorfahren und ehrten diese damit.

»

1. Beschreibe einen Pueblo und erläutere, warum er aus Lehmziegeln gerade von den Indianern des Südwestens gebaut wurde. (M 1, M 2, T 1)

2. Fertige mithilfe verschieden großer Verpackungskartons und Plakafarbe ein Modell eines Pueblos an. (M 1)
Tipp: Baue weitere Modelle von Indianerbehausungen.
Die Zeichnungen können helfen (M 4, M 6, M 8)

3. Warum bauten die Indianer des Nordwestens feste und warme Häuser und warum stellten sie solche Pfähle vor ihre Häuser? (T 2, M 7, M 8)
Tipp: Baue ein Modell eines Totempfahls: Papprolle mit Kleisterpapier bekleben, formen und bemalen.

T3 Tipi – Wohnung auf Reisen
Die Prärieindianer lebten von Bisons, denen sie schnell hinterherreisen mussten. Also mussten die Behausungen der Prärieindianer, wie die der Komantschen und Kiowa, schnell auf- und abgebaut werden können. Aus 20 Stangen bauten sie ein kegelförmiges Gestell, das sie dann mit bemalten Büffelfellen bespannten. Diese Tipis waren auch relativ leicht auf einem Gestell zu transportieren, das von Hunden gezogen werden konnte.

T4 Die Langhäuser der Irokesen
Die Irokesen gehörten wie die Huronen, Ottawa und Chippewa zu den Waldindianern. Im Nordosten der heutigen USA und im Südosten Kanadas sind die Sommer warm, die Winter aber kalt und lang. Die Waldindianer waren sesshafte Bauern. Was sie an Fleisch, Kräutern und Holz brauchten, fanden sie in den Wäldern ringsum.
Ihre Häuser bauten sie aus Holz, die Dächer deckten sie mit Baumrinde. Ihre Häuser waren sehr lang, sie lebten in Großfamilien, den so genannten Clans, zusammen. Solche Clans umfassten zwischen 20 und 200 Personen. Ihre Dörfer schützten die Irokesen mit hohen Holzzäunen vor Angriffen von Raubtieren und Feinden.
Sie selbst waren gefürchtete Gegner, da sie ihre getöteten Feinde skalpierten. Sie glaubten, dass in den Haaren eines Menschen übernatürliche Kräfte verborgen seien, und die wollten sie besitzen.

M3 Irokese
(Rekonstruktionszeichnung)

M4 Ein Langhaus der Waldindianer im Nordosten
(Rekonstruktionszeichnung)

M5 Shoshone
(Rekonstruktionszeichnung)

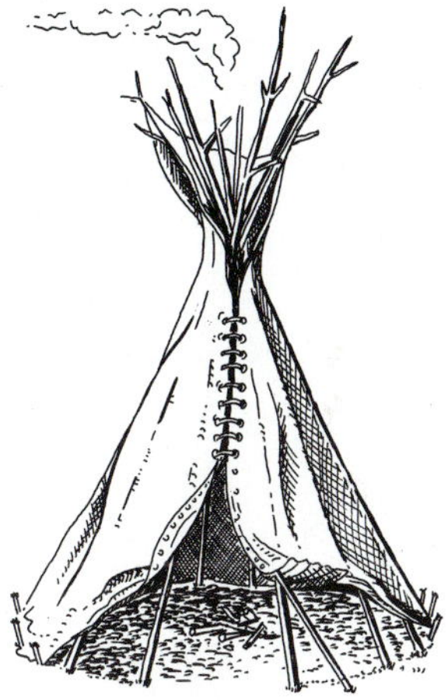

M6 Tipi der Prärie-Indianer
(Rekonstruktionszeichnung)

M7 Kwakiutl
(Rekonstruktionszeichnung)

M8 Holzhaus der Nordwestküsten-Indianer,
davor ein Totempfahl (Rekonstruktionszeichnung)

4. Ein Tipi – schnell auf- und abzubauen. Erläutere, warum die Prärieindianer diese Vorzüge nutzten und erkläre die Bauweise eines Tipis. (T3, M6)

*
5. Fertigt eine Landkarte Nordamerikas an und tragt dort die Namen wichtiger Indianerstämme ein. Zeichnet deren Behausungen dazu. Ist Platz genug, dann schreibt dazu, wie diese Indianer lebten.

Geschichte(n) erzählen ...

Die nordamerikanischen Kulturen sind mündliche Kulturen. Die Indianer kannten keine Schrift. Ihre Vergangenheit hielten sie in Erzählungen fest.

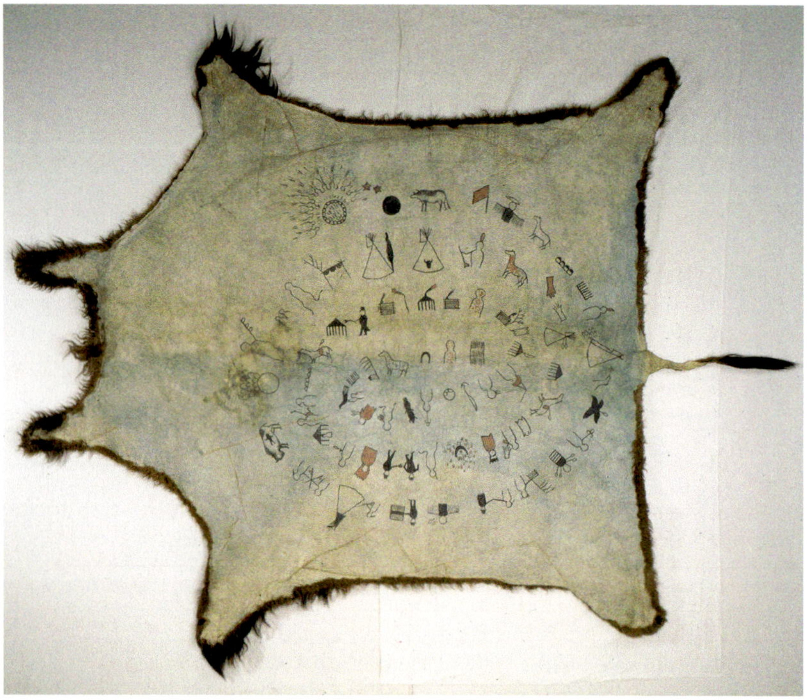

M1 Ein Beispiel für die Aufzeichnung von Ereignissen auf Büffelleder (etwa 1870)

T1 Geschichte ohne Schrift

Die Sioux und Kiowa malten wichtige Momente im Leben auf ein Bisonfell, um sie nicht zu vergessen. Sie hatten also eine „Bildschrift". Viele Lieder und Erzählungen wurden genutzt, um Ereignisse nicht zu vergessen. Meist waren es die Ältesten einer Gruppe, die die Geschichten weitergaben. Sie berichteten von der Vergangenheit. So wurden auch Lebensweisheiten weitergegeben. In den Erzählungen verschmolzen religiöse Vorstellungen, Gesetze, Verhaltensregeln, aber auch Ereignisse aus der Vergangenheit zu einer Geschichte.

T2 Geschichtslose Kulturen?

Als die Europäer nach Nordamerika kamen, brachten sie auch ihr Verständnis von Geschichte mit. Die schriftlichen Aufzeichnungen waren dabei wichtig. Da die Indianer keine Schrift kannten, galten sie als „geschichtslos" und „primitiv". Indianische Erzählungen bezeichneten die Europäer als „Legenden" und „Mythen".

T3 Forschung heute

Man verstand lange nicht, dass in den mündlichen Erzählungen der Indianer viel über die Vergangenheit aufbewahrt wurde. Heute versuchen Wissenschaftlerinnen und Wissenschaftler dies herauszuarbeiten. Dazu muss man die Indianer verstehen lernen. Sie gingen nämlich anders mit ihren Erzählungen über die Vergangenheit um.
In Europa versucht man auch heute noch, die Vergangenheit möglichst genau zu kennen. Durch die Arbeit mit Quellen werden die Aussagen belegt. Die Indianer wollten mit ihrer Geschichte die Mitglieder ihrer Gesellschaft belehren. Ob eine Geschichte wirklich stattfand, war weniger wichtig als die „Moral der Geschichte".

»

1. Welche Möglichkeiten nutzten die Indianer, um wichtige Ereignisse aus der Vergangenheit nicht zu vergessen? (T1, M1)

2. Überlegt euch, welche Ereignisse ihr auf einem Bisonfell festhalten würdet. Warum?

3. Warum irrten sich die Europäer, als sie glaubten, dass es sich bei den Erzählungen der Indianer nur um „Legenden" handelt? (T2, T3)

T 4 Mündliche Erzählungen in unseren Familien

Man kann die mündlichen Erzählungen der Indianer auch mit der Geschichte von Familien vergleichen. Jede Familie erzählt oft Geschichten über die eigene Vergangenheit. Sie werden jedoch nicht aufgeschrieben. Nur sehr wenige Familien führen schriftliche Aufzeichnungen über ihre Vergangenheit oder über wichtige Ereignisse. Wenn jemand aus der Familie stirbt und das Wissen nicht weitergegeben wird, geht dieses Wissen verloren. Viele Familien haben Fotoalben, in denen Geschichte in bildlicher Form, manchmal sogar mit kurzen Texten, festgehalten wird. Diese Fotoalben können daher gerade für die Geschichte einer Familie eine wichtige historische Quelle sein, wenn andere Aufzeichnungen fehlen. Sie sind wie ein „Bildarchiv".

Extra

M 2 1830 schrieb George Copway, Angehöriger der kanadischen Ojibway, über die in seiner Kultur üblichen mündlichen Erzählungen:

„Die Ojibwas haben viele Legenden, Geschichten und geschichtliche Erzählungen. Das Vortragen und Hören von diesen bildet eine große Fundgrube für Unterhaltung an Winterabenden. (...)
Einige von diesen Erzählungen sind so spannend und extrem interessant, dass ich während dem Vortrag Kinder gesehen habe, deren Tränen zahlreich geflossen sind und sich ihre Brustkörbe durch die Gedanken angehoben haben. Sie waren sprachlos.
Nacht für Nacht bin ich über Wochen hinweg gesessen und habe gespannt diesen Geschichten zugehört. An den darauf folgenden Tagen war es, als ob mich die Personen (der Geschichten) bei jedem Schritt verfolgt hätten und jedes sich bewegende Blatt schien die Stimme eines Geistes zu sein. (...)
Diese Legenden haben eine wichtige Bedeutung für den Charakter der Kinder unserer Gemeinschaft.
Der Feuerplatz hat sich bei ihnen nach Jahren von tausend glücklichen Erinnerungen beliebt gemacht. Beim Zusammentreffen wird daher soziales Verhalten geformt und gestärkt."

Lexikon

Mythen
Darunter versteht man Erzählungen, die etwas über das Schicksal von Menschen berichten, oft mit einem Hinweis auf Götter. Es geht dabei um Erfahrungen der Menschen (Geburt eines Volkes, Tod, ...).

Legenden
So bezeichnet man Erzählungen von Ereignissen, die belehren wollen. Im christlichen Europa haben Legenden religiöse Inhalte und berichten von Heiligen. Sie können nicht als Quellen für die tatsächlichen Ereignisse genutzt werden, sondern sie sagen nur etwas über die Vorstellungen ihrer Entstehungszeit aus.

4. Überlegt euch in Teamarbeit, welche Formen der Überlieferung von vergangenen Ereignissen ihr schon kennen gelernt habt. Denkt auch an Formen, die ihr aus dem Alltag kennt (Gräber, Denkmäler, ...).

* **5.** Warum war es für die Indianer wichtig, dass die mündlichen Erzählungen weitergegeben wurden? (T 1)

* **6.** Lies die Erinnerungen von George Copway. Welche Bedeutung hatten die Erzählungen für ihn? (M 2)

Das „Indianerbild“ hinterfragen

**Unsere Vorstellungen über die „Indianer“ werden oft von einseitigen Darstellungen bestimmt. Wir glauben dennoch, etwas über sie zu wissen.
Woher kommt dieses Wissen über Kultur und Geschichte der Indianer?**

T1 Die „Indianer“
„Indianer“: lange schwarze Haare zu einem Zopf gebunden, Federschmuck, ein Lederhemd mit Fransen, Pfeil und Bogen oder eine Friedenspfeife in der Hand. Das sind auch die Indianer, denen man im Karneval begegnet. Wir kennen solche Indianer aus Büchern, Filmen oder von Spielsachen.
Eigentlich wissen wir aber wenig über sie. Alte Vorstellungen und Phantasien aus einer Zeit, in der nur wenige Menschen Indianern begegneten, sind dafür verantwortlich.

T2 Wie sind denn die Indianer?
Eigentlich gab es bei uns lange nur zwei Arten von Indianern. Da gibt es die „edlen Wilden“, die friedlich mit der Natur im Einklang leben. Die andere Art der Indianer wird aggressiv und unzivilisiert dargestellt. Skalps, Marterpfahle und Kannibalismus werden genutzt, um in den Erzählungen über sie mehr Spannung zu erzeugen. Der historischen Wahrheit entsprechen diese Darstellungen jedoch fast nie.

T3 Kritik an der Einseitigeit
Seit vielen Jahren gibt es Kritik an solchen einseitigen und vereinfachten Darstellungen der nordamerikanischen Kulturen. Wer überprüfen möchte, was historisch haltbar ist, muss einige Schritte beachten.

1. Schritt:
Über sich selbst nachdenken
Wer sich kritisch mit einem Thema auseinandersetzt, sollte zuerst über seine eigenen Erfahrungen und Vorstellungen nachdenken. Was weiß ich über Indianer? Woher habe ich mein Wissen über sie?

2. Schritt:
Sammeln von Material
Um einen Überblick zu gewinnen, wie man sich bei uns Indianer vorstellt, müssen wir Material sammeln. Dies können Bilder, Plakate, Gebrauchsgegenstände, Filme oder Erzählungen sein.

3. Schritt:
Aussagen über das Indianerbild treffen
Mit genügend Material kann man Aussagen über unsere Vorstellungen und Bilder von den Indianern formulieren. Was haben die Indianer in unseren Darstellungen (Erzählungen, Filme, Bilder und Fotos) gemeinsam? Wie sieht die typische Indianerin aus? In welchen Situationen wird sie uns gezeigt? Und die Männer? Welche Eigenschaften werden ihnen zugeschrieben?

4. Schritt:
Vergleich mit Quellen/Fachbüchern
Um feststellen zu können, ob unser Bild von den Indianern der Realität entspricht, muss man das Ergebnis mit historischen Quellen und Sachbüchern vergleichen. Historische Sachquellen (z. B. Kleidung, Gegenstände) findet man auch auf Homepages von Museen.

5. Schritt:
Zusammenfassung der Ergebnisse
Durch den Vergleich können wir Aussagen über Fehler und Einseitigkeiten treffen. Dadurch werden uns falsche Vorstellungen bewusster.

1. Welche Arten von Indianern beherrschten die europäische Vorstellung lange? (T2)

2. Nimm ein Blatt Papier und schreibe deine Vorstellung von Indianern auf. Du kannst auch ein kleines Bild anfertigen. Überlege, warum du weißt, dass Indianer so aussehen.

3. Vergleicht eure Ergebnisse von Frage 2 in der Klasse. Haben eure Klassenkameradinnen und Klassenkameraden ähnliche oder andere Vorstellungen? Überlegt, warum dies der Fall sein könnte.

M1 Playmobil-Spielzeug (2005)

M4 Szene aus dem Film Winnetou (1963)

M2 Buchcover (1995)

M5 Filmplakat (1990)

M3 Screenshot eines Schuhanbieters (2007)

4. Welche Lieferanten für unsere Vorstellungen kennt ihr? Fallen euch spontan noch andere ein, die hier nicht abgebildet sind?

*
5. Gestaltet eine Collage, in der ihr Bilder und Berichte über nordamerikanische Indianer aus unserem Alltag aufnehmt. Denkt dabei auch an Comics und Werbung. So erhaltet ihr einen Überblick über das derzeitige Indianerbild.

*
6. Hinterfragt die Bilder aus M1–M5. Haben alle Indianer so ausgesehen? Überprüft die Beispiele anhand von Fachbüchern und Homepages von Museen.

Die Europäer kommen

Um 1000 n. Chr. kamen als erste Europäer die Wikinger nach Amerika. 1492 glaubte Kolumbus, Indien entdeckt zu haben. Amerigo Vespucci machte mit seinen Reiseberichten den „neu entdeckten" Kontinent bekannt. Auf seinen Vornamen geht der Name Amerika zurück.

M1 Manhattan heute, ein bekannter Stadtteil der Metropole New York im Osten der USA

M2 1626 kaufte der Niederländer Peter Minuit den Indianern die Halbinsel Manhattan ab. Der Preis waren ein paar Angelhaken, Messer, Beile und Glasperlen. (Stich aus dem 19. Jh.)

T1 Woher kommen die Europäer?

Anders als in Mittelamerika und Südamerika kamen in Nordamerika die ersten europäischen Siedler im 17. Jahrhundert vor allem aus England, Frankreich und Deutschland. Viele hofften darauf, dass sie in der „Neuen Welt" mehr politische Freiheit und religiöse Unabhängigkeit haben würden als in ihren Heimatländern.
Dort herrschten nämlich Könige mit absoluter Macht, die auch vor religiöser Unterdrückung nicht Halt machten. Hinzu kam die große Armut, die in vielen dieser Königreiche herrschte. Die Auswanderer hofften, dass sie in Amerika Arbeit, Besitz und ein gutes Auskommen finden würden.

»

1. Woher kamen die Europäer, die in Nordamerika einwanderten? (T1)

2. Was hofften diese Europäer in der „Neuen Welt" zu finden? (T1)

3. Beschreibe, wie es den Siedlern nach der Landung in Nordamerika erging. (T2)

T2 Jamestown
Bereits die Überfahrt nach Amerika war anstrengend und gefährlich. Wer sie überlebte, musste mit weiteren Gefahren rechnen. Von den ersten 105 englischen Siedlern, die 1607 an Land gingen, lebten ein knappes Jahr später nur noch 38. Die meisten waren verhungert oder an Krankheiten gestorben.
Diese Siedler errichteten eine kleine Siedlung, die sie mit Palisaden umgaben. Sie nannten sie Jamestown, nach dem englischen König James. In seinem Namen nahmen sie das Land in Besitz und machten es zur britischen Kolonie.

T3 Erste Begegnungen
Obwohl die Siedler im Januar 1608 Nachschub aus England erhielten, wäre Jamestown, wie viele andere Gründungen auch, allein nicht lebensfähig gewesen. Die Waldindianer, die dort lebten, halfen den neuen Siedlern. Die Indianer brachten den Europäern nicht nur Lebensmittel, sondern zeigten ihnen auch, wie man Mais anbaut und erfolgreich jagt und fischt.

T4 Landhunger
Doch die Europäer wollten mehr. Sie wollten handeln: Felle gegen Gewehre und Alkohol. Vor allem aber wollten sie Land. Zunächst kauften sie es den Indianern noch ab.
Die Indianer vertrauten auf die Verträge, die sie mit den Siedlern machten – und das Land war ja schließlich groß genug. Doch die Siedler wollten immer mehr Land haben. Sie rodeten immer mehr Wälder und nahmen den Indianern das Land einfach weg. Und es kamen immer mehr.

T5 Erste Kämpfe
Die Siedler hatten Gewehre. Diese konnten viel weiter schießen, als ein Pfeil, ein Speer oder eine Axt fliegen konnte. Sie waren dadurch den Indianerstämmen überlegen, als diese begannen, sich gegen die Vertreibungen zu wehren und die befestigten Siedlungen anzugreifen. Schließlich mussten viele Indianerstämme dem Landhunger der weißen Siedler weichen. Einige zogen nach Westen, andere Stämme wurden vollständig vernichtet.

M3 Die ersten Siedler in Jamestown
Palisaden werden errichtet, Felder angelegt, Häuser gebaut.

4. Wie verhielten sich die Indianer gegenüber den Europäern? (T3)

5. Erkläre, wie es zu den ersten Auseinandersetzungen zwischen Siedlern und Waldindianern kam. (T4, T5)

*
6. Erfinde ein paar Tagebuchseiten und beschreibe darin, was du als Siedler in Jamestown alles tun musst, was du von den Indianern lernst, wie es dir geht. (T2, T3, M3)

Freiheit erobern

In den Unabhängigkeitskriegen eroberten die europäischen Siedler die Unabhängigkeit von England. Ihre Verfassung gilt bis heute als sehr freiheitlich, menschlich und vorbildhaft. Währenddessen verhungerten Indianer, denen sie das Land geraubt hatten ...

M1 Boston Tea-Party
Am 16. Dezember 1773 warfen als Indianer verkleidete Bürger im Hafen von Boston 342 Teekisten von Bord eines englischen Handelsschiffes. (Lithografie, 1846)

T1 13 britische Kolonien
Zwischen 1607 und 1733 besiedelten die europäischen Einwanderer weitere Gebiete an der Ostküste Nordamerikas. Die Landnahme erfolgte im Namen des englischen Königs. 1733 lebten in diesen britischen Kolonien etwa 1,5 Millionen Siedler.

T2 Freiheiten
England gewährte den Kolonien viele Freiheiten, besonders Steuervergünstigungen und weitgehende Selbstbestimmung. Dadurch sollten noch mehr Siedler in die „Neue Welt" gelockt werden. Denn in den Kolonien gab es viele Dinge, die in England sehr begehrt waren: Tabak, Rohrzucker, der kostbare blaue Farbstoff Indigo, Baumwolle und Pelze.

T3 Abhängigkeiten
England legte großen Wert darauf, dass englische Geschäftsleute an dem Handel mit den Kolonien in Nordamerika verdienten. So durften Biberpelze, Tabak und Indigo nur nach England verkauft werden. Nur englische Schiffe durften die Transporte übernehmen. Viele Waren aus anderen Ländern durften nur über England in die Kolonien kommen.

1. Wie viele englische Kolonien gab es 1733 und wie viele Menschen lebten dort? (T1)

2. Erkläre, warum diesen Kolonien so viele Freiheiten gewährt wurden. (T2)

3. Wie sorgte England dafür, dass gerade englische Geschäftsleute viel Geld im Handel mit den Kolonien verdienten? (T3)

4. Die englischen Kolonien in Nordamerika werden selbstbewusst. Erläutere. (T4, T5, M1)

Auf diese Weise verdienten englische Händler immer mit.
Die Siedler ließen sich diese Abhängigkeiten gefallen, da die englischen Soldaten sie vor den Indianern und auch den Franzosen schützten.

T 4 Ärger mit den Kolonien
1763 hatte England Frankreich besiegt und war zur wichtigsten Kolonialmacht in Nordamerika geworden. Der Krieg hatte sehr viel Geld gekostet. Deshalb sollten in den Kolonien die Steuern erhöht werden. Schließlich war der Krieg auch zu ihrem Schutz geführt worden.
Das wurde in den 13 Kolonien zwar anerkannt, doch wollte man an solchen Regelungen beteiligt werden. Sie forderten: „Keine Steuer ohne Mitbestimmung".
Selbstbewusst forderten die Kolonien deshalb die Rücknahme der Steuern.
England nahm einen Teil der Steuererhöhungen zurück, versuchte aber, die fordernd auftretenden Kolonien in die Schranken zu weisen.

T 5 Boston Tea-Party
So ging es zwischen dem Mutterland England und den Kolonien zwischen 1765 und 1776 hin und her. Keine der Parteien wollte nachgeben. Mit der Boston Tea-Party erreichten die Streitigkeiten einen Höhepunkt. England bestand auf der Einhaltung einer Teesteuer. Den widerspenstigen Kolonien sollte gezeigt werden, dass England als Kolonialmacht doch bestimmen konnte. Die Empörung in den Kolonien war groß. Als Indianer verkleidete Siedler stürmten im Hafen von Boston britische Handelsschiffe und warfen 342 Kisten Tee ins Meer. Sie wollten so gegen die Steuer protestieren, doch der englische König ließ Truppen aufmarschieren.

T 6 Die Unabhängigkeitserklärung
Ein Jahr später tagten in Philadelphia die Vertreter der Kolonien. Dieser Kontinentalkongress bestimmte zunächst, dass die 13 voneinander unabhängigen Kolonien von nun an einen gemeinsamen Oberbefehlshaber haben sollten. Er sollte zur Not die Unabhängigkeit von England auch militärisch durchsetzen. Dieser Oberbefehlshaber war George Washington. Auf einem zweiten Kongress wurde 1775 beschlossen, dass die Vereinigten Kolonien freie und unabhängige Staaten seien. Ein Ausschuss unter Leitung von Thomas Jefferson erarbeitete eine Unabhängigkeitserklärung. Diese wurde am 4. Juli 1776 einstimmig angenommen.

T 7 Unabhängigkeitskriege
England nahm diese Unabhängigkeitserklärung nicht einfach hin. Es kam zu einem Krieg zwischen den Kolonisten und England. Die Armeen der Kolonisten setzten sich aus Freiwilligen zusammen. Diese waren militärisch schlecht ausgebildet und mussten zunächst viele Niederlagen hinnehmen. Durch die Hilfe Frankreichs und den Frontwechsel vieler vom englischen König gemieteter Soldaten gelang doch der Sieg. Der englische König erklärte am 5.12.1782, dass die Kolonien freie und unabhängige Staaten seien.

M 2 Auszug aus der amerikanischen Unabhängigkeitserklärung von 1776:

„Wir halten diese Wahrheiten für in sich einleuchtend: dass alle Menschen gleich geschaffen sind; dass sie vom Schöpfer mit gewissen unveräußerlichen Rechten ausgestattet sind, darunter Leben, Freiheit und Streben nach Glück (...) Aber wenn eine lange Kette von Missbräuchen und Anmaßungen, stets das gleiche Ziel verfolgend, die Absicht enthüllt, ein Volk unter die unbeschränkte Gewaltherrschaft zu beugen, so ist es sein Recht, es ist seine Pflicht, eine solche Herrschaft abzuschütteln. (...) Die Geschichte des gegenwärtigen Königs von Großbritannien ist die Geschichte wiederholter Beleidigungen und Anmaßungen, die alle das direkte Ziel verfolgten, eine unbeschränkte Tyrannei (=Gewaltherrschaft) über diese Staaten aufzurichten."

5. Beschreibe den weiteren Weg der 13 Kolonien in die Unabhängigkeit. (T 6, T 7, M 2)

* **6.** Finde die 13 ehemaligen Kolonien im Atlas: Massachusetts, Rhode Island, New Hampshire, New York, Connecticut, Pennsylvania, New Jersey, Delaware, Maryland, Virginia, North Carolina, South Carolina, Georgia. Vergleiche das Gebiet mit dem der heutigen USA.

* **7.** Lies den Auszug aus der Unabhängigkeitserklärung genau: Wer ist hier mit „Menschen" gemeint? Erkläre, warum die Siedler hier wohl nicht an die Indianer gedacht haben.

Go West!

Für viele Einwanderer, aber auch Nachfahren der ersten Siedler war dies die Aufforderung, in den weiten Gebieten ihr Glück zu suchen. Für sie versprachen die Gebiete westlich der ehemaligen Kolonien eigenes Land, Reichtum, Freiheit und für einige auch Abenteuer.

M1 Ein Heim in den Wäldern (Gemälde von Thomas Cole, um 1847)

T1 Siedlungsverbot

Bis 1763 durfte westlich der Grenzen der 13 Kolonien nicht gesiedelt werden. Obwohl das britische Kolonialgebiet bereits bis zum Mississippi reichte und Teile des heutigen Kanada umfasste, galt ein vom englischen König erlassenes Siedlungsverbot für Europäer jenseits dieser Grenze.

T2 Die Gründung der Vereinigten Staaten von Amerika

Während der Unabhängigkeitskriege beschlossen die 13 Kolonien, enger zusammenzuarbeiten. Sie gründeten deshalb 1781 einen Staatenbund, die „United States of America“. 1787 trat die Verfassung der USA in Kraft. Erster Präsident wurde George Washington.
Bereits 1787 hatten die USA versprochen, dass den Indianern ihr Land nicht ohne ihre Zustimmung weggenommen werden sollte.

»

1. Suche auf der Karte den Mississippi. Vergleiche dieses Gebiet mit dem der 13 Kolonien und erläutere das Siedlungsverbot. (T1, M2)

2. Beschreibe die Gründung der USA. (T2)

3. Was wurde den Indianern von der Regierung der USA versprochen? (T2)

4. Erkläre, warum so viele Weiße – Einwanderer und Einheimische aus den 13 Kolonien – nach Westen zogen. (T3, T4)

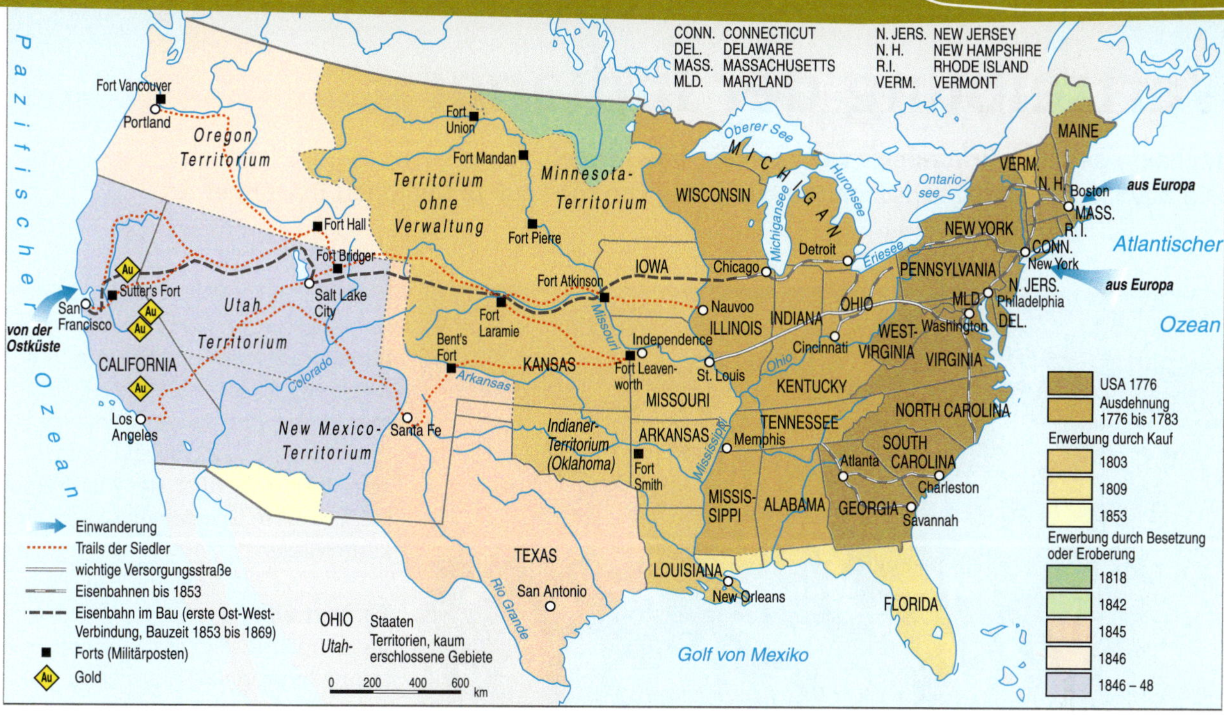

M 2 Die Entwicklung der USA von 1776 bis 1853 (Maine gehörte bis 1820 zu Massachusetts, West-Virginia bis 1863 zu Virginia)

T 3 Den Westen erobern

Dieses Versprechen wurde aber ebenso gebrochen wie viele andere Verträge in den folgenden Jahren. Zugleich bedeutete dieses Versprechen auch, dass es kein Besiedlungsverbot mehr gab. Immer mehr Siedler machten sich nun auf den Weg nach Westen. Es waren darunter nicht nur Einwanderer aus Europa, die nach der Gründung der USA in großer Zahl nach Amerika kamen. Es machten sich auch Menschen auf den Weg, die bereits in den USA geboren waren und nun auf mehr Glück hofften.

T 4 Farmer, Trapper und Glücksritter

Die meisten hofften darauf, mit ihren Familien ein gutes Stück Land zu finden, um darauf eine Farm zu gründen und fruchtbare Felder zu bestellen. Deutlich weniger Menschen suchten ihr Auskommen als Trapper. Pelze verkauften sich zwar gut und teuer, aber das Leben als Jäger und Fallensteller war völlig anders als das eines Bauern. Trapper lernten viel von den Indianern und kamen mit ihnen gut aus. Natürlich gab es auch Menschen, die ihr Glück mit möglichst wenig Arbeit erreichen wollten. Solche Glücksritter wählten dabei oft kriminelle Wege. Andere versuchten sich als Goldsucher.

T 5 Ehrliche Landnahme?

Aber auch die Landnahme der Farmer war oft nicht ehrlich gegenüber den Indianern. Wenn überhaupt Kaufverträge geschlossen wurden, dann wurden riesige Landmengen zu niedrigen Preisen gekauft oder die Verträge wurden unter Gewaltandrohung erzwungen. Die Indianer wurden oft einfach nur vertrieben. Die Gewalt und der Betrug gegenüber den Indianern waren schlimm. Schlimmer noch war aber der Verlust des Landes selbst. Es bildete nämlich die Grundlage des Lebens der Indianer. Hunger und Armut bedrohten die betroffenen Stämme.

5. Beschreibe das Leben und die Arbeiten eines Farmers, der als Siedler nach Westen gezogen war und nun mit seiner Familie dort ein neues Leben beginnt. Nutze Bild M 1. (T 4)

6. Wie erfolgte die Landnahme der Weißen in den meisten Fällen? Beschreibe genau. (T 5)

* **7.** Nenne die neuen Staaten, die im 18. Jahrhundert in den ehemaligen Indianergebieten gegründet wurden. (M2)

Vertreibung der Indianer

Im Laufe des 19. Jahrhunderts wuchsen die USA schnell.
Die Bevölkerung stieg zwischen 1800 und 1850 von fünf auf 23 Millionen Bewohner an.

M1 Der Pfad der Tränen: Von dieser Umsiedlungsaktion im Herbst und Winter 1838/1839 waren besonders die Cherokee betroffen. Etwa 4000 Indianer starben. (Ausschnitt aus einem Gemälde von Robert Lindneux, 1942)

T1 Anspruch

England hatte als Kolonialmacht die Franzosen besiegt. Die Gebiete bis zum Mississippi waren nach der Unabhängigkeit an die USA gefallen. Die USA wollten aber mehr. Das Ziel ihrer Regierungen war es, die Macht auf den gesamten nordamerikanischen Kontinent auszudehnen. Entweder kauften sie riesige Gebiete von anderen Ländern oder eroberten die Gebiete durch Besetzung oder Kriege. Die Indianer, die in diesen Gebieten lebten, spielten dabei zunächst keine Rolle.

T2 Die ewige Indianergrenze

Der Kauf neuer Gebiete traf sich gut mit einer anderen Politik der USA. Bis 1830 waren die Gebiete bis zum Mississippi weitgehend von Weißen besiedelt. Um auch die restlichen Gebiete zu sichern, sollten die Indianer von dort verschwinden. Es wurde deshalb 1829 ein „Indianer-Umsiedlungsgesetz" erlassen, das die Vertreibung der dort noch lebenden Indianer rechtlich absicherte. Alle Indianer mussten sich westlich des Mississippi ansiedeln.

Die bis 1830 im Westen erworbenen Gebiete wurden fast vollständig zu Indianergebieten erklärt. Den Indianern wurde versichert, dass der Mississippi eine ewige Grenze zu ihrem Schutz sein sollte und dass kein Weißer westlich des Mississippi siedeln dürfe. Die Armee würde dies kontrollieren.

T3 Vertreibung

Viele Indianer, die über Generationen hinweg auf ihrem Land gelebt hatten, mussten nun zum Teil mehr als 1000 Kilometer weiter nach Westen ziehen. Die Gebiete, die ihnen zugewiesen wurden, entsprachen oft nicht ihren Lebensgewohnheiten. Bauern konnten nicht Bauern sein, weil die Böden nicht sehr fruchtbar waren. Jäger konnten nicht als Jäger leben, weil sie in für die Jagd ungeeignete Gebiete kamen.

T4 Ewige Grenze?

Ehe das Umsiedlungsgesetz in Kraft trat, hatten bereits tausende Siedler den Mississippi in Richtung Westen überschritten, um dort zu siedeln. Das Versprechen von der ewigen Grenze war wieder nur ein gebrochenes Versprechen der Regierung.

»

1. Welche Ziele verfolgten die USA im Hinblick auf den nordamerikanischen Kontinent? (T1, Seite 63 M2)

2. 1829 gab es ein Indianer-Umsiedlungsgesetz.
a) Erläutere die Bedeutung des Gesetzes (Gründe, Folgen für die Indianer). (T2, T3)
b) In welche Gebiete wurden die Indianer umgesiedelt? Nutze auch Karte M2 auf Seite 63.

3. Lies den Brief M2 genau:
a) Warum haben die Indianer kein Anrecht auf ihr Land?
b) Was sind die Indianer nach Meinung von Brackewridge?
c) Warum kann man Verträge mit ihnen einfach brechen?
d) Wohin kann der nächste Schritt bei solchen Gedanken führen?

M 2 Auszug aus einem Brief. Henry Brackewridge schrieb 1782:

„Ich bin weit davon entfernt, auch nur im Traum annehmen zu können, dass Indianer ein Recht auf Land haben könnten, von dem sie seit Tausenden von Jahren keinen anderen Gebrauch machten wie Tiere. Es ist deshalb undenkbar, dass sie einen Anspruch auf Land haben. Im Gegenteil, sie haben jeden vorstellbaren Anspruch auf Land verwirkt, weil sie außer Stande sind, Land zu kultivieren. Sie müssen deshalb – und das ist Gottes Wille – von diesem Land vertrieben werden. (...) Der Mensch unterscheidet sich als Krone göttlicher Schöpfung vom Tier in seiner Kultur und Zivilisation. Indianer haben das Aussehen von Menschen, und sie mögen auch einer menschlichen Rasse angehören, aber wie sie uns im Augenblick entgegentreten, erscheinen sie in ihrem Habitus nach eher als Tiere. Die Torturen, denen sie ihre Gefangenen unterwerfen, rechtfertigen allein schon ihre Ausrottung. Und was die Frage nach Friedensverträgen und garantiertem Landbesitz betrifft, so ist dem mit folgender Feststellung zu begegnen: Wer käme schon auf den Gedanken, mit Wölfen, Klapperschlangen, Jaguaren und Kojoten über Garantien für Eigentum an Land zu verhandeln?“

M 3 Ansprache des Häuptlings Metacomet an seinen Stamm:

„Brüder – ihr habt das weite Land vor euch, das der Große Geist unseren Vätern und uns anvertraute; ihr seht den Büffel und das Rotwild, die uns ernähren, – Brüder – ihr seht diese Säuglinge, unsere Frauen und Kinder, die von uns Nahrung und Schutz erwarten; und ihr seht nun den weißhäutigen Barbaren vor euch, der immer unverschämter und wilder (wahnsinniger) wird; der alle unsere Sitten missachtet; ihr seht, dass alle Friedensverträge, die von unseren Vätern und uns abgeschlossen wurden, gebrochen sind, und dass wir alle auf das Schlimmste beleidigt werden; unsere Ratfeuerbeschlüsse werden missachtet, alle unsere alten Sitten; unsere Brüder werden vor unseren Augen ermordet und ihr Geist schreit nach uns, Rache zu nehmen. Brüder – diese Leute aus der unbekannten Welt werden unsere Wälder abschlagen, unsere Jagdgründe und Äcker zerstören und uns und unsere Kinder von den Gräbern unserer Väter und von unseren Ratsfeuern vertreiben und unsere Frauen und Kinder versklaven. Brüder – es ist unmöglich, mit diesen weißhäutigen Raubmenschen in Frieden zu leben.“

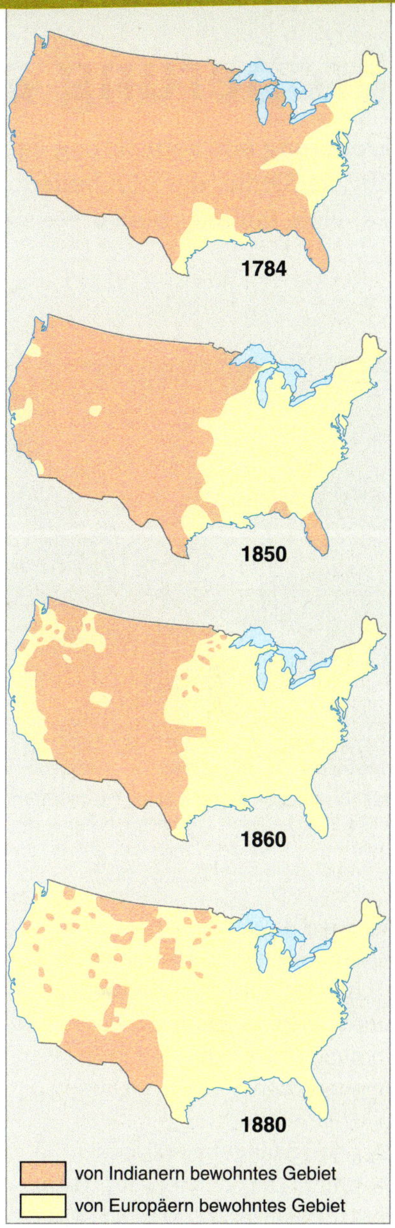

M 4 Der Lebensraum der Indianer wird immer kleiner.

4. Erkläre die Ansprache des Häuptlings Metacomet M 3:
a) Was wirft er den Weißen vor?
b) Was haben die Indianer von den Weißen zu erwarten?
c) Was will er mit seiner Rede erreichen?

5. Eine ewige Grenze? Was ist von diesem Versprechen zu halten? (T 4, M 1, M 4)

*
6. In welchem Zusammenhang steht das Verhalten der Weißen mit dem Brief von Brackewridge? (M 2, T 4)

*
7. Arbeite mit der Karte M 4. In welchem Zeitraum fand die größte Verdrängung der Indianer statt?

Eroberung auf Schienen

**Eroberung und Vernichtung liegen dicht beieinander.
Für die Siedler der USA bedeutete die Eisenbahn einen großen Fortschritt.
Für viele Indianer bedeutete sie eine Bedrohung ihres Landes und ihres Lebens.**

M1 Bisonjagd mit der Kansas-Pazifik-Bahn
Viele Eisenbahngesellschaften boten ihren Kunden solche Attraktionen: Mit der Eisenbahn zu den Weidegründen der Büffel, um dort zum Freizeitvergnügen so viele Tiere wie möglich zu töten. (Holzstich, 1882)

T1 Kein Halten mehr
Kaum waren die Indianer aus den Ostgebieten der USA vertrieben und in Gebiete gebracht worden, in denen sie für alle Zeit in Frieden leben sollten, wurden sie bereits wieder vertrieben.
Der amerikanische Präsident Abraham Lincoln hatte das „Heimstättengesetz" unterzeichnet. Jeder amerikanische Bürger, also europäische Siedler, konnte das Land in Besitz nehmen, das er für eine bestimmte Zeit bewohnte und bearbeitete.
Tausende Siedler machten sich deshalb in riesigen Trecks auf den Weg nach Westen und eigneten sich weiteres Land der Indianer an. So zogen 1850 etwa 55 000 Siedler quer durch die Jagdgebiete der Prärieindianer in Richtung Oregon und Kalifornien. Das Versprechen, dass das Land westlich des Mississippi Indianerland sein sollte, war schon von Anfang an löcherig. Nun kümmerte sich niemand mehr darum.

T2 Goldrausch
1848 war die heutige Stadt San Francisco ein kleines Dorf mit nur wenigen Einwohnern. Nachdem in der Nähe Gold gefunden wurde, stieg die Zahl der Einwohner an. Wie in San Francisco war es an vielen Orten, in denen Gold gefunden wurde: Innerhalb kurzer Zeit fielen Goldsucher in großen Scharen in das Gebiet ein. Sie eigneten sich das Land an und gruben es um. Den Goldsuchern folgten Händler und Geschäftemacher, Kneipenbetreiber, Spieler, Abenteurer und Kriminelle.

T3 Die Eisenbahn kommt
Längst spielten die Belange der Indianer keine Rolle mehr. Das Land sollte möglichst schnell erschlossen werden. Deshalb wurde der Bau der Eisenbahn mit viel Geld vom Staat gefördert. Es wurden mehrere Strecken gleichzeitig gebaut. 1869 war die erste Eisenbahnlinie fertig. Sie überwand das Gebirge der Rocky Mountains und fuhr von Omaha im Osten bis nach San Francisco im Westen. Die Trails, wie die Wege der Siedlertrecks genannt wurden, dauerten nur noch Tage. Die Besiedlung des Westens beschleunigte sich dadurch noch mehr.

»

1. Erkläre die Bedeutung des Heimstättengesetzes – für Siedler und für die Indianer. (T1)

2. Die Eisenbahn hat die Eroberung des amerikanischen Westens beschleunigt. Begründe diese Behauptung. (T3)

3. Nenne die Folgen, die der Bau der Eisenbahnlinien für die Indianer hatte.(T4)

4. Welche Ursachen hatte die Ausrottung der Büffel? (T5)

M 2 Büffel – die Lebensgrundlage der Prärieindianer
(Ausschnitt aus einem Gemälde von G. Catlin, 1844)

T 4 Schlimme Folgen für die Prärieindianer

Die Eisenbahn transportierte die Siedler aber nicht nur an die Westküste der USA. Besonders schlimm waren die Folgen des Eisenbahnbaus für die Prärieindianer. Mit dem Ausbau der Strecken kamen nämlich nicht nur die Siedler schneller in die Präriegebiete und beanspruchten Land für sich. Farmer zäunten das Land ein und legten Felder an. Viehzüchter zäunten noch größere Gebiete für ihre Rinderherden ein.
Die wilden Büffel, auf deren Weidegebieten nun Farmer und Viehzüchter lebten, wurden einfach abgeschossen. Sie sollten keine Felder zertrampeln oder den Kühen das Gras wegfressen.

T 5 Ausrottung der Bisons

Aber nicht nur Farmer und Rinderzüchter töteten die Bisons.
Für die Eisenbahngesellschaften waren die Tiere billiges Fleisch für die Arbeiter, die die Bahnstrecken bauten. Später wurden die Tiere abgeschossen, weil aus ihrem Fell teures und haltbares Büffelleder gemacht wurde, das in den Städten sehr begehrt war. Das Fleisch ließen die Jäger einfach liegen. Buffalo Bill wurde als Büffeljäger in den Städten des Ostens berühmt, weil er in 18 Monaten 4 000 Tiere getötet hatte. Schließlich mussten die Tiere nur so zum Spaß sterben: Eisenbahnbetreiber ließen zahlungskräftige Kunden per Bahn zu den Herden fahren, damit diese dort Tiere abschießen konnten. Innerhalb von 90 Jahren wurden etwa 60 Millionen Büffel getötet.

T 6 Der Büffel bedeutet Leben

Für die Prärieindianer bedeutete der Büffel alles. Ihr ganzes Leben drehte sich um die Tiere. Büffel lieferten ihnen Nahrung, Kleidung, Behausung und Werkzeuge. Zogen die Büffel weiter, zogen die Indianer mit. Früh lernten Indianerkinder, die Büffel zu jagen und die Jagdbeute zu nutzen. Sie lernten aber auch, die Büffel zu ehren. Es wurden nur so viele gejagt, wie der Stamm nötig hatte, um selbst zu überleben. Nun schlachteten die Siedler die Tiere ab, bis es kaum noch welche gab und die Indianer hungern mussten und um ihre Zukunft fürchteten. Große und mächtige Stämme wie die Sioux (sprich: su) begannen, sich gegen die Siedler aufzubäumen.

*
5. Du bist ein Sioux. Ihr habt gerade einen Büffel erlegt. Beschreibe, wie du das Tier nutzen wirst. (T 6, M 2)

*
6. Büffel bedeuten für dich Leben. Warum? (T 6, M 2)

*
7. Bilder können unterschiedlich gedeutet (interpretiert) werden: Beschreibe M 1 für einen Siedler, der nach Abwechslung sucht. Beschreibe M 1 dann für einen Sioux. (Nutze auch T 5, T 6, M 2)

Widerstand der Indianer

Vor etwas mehr als 100 Jahren kostete der Widerstand der Indianer vielen von ihnen das Leben. Noch heute müssen die Indianer immer wieder auf ihre Belange aufmerksam machen.

M1 29.12.1890: Die ermordeten Indianer werden in einem Massengrab verscharrt.

T1 Verträge und Versprechen

Die Zahl der Verträge, die die europäischen Siedler mit den verschiedenen Indianervölkern schlossen und dann brachen, geht in die Hunderte. Sie wollten das Land der Indianer unbedingt haben. Es kümmerte sie wenig, dass sie den Indianern mit dem Land und dem Abschlachten der Bisons auch die Möglichkeit zum Leben nahmen. Für sie waren die Indianer nicht viel wert.

T2 Verfolgung

Wenn die Indianer sich gegen die Landnahme oder die Vertreibungen wehrten, wurden ihre Angriffe schnell abgewehrt. Die einzelnen Stämme waren den Regierungssoldaten schon zahlenmäßig unterlegen. Hinzu kam, dass die Soldaten Pistolen, Gewehre und Kanonen hatten. Trotzdem wurden die Stämme so lange gnadenlos verfolgt, bis sie entweder vertrieben oder alle getötet worden waren.

M2 + M3 Zwei bedeutende Häuptlinge der Sioux
Red Cloud (1822 – 1909) vom Volk der Oglala Lakota kämpfte unermüdlich für die Rechte der Sioux.
Tatanka Yotanka, genannt Sitting Bull, (ca. 1831 – 1890) vom Volk der Hunkpapa Lakota führte die vereinten Sioux-Völker zu einem Sieg über die Soldaten der Weißen.

1. Beschreibe das Verhalten der Siedler, wenn es um das Land der Indianer ging, und die Auswirkungen auf die Indianer. (T1)

2. Erkläre, wie die Europäer gegen Indianerstämme vorgingen, die sich gegen die Landnahme oder Vertreibung wehrten. (T2)

3. Erläutere den Vertrag, den die Sioux 1868 mit den Europäern geschlossen hatten. (T3, M2)

4. Warum waren den Indianern die Black Hills so wichtig? (T3, M2)

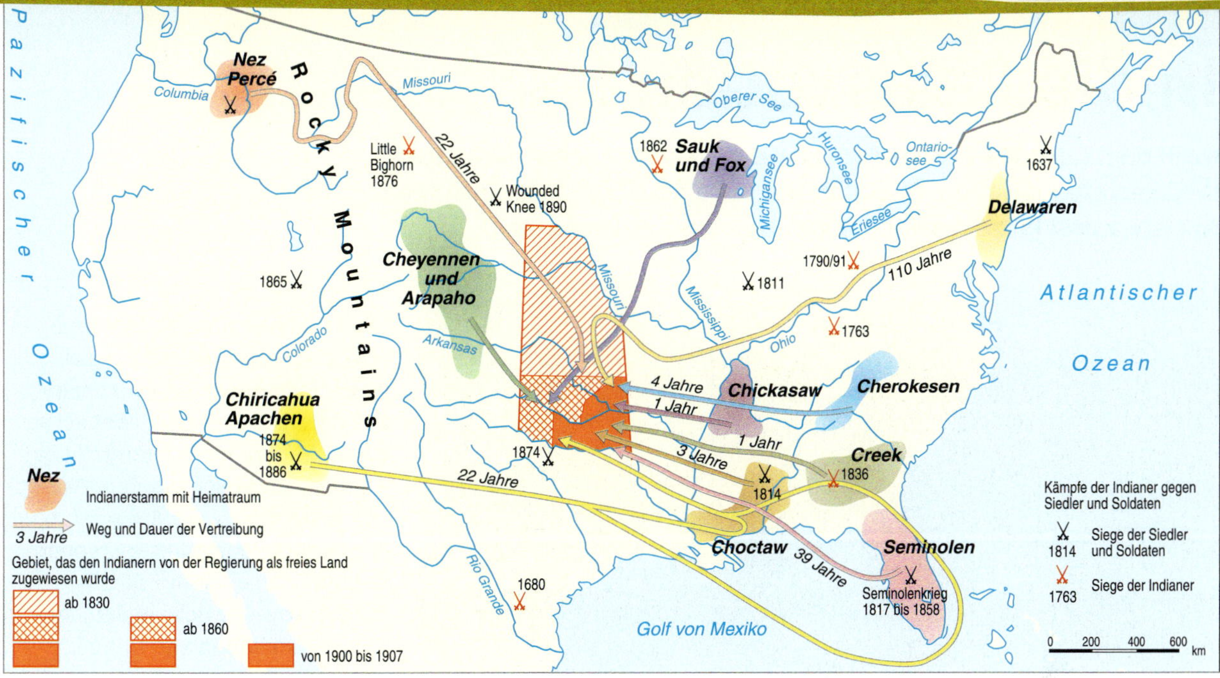

M 4 Das Schicksal der Opfer: Die verzweifelten Kämpfe und die letzten Umsiedlungsaktionen

T 3 Der Krieg um die Black Hills

Die Sioux hatten sich ein Reservat ertrotzt, das es ihnen ermöglichte, weiterhin als Jäger zu leben. 1868 war ihnen in einem Vertrag zugesichert worden, dass es keiner weißen Person gestattet sei, das Territorium der Sioux ohne deren Genehmigung zu betreten. Bald nachdem Red Cloud und andere Sioux-Stämme die Reservate bezogen hatten, kam das Gerücht auf, in den Black Hills gäbe es Gold. Goldsucher kamen. Die Black Hills waren für die Indianer heilig. Sie weigerten sich, das Gebiet zu verkaufen. Die Indianer waren bereit zu kämpfen, wenn die Siedler die Black Hills in Besitz nehmen wollten.

T 4 Der Sieg bei Little Bighorn

Es geschah etwas, womit keiner gerechnet hatte: Die verschiedenen Völker und Stämme der Sioux und Cheyenne vereinigten sich zu einer großen Streitmacht. Gemeinsam brachten sie im Juni 1876 den Regierungstruppen unter der Führung von General Custer eine schwere Niederlage bei.

Doch diesen Sieg mussten die Sioux und ihre Verbündeten büßen. In den folgenden Jahren wurden sie gnadenlos gejagt. Immer mehr Soldaten wurden in die Gebiete der Sioux geschickt. Wo immer die Soldaten auf die erschöpften und halb verhungerten Indianer trafen, töteten sie sie ohne Erbarmen.

T 5 Das Ende am Wounded Knee

Der Widerstand der Indianer war gebrochen. Die Soldaten hatten Sitting Bull (M 3) am 15. Dezember 1890 beim Versuch, ihn gefangen zu nehmen, erschossen. Nun hatten 500 Mann ein Lager mit Kanonen umstellt. Am 29. Dezember 1890 durchsuchten die Soldaten die Indianer nach Waffen. Sie fanden zwei Gewehre. Dabei löste sich ein Schuss. Die Soldaten schossen mit allen ihren Waffen in das Lager. In dem Kugel- und Granatenhagel starben etwa 300 Indianer. Die meisten davon waren Kinder, Frauen und Greise. Dieses grauenvolle Gemetzel beendete die Indianerkriege.

5. Beschreibe den Sieg bei Little Bighorn und erkläre, warum die Indianer diesen Sieg erringen konnten. (T 4, M 3)

6. Was geschah am Wounded Knee? (T 5, M 1)

*
7. Arbeite mit der Karte M 4 und schreibe eine kleine Geschichte der Verfolgung der Indianer.
Tipps: Welche Indianer wurden zuerst vertrieben? Wie viele Male geschah das? Kam es zu Kämpfen? Wie lange dauerten die Kämpfe, Verfolgungen und Umsiedlungen?

In die Reservation ...

Nach dem Ende der Indianerkriege wurden auch die letzten Indianer in Reservate getrieben. Es gibt heute etwa 300 Reservate. Die meisten sind sehr klein. Nur etwa drei Prozent der heutigen USA sind „Indianerland".

M1 Ein Hilfstreck der Siedler ist im Reservat angekommen. Der Boden war so schlecht, es gab so wenige Tiere zum Jagen, dass die Indianer von den Siedlern versorgt werden mussten. Damit waren diese zugleich abhängig von den Siedlern.

M2 Auf dem linken Foto tragen die Jungen ihre Stammeskleidung, auf dem rechten die Schuluniform. Möglichst wenig sollten Indianerkinder von ihren Traditionen übernehmen.

T1 Unterdrückung

Die Verachtung der Europäer gegenüber den Indianern war überall greifbar. Zuerst waren die Indianer des Ostens weiter nach Westen in wenig fruchtbare und unwirtliche Gebiete vertrieben worden. Wenig später begannen die Europäer, alle Indianer in die Reservationen zu treiben. Bereits auf dem Weg dorthin starben viele an Erschöpfung, Krankheiten und Hunger.

T2 Gleichgültigkeit

Die Reservationen lagen in kargen Landstrichen. Es war den Europäern gleichgültig, ob sie Jägervölker, Hirten oder Bauern vor sich hatten. Wenn es kein Wild gab, dann sollten die Jäger doch Felder bestellen. Wenn der Boden nicht ertragreich genug war, sollten die Bauern halt jagen.
Wurde das Indianerland wertvoll, weil dort Gold gefunden wurde, dann siedelte man die Indianer einfach um. So wurden manche Stämme mehrfach heimatlos.

T3 Abhängigkeit

In den Reservaten gab es zu wenig Nahrung. Es gab auch nichts, womit die Indianer Geld verdienen konnten. Deshalb wurden sie von Anfang an von den Europäern mit Lebensmit-

»

1. Wie sah es in den Gebieten aus, die den Indianern als Reservationen zugewiesen wurden? Nutze auch die Fotos und beschreibe ausführlich. (T1, T2, M1, M3)

2. Erläutere, wie die Europäer mit den Indianern umgingen – mit denjenigen, die eigentlich Jäger waren, aber auch denen, die als Bauern gelebt hatten. (T2)

3. Erkläre, warum die Indianer in den Reservaten von den Europäern abhängig waren. (T3)
Was kann durch eine solche Abhängigkeit bewirkt werden?

teln, Kleidung und Gerätschaften versorgt. Damit waren die Indianer auch gleich abhängig. Die Europäer konnten dann Bedingungen stellen, die erfüllt werden mussten, damit es mit den Lieferungen weiterging.

T4 Verachtung

In den Reservaten sollten die Indianer aber auch nicht nach ihren Lebensgewohnheiten leben dürfen. Sie sollten sich der Lebensweise der Europäer anpassen. Kinder und Jugendliche wurden in Internate gesteckt – weit weg von den Eltern und vom Stamm. Dort wurden sie wie Europäer gekleidet, durften ihre Stammessprache nicht sprechen und sollten vergessen, dass sie Indianer sind.
Die Männer wurden oft mit Alkohol versorgt. Den konnte man leicht an die entwurzelten und beschäftigungslosen Indianer verkaufen. Zum Teil gibt es diesen Teufelskreis von Arbeitslosigkeit, Armut, Verzweiflung und Alkoholismus auch heute noch in den Reservaten.

T5 Eigenständigkeit

Erst 1924 wurden den Indianern die amerikanischen Bürgerrechte zuerkannt. Mit der Anerkennung als eigenständiges Volk erhielten sie 1935 einen Teil ihrer Eigenständigkeit zurück. Die Reservationen dürfen sich seitdem weitgehend selbständig verwalten. Heute treten die Vertreter der Indianer selbstbewusster auf, wenn es um die Belange ihres Stammes oder Volkes geht.

M3 Ein typisches Indianerreservat in den USA heute. Die Leute sind oft arm und die Unterkünfte nur dürftig eingerichtet. Es fehlt an Geld und Einkommen.

T6 Aufgaben

Trotzdem bleibt noch viel zu tun. Das Land, das ihnen zugeteilt wurde, bleibt unfruchtbar. Es gibt deshalb kaum Arbeitsplätze. Die meisten Menschen sind arm. Wasser ist knapp. Ärzte gibt es zu wenige. Die Lebenserwartung ist niedrig. Viele Indianer verlassen die Reservate, um in den Städten Arbeit zu finden. In einigen Reservaten stellen Indianer Teppiche und Schmuck her, um diese als Souvenirs zu verkaufen. Auch Restaurants und Spielkasinos sollen etwas Geld in die Reservationen bringen.
Und die Indianer müssen sich immer noch wehren: Als man in einer der größten Reservationen in Arizona Kohle und Erdöl fand, wurde ohne Einwilligung der dort lebenden 160000 Hopi und Navajos mit dem Abbau der Bodenschätze begonnen.

4. Die Europäer wollten, dass die Indianer in den Reservaten sich nicht mehr als Indianer sehen und ihre Geschichte vergessen. Erkläre. (T4, M2)

*
5. Heute treten die Indianer wieder selbstbewusster auf und besitzen in ihren Reservationen eine Selbstverwaltung. Seit wann ist das so? (T5)

*
6. Es bleiben noch eine Menge Aufgaben. Zähle sie auf. (T6, M3, M4)

Wie leben Indianer heute?

Mit welchen Problemen haben sie heute zu kämpfen?
Wie versuchen sie ihre Kultur zu retten?
Eine Internetrecherche kann Auskunft geben.

T1 Glücksspiel oder Kultur?

1988 erhielten die indianischen Reservate in den USA die Erlaubnis, Spielkasinos zu betreiben. Auf diese Weise kamen einige Reservate zu einem beträchtlichen Wohlstand. Soziale Probleme wie z. B. Gesundheitsvorsorge oder Arbeitslosigkeit konnten überwunden werden. Diese Kasino-Indianer sind jedoch in der Minderheit. Die meisten der rund 2,8 Millionen Indianer in den USA lehnen Glücksspiel als Einnahmequelle ab. Sie befürchten, auf diese Weise ihre traditionelle Kultur zu verlieren.
Welche Wege gehen sie? Welche Probleme haben sie? Neben Homepages von Reservaten gibt es viele Seiten im Internet, die auch auf Deutsch Informationen über die heutige Situation zur Verfügung stellen.

M1 Spielkasinos sind heute für einige Reservate eine wichtige Einnahmequelle, um Sozialleistungen finanzieren zu können. Nicht alle Indianer in den USA finden diese Lösung gut.

1. Einige Indianerreservate in den USA besitzen Spielkasinos. Wofür benötigen die Indianer die Einnahmen? (T1)

2. Hast du schon Erfahrungen im Internet gesammelt? Was kannst du darüber berichten? Findet man leicht Informationen? Welche Tipps kannst du weitergeben?

3. Bewertet gemeinsam eine Homepage. Wählt dazu eine Homepage aus, die über Indianer berichtet (z. B. www.indianermagazin.de). Beachtet dabei die Schritte.

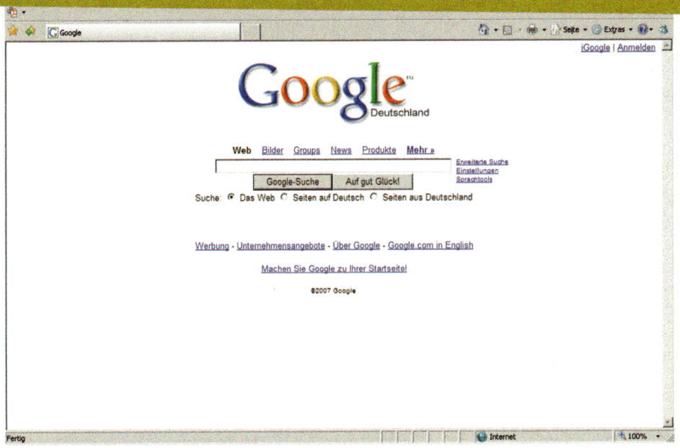

M 2 Suchmaschinen helfen, Homepages zu finden.
Durch das Eingeben von Schlagwörtern finden sie entsprechende Internetadressen. (www.google.de; www.yahoo.de; www.lycos.de …)

M 3 Homepage einer Privatperson
Eigentlich kann jeder Informationen in das Internet stellen (hier z. B. www.welt-der-indianer.de). Man muss daher besonders darauf achten, ob die Infos seriös sind.

T 2 Eine Internetsuche
Um sich nicht im Internet zu verlieren, ist es wichtig, die Suche zu planen. Eine Stichwortliste kann dir dabei helfen. Überlege, welche Wörter deine Suche auf den Punkt bringen (z. B. Reservat, Kasino, Florida, 2008, …). Man kann in das Suchfeld auch mehrere Wörter eingeben. Das Suchergebnis wird so genauer und man gelangt schneller zu geeigneten Homepages. Die Suchmaschine zeigt dann sämtliche Seiten an, die die eingegebenen Schlagwörter verwenden.

T 3 Auswahl der Informationen
Im Internet gibt es viele Informationen. Nicht alle sind seriös und glaubwürdig. Aber wie erkennt man den Unterschied? Es gibt einige Hinweise, die man beachten kann. Finde heraus, wer die Homepage erstellt hat. Sind der Name, eine E-Mail-Adresse oder sogar eine Postadresse angegeben? Zu welchem Zweck wurde die Homepage erstellt? Ist es eine private Homepage einer Person oder gehört die Seite einer Organisation? Diese Informationen sind wichtig, um die Absichten und Interessen der Homepage einschätzen zu können. Sichere Informationen findet man eher auf Homepages von öffentlichen Einrichtungen (Museen, Universitäten, Archive, Ministerien, …) oder auf den Seiten von angesehenen Zeitungen.

T 4 Aktualität
Sind die Informationen auch auf dem letzten Stand? Wenn du aktuelle Informationen suchst, solltest du auf das Aktualisierungsdatum der Homepage achten. Manche Texte geben zudem an, wann sie verfasst wurden.

Methode: Internetsuche

1. Planung
Überlege, was dich genau interessiert. Erstelle dazu eine Stichwortliste.

2. Suchmaschinen und Links
Suchmaschinen helfen, um sich im Internet zu orientieren.
Hat man gute Seiten gefunden, gibt es oft Links zu ähnlichen Seiten.

3. Bewertung der Informationen
Handelt es sich um eine öffentliche Seite (Museum, Archiv, …) oder um eine Seite zur Unterhaltung (private Homepage, …)?

4. Sichern der Informationen
Wichtige Informationen ausdrucken oder zur Bearbeitung kopieren. Die Adresse der Homepage (url) solltet ihr dabei immer angeben.

*
4. Plant zu zweit eine Internetsuche zum Problem der Arbeitslosigkeit in den Reservaten. Erstellt eine Stichwortliste. Vergleicht im Anschluss in der Klasse die Ergebnisse.

*
5. Informiere dich im Internet über das Leben in Reservate. Spezialisiere dich dabei auf einen bestimmten Aspekt (Arbeiten, Wohnen, Sprache, …). Beachte die Methodenbox oben.

Indianer und Siedler

1. Stimmt oder stimmt nicht?

Schreibe die Sätze, die stimmen, ab.

Die Prärieindianer
- lebten in Tipis.
- lebten an der waldreichen Westküste Nordamerikas.
- waren Bauern.
- jagten Bisons.

Die Waldindianer
- lebten in den seenreichen Gebieten der Ostküste.
- waren Bauern.
- zogen mit den Bisonherden mit.
- kamen ursprünglich aus Indien.

Die Indianer des Südwestens
- lebten vom Fischfang.
- züchteten kleine Haustiere.
- lebten in Pueblos.
- bauten Mais und Bohnen an.

Die Indianer des Nordwestens
- waren gute Bootsbauer.
- lebten in einem heißen und trockenen Gebiet.
- züchteten Schafe.
- durchstreiften als Jäger die Wälder.

2. Begriffe zuordnen

Setze richtig ein und schreibe die Sätze auf.

- Vermutlich stammen die Indianer von Jägervölkern … ab.
- Im Laufe der Zeit bildeten sich in Nordamerika etwa … Stämme heraus.
- Die Indianer haben die Geschichte des Stammes … weitergegeben.
- Wichtige Ereignisse wurden von einigen Indianerstämmen auf … gemalt.
- Im 17. Jahrhundert kamen die ersten weißen Siedler vor allem aus …, … und … .
- Viele hofften darauf, dass sie in der „Neuen Welt" mehr … und … haben würden als in ihren Heimatländern.
- Die ersten … gingen am 24. Mai 1607 an Land und errichteten eine kleine Siedlung, die sie … nannten.
- Die Indianer halfen den … und brachten ihnen nicht nur Lebensmittel, sondern zeigten ihnen auch, wie man … und erfolgreich jagt und fischt.

MÜNDLICH

UNERFAHRENEN WEISSEN

BISONFELL

500

MAIS ANBAUT

DEUTSCHLAND

POLITISCHE FREIHEIT

ASIENS

RELIGIÖSE UNABHÄNGIGKEIT

ENGLAND

ENGLISCHEN SIEDLER

FRANKREICH

JAMESTOWN

Wichtige Begriffe:

Bison

Reservation

Unabhängigkeitserklärung

Indianerkriege

Sitting Bull

4. Wann war das gleich noch mal?

Zugegeben: Geschichtszahlen sind schwer zu behalten – aber man kann ja notfalls im Buch nachschauen, da stehen sie nämlich drin, alle.
Damit es noch einfacher wird, haben wir unten gleich ein paar aufgeschrieben …
Finde die richtigen Zahlen zu den Fragen und beantworte sie, am besten zeitlich geordnet.

wann

… lebten in den britischen Kolonien etwa 1,5 Millionen Siedler
… hatte England Frankreich besiegt und war zur wichtigsten Kolonialmacht in Nordamerika geworden
… war die Bostoner Tea-Party: Als Indianer verkleidete Bürger warfen 342 Teekisten von Bord eines englischen Handelsschiffes
… wurde die Unabhängigkeitserklärung einstimmig angenommen.
… gründete sich der Staatenbund, die „United States of America"
… trat die Verfassung der USA in Kraft

Na ganz einfach, das war …
1733 – 1763 – 16. Dezember 1773 – 4. Juli 1776 – 1781 – 1789

5. Versteckte Wörter

a) War die Lebensgrundlage der Prärieindianer.
b) Erleichterte den Weißen die Eroberung des Westens.
c) So heißen die unfruchtbaren Gebiete, in die die Indianer getrieben wurden.
d) Sitting Bull war ein berühmter Kriegshäuptling dieses Volkes.
e) Diese wurden mit dem Gemetzel der weißen Soldaten am 29. Dezember 1890 am Wounded Knee beendet.
f) Unter anderem fehlt es in den Indianergebieten auch heute noch an … .

S	H	C	R	C	D	L	E	B	H	F	C	D	E	A
G	S	R	M	G	H	E	I	S	E	N	B	A	H	N
H	I	M	E	B	C	K	P	O	Y	T	G	N	E	N
G	O	R	J	S	M	L	T	B	H	A	K	M	O	D
M	U	F	G	O	E	D	Z	K	R	L	I	S	H	L
L	X	W	A	I	X	R	H	W	G	J	I	Ö	F	E
H	Q	J	M	E	D	Y	V	D	Ü	B	O	D	S	G
C	G	V	O	B	R	J	K	A	P	H	E	L	B	J
S	E	B	L	H	J	G	E	N	T	M	F	T	H	C
I	N	D	I	A	N	E	R	K	R	I	E	G	E	K
E	Q	H	S	L	E	H	G	I	H	P	O	C	I	A
Ü	D	K	A	H	D	I	K	B	F	C	M	N	G	F
I	A	R	B	E	I	T	S	P	L	Ä	T	Z	E	N
A	U	E	F	N	L	E	U	G	A	D	H	F	I	N

Komantsche

Sioux

Irokese

Tipi

Pueblo

Jamestown

Siedler

Kolonialmacht

USA

3 Absolutismus und Aufklärung

Ludwig XIV. herrschte über Frankreich mit absoluter Macht. 1798 erhoben sich die Franzosen gegen ihren König Ludwig XVI. Die Ideen dieser Revolution wirkten über die Grenzen Frankreichs hinaus. Es sind besonders die Gedanken über die Freiheit des Menschen, seine unveräußerlichen Rechte und seine Aufgaben im Umgang mit seinen Mitmenschen. Die Revolution war nicht ohne Gewalt und sie endete in Schrecken. Die wichtigen Ideen aber behielten ihre Gültigkeit bis heute.

Bezug zu heute

Grundgesetz

UNO-Emblem

Geschichte erleben

Chronologie

1661 – 1715
Ludwig XIV. regiert in Frankreich als absolutistischer Herrscher.

14. Juli 1789
Erstürmung der Bastille und Beginn der Französischen Revolution.

ai

Nationalfeiertag
in Frankreich

26. August 1789

Erklärung der
Menschenrechte

1799 – 1814

Napoleon führt im
Namen Frankreichs
viele Kriege.

Ludwig XIV. – ein absoluter Herrscher

1661 übernahm er die Herrschaft in Frankreich. Er hatte alle Gewalt in seinen Händen, war oberster Gesetzgeber und Feldherr, Leiter der Regierung und höchster Richter. Er unterstand selbst nicht dem Gesetz, fühlte sich nur gegenüber Gott verantwortlich.

M1 Prunkvoll gekleidet: kostbare Stoffe, seltene und teure Farben, aufwändige Stickereien, teure Pelze, hochhackige Schuhe, kostbarer Schmuck
Ludwig XIV. auf einem Gemälde von Hyacinthe Rigaud, 1701. Das Bild ist 2,80 m hoch. Es hängt im Thronsaal von Versailles so hoch, dass die Füße des Herrschers etwa in Augenhöhe des Betrachters sind.

T1 Machtentfaltung

Mit 23 Jahren übernahm Ludwig XIV. die Regierungsgewalt. Sehr schnell sorgte er dafür, dass die Macht allein in seinen Händen lag. Er allein konnte Gesetze erlassen und aufheben. Zugleich war Ludwig XIV. auch der oberste Richter. Er konnte Gerichtsurteile aufheben oder ändern. Er ging dabei so weit, dass er Bürger, die seinen Befehlen nicht gehorchten, ohne weiteren Grund verhaften und ins Gefängnis werfen ließ.

Ludwig sorgte dafür, dass Frankreich über einen festen Stamm an gut ausgebildeten Soldaten verfügte. Sie wurden in Kasernen untergebracht und verpflegt. Sie erhielten einheitliche Waffen und Uniformen. Den Oberbefehl über dieses stehende Heer, das jederzeit einsatzbereit war, hatte Ludwig selbst.

T2 Die Pflicht, sich zu vergnügen

Um den Adel besser kontrollieren zu können, machte Ludwig XIV. die Mitglieder des hohen Adels von sich abhängig. Wer noch Einfluss auf den König haben wollte, der musste in seiner Nähe leben. Das Leben am Hofe Ludwigs bestand zumeist aus Festen, Bällen, Opern und Theateraufführungen und war sehr teuer.

»

1. Warum wollte Ludwig XIV., dass die einflussreichsten Adligen an seinem Hofe lebten? (T2)

2. Weshalb übernahm Ludwig XIV. die Schulden vieler Adliger? (T2)

3. Was konnte es bedeuten, dass Ludwig XIV. oberster Richter war? Nenne Beispiele. (T1)

M 2 Eine Karikatur aus späterer Zeit: W. M. Thackeray macht sich über Ludwig XIV. lustig, indem er seine tatsächliche Größe zeigt und auf die Übertreibungen Ludwigs XIV. hinweist. Ludwig war in Wirklichkeit nicht sehr groß (1,62 m). Er war kahlköpfig, hatte fast keine Zähne mehr und war durch Krankheiten gebrechlich.

Die Adligen am Hofe hatten keine andere Aufgabe, als sich auf solchen Festen zu vergnügen und sich um die Gunst des Königs zu bemühen. Der König gab mit seiner Kleidung vor, was an kostbaren Stoffen, Pelzen und Schmuck am Hofe und zu den Festen getragen werden sollte. Viele der Adligen verschuldeten sich, um diese teure Kleidung kaufen zu können. In vielen Fällen übernahm der König gern die Schulden dieser Adligen. Er machte sie dadurch noch abhängiger von sich. Viele Adlige vernachlässigten ihre Ländereien und Güter und viele verarmten. So wurden sie noch abhängiger vom König und seinem Wohlwollen.

T 3 Absolutismus – im Sinne der Zeit

Die Regierungsform des Absolutismus fand damals zunächst oft Zustimmung. Viele Franzosen hofften, dass ein mächtiger König, der alle Gewalt in seinen Händen hielt, Kriege zwischen Fürsten im eigenen Land verhindern könne, wie sie in Deutschland getobt hatten. Viele Leute fanden es deshalb gut, dass Ludwig XIV. sich so kostbar kleidete und in prunkvollen Gewändern zeigte. Alle Menschen innerhalb und außerhalb Frankreichs sollten sehen, dass dieser König viel Macht hatte und man ihm mit Hochachtung begegnen müsse.

M 3 Der bedeutende Staatslehrer des 16. Jahrhunderts Jean Bodin schrieb:

» Es gibt auf Erden nichts Größeres und Höheres als die Majestät der Könige nächst dem allmächtigen Gott. Sie sind gleichsam als seine Gesandten zum Wohl der übrigen Menschen bestellt worden. Es ist darum billig, ihre Herrschaft und Gewalt, wer und wie immer sie seien, sorgsam zu achten. Man muss ihnen mit aller Treue, Sorge und Unterwerfung folgen. (...) Wer aber die Gewalt hat, Gesetze zu erlassen, hat auch Gewalt, sie aufzuheben, abzuändern, teilweise aufzuheben, durch Zusätze zu ergänzen, (...) Die höchste Gewalt innehaben, heißt, das Gesetz der Gesamtheit der Staatsbürger und jedem einzelnen von ihnen auferlegen, und selbst keines entgegenzunehmen, es sei denn vom ewigen Gott (...) «

Lexikon

Absolutismus
Ein Fürst hält sämtliche Gewalten in seinen Händen. Er glaubt, dass ihm die Macht von Gott her gegeben ist und er zwar die Gesetze macht, aber selbst nicht an die Gesetze gebunden ist.

4. Betrachte M 1: Was sollen die Haltung Ludwigs XIV. und seine Kleidung beim Betrachter bewirken? Begründe.

* **5.** Wie steht Jean Bodin zur Herrschaftsform des Absolutismus? (M 3)

* **6.** Was bedeutet es, wenn man sagt, dass Ludwig XIV. ein absolutistischer Herrscher war?

Versailles – die Bühne des Königs

Ludwig XIV. wollte allen Menschen zeigen, dass er ein mächtiger Herrscher ist. Er ließ ein kleines Jagdschloss in der Nähe von Paris in ein riesiges und beeindruckendes Schloss mit großen Gärten umbauen.

M1 Schloss Versailles (Gemälde von Pierre Patel, um 1668)

T1 Ein prunkvolles Schloss

Alles im Schloss mit seinen riesigen Gärten ist genau geplant. Und alles soll die Größe und die Macht des Königs zeigen. Gleich zu Beginn seiner Regierungszeit entschied Ludwig XIV., sich ein eigenes Schloss bauen zu lassen. Die Mitglieder des hohen Adels sollten ebenfalls an diesem neuen Königshof leben, damit er sie immer kontrollieren konnte.

T2 Der Bau von Versailles

Ludwig XIV. wählte ein Jagdschloss seines Vaters nahe dem Dorf Versailles. Dieses war etwa 20 Kilometer von Paris entfernt. 1661 wurde mit dem Bau begonnen. Etwa 28 Jahre lang waren bis zu 36 000 Arbeiter auf der Baustelle beschäftigt. Für die riesige Gartenanlage musste das sumpfige Gebiet um das Schloss herum trockengelegt werden. Dörfer wurden abgerissen und Entwässerungskanäle in einer Länge von insgesamt 170 Kilometern angelegt. 1400 Springbrunnen und künstliche Seen wurden geschaffen. Auf Kanälen fuhren kleine Modelle der königlichen Kriegsflotte. Während dieser Bauarbeiten starben viele Arbeiter am Sumpffieber, der Malaria.

T3 Der König ist der Mittelpunkt

Alles sollte sich um den König als Zentrum der Macht drehen. So lag selbst das Schlafzimmer im Mittelpunkt des Schlosses. Die Fenster waren auf der Ostseite.

»

1. Beschreibe das Schloss von Versailles. (M1)
Kläre dabei:
a) Wo liegt es?
b) Wie lange wurde daran gebaut?
c) Warum wurden Entwässerungskanäle angelegt?
d) Wie viele Menschen lebten dort?
e) Wie sah es mit Sauberkeit und sanitären Einrichtungen aus?
(T2, T5)

2. Was hatte sich der König zum Zeichen ausgewählt? Warum tat er das? (T3, M3)

3. Was wollte der König mit der Lage seines Schlafzimmers darstellen? (T3)

M 2 **Blick in das königliche Schlafzimmer**

Wenn morgens die Sonne aufging, dann sollten das Leben im Schloss und das Regieren des Landes von hier aus beginnen. Wohl überlegt hatte der König die Sonne als Zeichen für sich und seine Regierungszeit gewählt.

T 4 Alles genau festgelegt

Das Aufstehen des Königs wurde zur täglich neu wiederkehrenden Zeremonie gemacht.
Der ganze Tagesablauf war durch solche Zeremonien geregelt. Und alle dienten demselben Zweck wie die vielen Festlichkeiten und anderen Vergnügungen: den König in den Mittelpunkt zu stellen und allen zu zeigen, wie sehr sie abhängig vom König waren.

T 5 Zwei Seiten

Das Leben im Schloss hatte zwei Seiten. Nach außen war alles prachtvoll und die Zimmer der Königsfamilie waren groß und kostbar ausgestaltet. Aber bereits die am Hofe lebenden Adligen mussten sich mit viel kleineren Zimmern zufrieden geben. Noch viel beengter lebten die vielen Bediensteten. Im Schloss muss es wegen der vielen Bewohner auch sehr schmutzig gewesen sein. Für die etwa 20 000 Menschen, die auf dem Gelände lebten, gab es keine Kanalisation. Die sanitäre Einrichtung bestand aus Nachttöpfen und Nachtstühlen. Die Gerüche waren entsprechend.

M 3 Gedenkmünze des Sonnenkönigs aus dem Jahre 1674
Die Umschrift „nec pluribus impar“ lässt sich nur frei übersetzen: Alles andere überragend.

M 4 Das Aufstehen Ludwigs XIV. wird so beschrieben:

„Um acht Uhr früh weckte der erste Kammerdiener den König, worauf der Aufstehende Weihwasser nahm und ein Gebet sprach. Inzwischen waren die Prinzen des königlichen Hauses und danach einige Vertreter des höchsten Adels eingetreten. Es kamen die vier Minister, die Vorleser, Apotheker, Ärzte, die Silberbewahrer, einige Offiziere und Kammerdiener. Nachdem der König eine kleine Perücke aufgesetzt hatte, erschienen die Kammerherrn, die ihrem Herren die Namen der bedeutenderen, Einlass heischenden Persönlichkeiten ins Ohr flüsterten, und sofort traten die anwesenden Kirchenfürsten und Kardinäle, Gesandten, Marschälle und andere Großwürdenträger ein, denen ein breiter Schwarm der Höflinge folgte. Der König zog sein Nachthemd aus, (...) und verlangte sein Taghemd. Die Darreichung dieses Kleidungsstückes bildete den Höhepunkt der ganzen Zeremonie. Das Recht, dem König das Hemd zu reichen, stand Monsieur (dem Bruder des Königs) oder, wenn dieser abwesend war, den Söhnen und Enkeln des Königs zu.“

Lexikon

Zeremonie
Eine feierliche Handlung, die nach einem genau festgelegten Schema abläuft.

4. Beschreibe die allmorgendliche Zeremonie im Schlafzimmer des Königs. – Man kann eine solche Szene auch spielen! (M 4)

5. Warum bestand der König darauf, dass solche Zeremonien durchgeführt wurden? (T 4)

6. Warum ließ sich der König ein solch teures und prunkvolles Schloss bauen? (T 1)

7. Ordne die Bildmaterialien M 1 – M 3 den Textstellen zu. Was soll die Textquelle näher erläutern?

Glanz und Elend

Die Menschen lebten im absolutistischen Frankreich Ludwigs XIV. sehr unterschiedlich. Einige wenige Adlige und Kaufleute waren reich und lebten im Luxus. Die meisten waren aber arm und stöhnten unter den hohen Steuerlasten.

M1 **„Austernfrühstück"** (Gemälde von Jean Francois de Troy, 1735) Der Maler hat den Luxus einer adligen Gesellschaft in vielen Einzelheiten genau dargestellt.

T1 Eine Ständegesellschaft

Im Frankreich Ludwigs XIV. war die Gesellschaft in drei Stände gegliedert. Der Erste Stand umfasste den Klerus – Bischöfe, Priester, Nonnen, Mönche. Der Zweite Stand bestand aus dem Adel. Diese beiden Stände umfassten etwa 2 % der Bevölkerung. Die übrigen Menschen – Ärzte, Kaufleute, Handwerker, Bauern und Bedienstete – gehörten zum Dritten Stand. Bettler, fahrende Händler, Gaukler und Schausteller wurden gar keinem Stand zugerechnet. Sie waren aus der Gesellschaft ausgegrenzt.

T2 Jeder hat seinen Stand

Zur Zeit des Absolutismus war es entscheidend, in welchen Stand man geboren wurde. Die Standesgrenzen waren so fest gefügt, dass man den Stand nur in Ausnahmefällen wechseln konnte. Ein Aufstieg in den Adelsstand war fast unmöglich. Lediglich in den Stand des niederen Klerus der Priester, Mönche und Nonnen konnten Menschen des Dritten Standes gelangen.

T3 Ungleichheit

Adel und Klerus hatten viele Vorrechte (Privilegien). Hoher Klerus und Adel waren von Steuern befreit. Adlige hatten einen Anspruch darauf, ein gut bezahltes Ehrenamt in der Verwaltung des Staates oder der Armee zu bekommen. Der Klerus war vom Militärdienst befreit. Der Adel hatte das Recht, unbezahlte Dienste (Frondienste) von den Bauern einzufordern.
Drei Viertel des gesamten Landes gehörten den wenigen Menschen des Ersten und Zweiten Standes. Viele von ihnen führten ein sorgenfreies und verschwenderisches Leben am Hofe Ludwigs XIV.

»

1. Beschreibe M1 genau. Achte besonders auf die Einzelheiten – Luxus, Verschwendung, aber auch Macht.

2. Vergleiche das Bild der Bauernfamilie (M3) mit dem Bild der adligen Gesellschaft (M1). Achte auf Kleidung, Geschirr, Zimmer und Einrichtung, aber auch auf die Haltung der Personen.

3. Nenne Privilegien des Klerus und des Adels. (T3)

Der Dritte Stand trug die Hauptlast der Steuern. Obwohl die meisten Menschen des Ersten und Zweiten Standes reich waren, trugen sie zusammen nur etwa ein Zehntel der Steuerlast.

T4 Maßlose Ausgaben

Die Steuern waren sehr hoch. Die von Ludwig XIV. geförderte Wirtschaftsform mit ihren hohen Ausfuhren brachte zunächst große Mengen Geldes in die Staatskassen. Aber Ludwig gab dermaßen viel Geld für Bauten, prunkvolle Hofhaltung und Kriege aus, dass das Geld nicht reichte. Er machte Schulden.
Um an mehr Geld zu kommen, erhöhte Ludwig XIV. immer wieder die Steuern. Dies traf besonders die arme Bevölkerung des Dritten Standes.
Die Lage der Bevölkerung, besonders die der Bauern, der Handwerker und Tagelöhner, war gekennzeichnet durch niedrige Löhne und hohe Steuern, durch ständig wiederkehrende Teuerungskrisen und Hungersnöte. Verschiedentlich kam es zu Hungeraufständen.

T5 Großunternehmer

Einer kleinen Gruppe von Bürgern ging es deutlich besser. Selbst in Zeiten wirtschaftlichen Niedergangs machte sie Gewinne. Es waren die Großkaufleute und Reeder. Der König unterstützte und schützte sie, weil sie über den Handel mit Waren Geld in die Kassen des Königs brachten.
Auch Bankiers und Leute, die in hohen Verwaltungsämtern arbeiteten, wurden reich. Der König brauchte auch sie, um seine Finanzen zu regeln und den Staat zu lenken.
Dieser Teil des französischen Volkes vergrößerte ständig seinen Grundbesitz und seinen Reichtum.

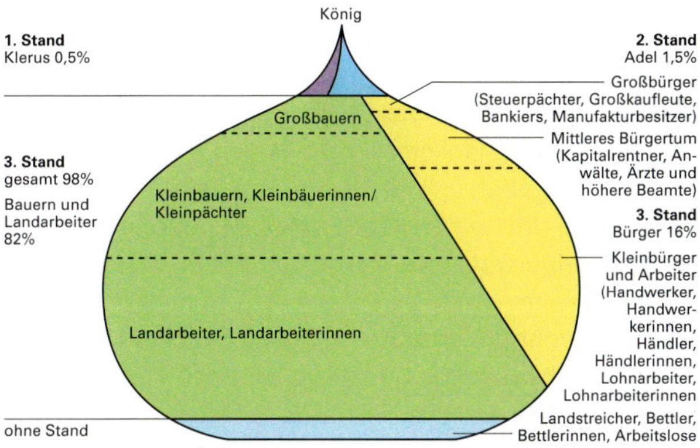

M2 Die Gesellschaft wird in Form einer Zwiebel dargestellt.

M3 Hunger war eine tägliche Sorge
Die Bauernfamilie spricht vor einer gemeinsamen Schale mit Essen ein Dankgebet. (Kupferstich von A. v. Ostrade, 1653)

4. Erläutere, warum Ludwig XIV. ständig in Geldnot war und wie er versuchte, an Geld zu kommen. (T4)

5. Welche Gruppen der Bevölkerung machten große Gewinne und wurden immer reicher? (T5)

6. Fasse zusammen und fertige eine Tabelle an: Wie erging es den Menschen unter Ludwig XIV? (T1–T5)

Adel/Klerus	reiche Bürger	arme Leute
...	...	...
...	...	...

Das Leben der Menschen

Als Ludwig XIV. starb, jubelten die Menschen. Hatten die meisten ihren König zunächst verehrt und ihn bewundert, so waren sie bald von ihm enttäuscht.

T1 Armut

Vor allem die Bauern, Handwerker und Tagelöhner traf die Armut. Die Löhne waren niedrig, die Steuern hoch. Bis zu 80 % ihres Einkommens mussten die einfachen Leute an Abgaben und Steuern weggeben.
Wenn durch Missernten das Getreide knapp und teuer wurde, hungerten diese Menschen. Die Kleidung war oft erbärmlich.
Auch die Wohnungen waren ärmlich. Ein Zimmer als Küche und Wohnstube und vielleicht noch eine Schlafkammer waren zumeist die ganze Wohnung. Häufig war diese auch noch feucht und kalt, denn Heizmaterial war für die meisten Bürger teuer.
Hunger, schlechte Kleidung und die kalten Wohnungen ließen die Menschen für Krankheiten anfällig werden. Besonders traf dies die Kinder. In Hungerjahren starben bis zu drei Viertel der Kinder vor Vollendung des ersten Lebensjahres.
Etwa ein Zehntel der Menschen in Frankreich war so verarmt, dass sie kein Zuhause mehr hatten und auf den Straßen vom Betteln leben mussten.

T2 Unterdrückung und Ungerechtigkeit

Vor dem Gesetz hatten die Bürger weniger Rechte als Adlige und Geistliche. Jederzeit konnte der König in Gerichtsverfahren eingreifen. Gegen seine Entscheidungen oder die seiner Richter gab es keinen Widerspruch. Geständnisse wurden oft durch die Folter erpresst.

M1 Ludwigs Festungsbaumeister Vauban nannte 1698 die Gründe für die Verarmung des Großteils der französischen Bürger:

„Die Einkommenssteuern stellen eine der Ursachen des Übels dar. (…) es besteht kein Verhältnis mehr zwischen dem Einkommen des Steuerpflichtigen und der Steuer, mit der man ihn belastet. Außerdem werden die Abgaben mit der äußersten Härte eingetrieben. Leute von Macht und Ansehen erreichen es oft durch ihren Einfluss, dass der Steuerbetrag einer oder mehrerer Gemeinden weit unter die ihrer Zahlungskraft entsprechenden Höhe gesenkt wird. Natürlich fällt diese Entlastung der einen Gemeinde zwangsläufig anderen benachbarten Gemeinden zur Last.“

M2 Vauban wird noch deutlicher:

„Die großen Landstraßen und die Straßen der Städte und Dörfer sind voller Bettler, die Hunger und Entblößung von zu Hause fortgetrieben haben. Durch die Untersuchungen, die ich habe machen können, habe ich sehr wohl bemerkt, dass in dieser letzten Zeit beinahe ein Zehntel der Bevölkerung bis zur Bettelhaftigkeit verarmt ist und tatsächlich bettelt (…)“

M3 Erzbischof Fénelon wendet sich an Ludwig XIV.:

„Ihre Einnahmen und Ausgaben sind ins Unendliche gewachsen. (…) Das Volk selber (…) fängt an, die Freundschaft, das Vertrauen und selbst die Verehrung für Sie zu verlieren. Ihre Siege, Ihre Eroberungen sind ihm kein Fest mehr; voll Erbitterung und Verzweiflung kann es nicht mitfeiern; vielmehr zündet nach und nach in allen Teilen des Landes der Funke des Aufruhrs.“

»

1. Beschreibe M4 und kläre dabei die Frage nach der Einrichtung und den Aufgaben, den der abgebildete Raum hatte.

2. Warum bezeichnet Vauban die Einkommenssteuer als Grundübel? Beachte: Wer kann sich nach Vaubans Meinung der Steuerlasten leicht entledigen? (M1)

3. Erzbischof Fénelon beschreibt eine Entwicklung in der Stimmung des Volkes. Wie beurteilt er die Lage. (M3)

M 4 Auch in den Städten lebten die einfachen Menschen in sehr ärmlichen Verhältnissen.

M 5 Auf dem Sterbebett sagte Ludwig XIV. seinem fünfjährigen Urenkel und Thronfolger:

» Du wirst einmal ein großer König werden. Aber tue es mir nicht gleich, sondern lasse die Finger vom Bauen und Kriegführen (...) Denke an deine Aufgabe und deine Verpflichtungen gegenüber Gott, achte darauf, dass deine Untertanen dich ehren. Lass dich gut beraten und handle entsprechend, versuche das Los deines Volkes zu bessern, (...) «

M 6 Liselotte von der Pfalz, die mit einem Bruder Ludwigs XIV. verheiratet war, schrieb im Hungerjahr 1709:

» Die Leute aus dem Volk sterben wie Mücken vor Kälte und Armut (...) Gestern erzählte man mir eine erbärmliche Geschichte von einer armen Frau, die ein Brot in einem Bäckerladen stahl. Der Bäcker lief dem Weib nach; es fing an zu weinen und sagte: „Wenn man mein Elend wüsste, man nähme mir das Brot nicht. Ich habe drei kleine Kinder, ganz nackt, ohne Feuer und Brot." Der Kommissar, vor dem man sie geführt hatte, sagte: „Seht zu, was Ihr sagt, denn ich gehe mit Euch in Euer Haus", und ging auch mit. Wie er in die Kammer trat, sah er drei kleine nackte Kinder, in Lumpen gewickelt, in einer Ecke sitzen.

„Wo ist euer Vater?" – „Hinter der Tür", sagte das Kind. Der Kommissar wollte sehen, was der Vater hinter der Türe mache; er hatte sich aus Verzweiflung hinter der Tür erhängt (...)

Dergleichen Sachen hört man täglich. «

4. Ludwig XIV. rät seinem Urenkel, anders zu handeln, als er es selbst getan hat. Was müsste der Thronfolger anders machen? (M 5)

* **5.** Verfasse eine Zeitungsmeldung zur katastrophalen Lage der Bürger des Dritten Standes. Nutze die Texte T 1, T 2 und die Materialien M 1 – M 6.

* **6.** Führt ein Streitgespräch: Einige Schüler verteidigen als Adlige die Regierung Ludwigs XIV. Andere machen ihm Vorwürfe. Sammelt Argumente und überzeugt die Zuhörer.

Absolutismus in Deutschland

In Deutschland machten viele Fürsten die Hofhaltung und die Politik Ludwigs XIV. nach. Alles fiel nur etwas kleiner aus als im großen Frankreich. Manche Herrscher führten auch Veränderungen ein, so auch in Preußen.

M1 Maximilian II.
(Ausschnitt aus einem Kaminbild, 1700)

T1 Herzog Maximilian II. Maria Emanuel, Kurfürst von Bayern
Maximilian II. Maria Emanuel, auch Max Emanuel II. genannt, wurde 1679 Kurfürst von Bayern. Er nahm sich Frankreich und Österreich zu Vorbildern und träumte davon, dass auch Bayern ein solch bedeutender Staat in Europa werden könnte.
Er führte an der Seite Österreichs einen erfolgreichen Krieg gegen die Türken. Als Verbündeter Frankreichs verlor er aber später einen Krieg gegen Österreich. Bayern wurde besetzt und Max Emanuel II. für zehn Jahre verbannt.

T2 Ludwig XIV. als Vorbild
Max Emanuel II. führte wie sein Vorbild Ludwig XIV. ein Berufsbeamtentum ein. Diese Beamten kamen oft aus dem Bürgertum des Dritten Standes. Sie waren von Max Emanuel II. abhängig, da sie ihm ihren Aufstieg verdankten. Auf sie konnte er sich deshalb zumeist verlassen.

M2 Auch das Schloss und der Schlossgarten von Nymphenburg in München sollen die Größe und Macht des Fürsten zeigen. Alles ist sorgfältig geplant und ausgeführt, geometrische Formen herrschen vor.

»

1. Nenne die beiden Staaten, die sich Herzog Maximilian II. zu Vorbildern nahm. (T1)

2. In welchen Bereichen eiferte Maximilian II. seinen Vorbildern nach? (T1, T2, M2)

3. Betrachte und vergleiche die Bilder von Maximilian II. und von Schloss Nymphenburg mit denen von Ludwig XIV. und Versailles. Zähle Ähnlichkeiten auf. (M1, M2)

Auch ein Berufsheer wurde eingeführt und in ständiger Bereitschaft gehalten.
In der Wirtschaft förderte Max Emanuel II. den Merkantilismus, wie er ihn vom französischen Vorbild her kannte. Diese Wirtschaftsform sollte den Handel beleben und durch die Ausfuhr von Waren dem Staat Einnahmen verschaffen.

T3 Ein aufwändiger Lebensstil

Der Merkantilismus sollte den aufwändigen Lebensstil finanzieren helfen, den Max Emanuel II. wie sein Vorbild führte. In München ließ er das Schloss Nymphenburg bauen. Seinen Hofstaat verdreifachte er auf etwa 1000 Personen. Dieser kostete ihn monatlich 27000 Gulden. Eine Köchin verdiente im Jahr etwa 60 Gulden.
Als Max Emanuel II. 1726 starb, hatte er einen Schuldenberg von 27 Millionen Gulden aufgehäuft. Dies entsprach den gesamten Einnahmen Bayerns für den Zeitraum von acht Jahren.

T4 Friedrich II., König von Preußen

Als Friedrich der Große, wie er später genannt wurde, 1740 als Friedrich II. König von Preußen wurde, hatten sich bereits große Veränderungen ergeben.
Auch Friedrich baute noch ein großes Schloss in Potsdam, das seine Größe und Macht zeigen sollte. Er hatte auch eine große Berufsarmee und führte viele Kriege. Auch er hielt alle Macht in seinen Händen, doch sah er sich selbst nicht als denjenigen, um den sich im Staat alles dreht. Vielmehr fühlte er sich als „ersten Diener" seines Staates.
Nach Friedrichs Ansicht war es notwendig, dass er alle Macht in den Händen hielt. Er allein könne sicherstellen, dass alles, was er mit dieser Macht regelt, nur dem Wohle des Staates diene.

M4 Friedrich II.
(Gemälde von Anton Graff, um 1770)

M3 Aus dem Politischen Testament Friedrichs II., 1752:

» Alle Maßregeln müssen reiflich durchdacht sein, Finanzen, Politik und Heerwesen auf ein gemeinsames Ziel steuern: nämlich die Stärkung des Staates und das Wachstum seiner Macht. Ein System kann aber nur aus einem Kopfe entspringen, also muss es aus dem Herrscher hervorgehen. Trägheit, Vergnügungssucht und Dummheit: Diese drei Ursachen hindern die Fürsten in ihrem edlen Berufe, für das Glück ihrer Völker zu wirken. Solche Herrscher machen sich verächtlich, werden zum Spott und Gelächter ihrer Zeitgenossen (...) «

Lexikon

Merkantilismus
Um die Staatseinnahmen zu erhöhen, wurde die Wirtschaft staatlich gelenkt. Die Einfuhr der meisten Fertigwaren wurde verboten, um die einheimische Industrie zu schützen. Rohstoffe durften eingeführt werden, um sie im eigenen Land weiter zu verarbeiten. Die Manufakturbesitzer wurden – zumeist durch Steuererleichterungen – unterstützt. In ihren Manufakturen sollten Waren in großen Mengen und zu günstigen Preisen hergestellt werden. Durch den Verkauf dieser Waren im Ausland versuchte man, Gewinne zu erzielen und dem Staat Einnahmen zu verschaffen.

*
4. Nenne die Folgen des Lebensstils von Max Emanuel II. für den Staat. (T3)
Vergleiche dies mit den Folgen, die der Lebensstil Ludwigs XIV. für Frankreich hatte.

*
5. 80 Jahre nach dem Regierungsantritt Ludwigs XIV. wurde Friedrich II. König in Preußen. Nenne Ähnlichkeiten seines Regierungsstils mit dem Ludwigs XIV. (T4)

*
6. Erläutere die Auffassung, die Friedrich II. von seinen Aufgaben als Herrscher und König hatte. (M3, M4)

Nutze deinen Verstand

Im 15. und 16. Jahrhundert waren die Naturwissenschaftler dazu übergegangen, die Erscheinungen in der Natur genau zu beobachten. Diese Vorgehensweise wurde auch auf andere Bereiche der Wissenschaften und der Technik übertragen.

T1 Die Vernunft soll regieren

Im Laufe des 17. Jahrhunderts setzte sich in der Wissenschaft ein neues Denken durch. Wissenschaftler forderten nun, dass Lehrsätze nur durch Beobachtung und Versuche, durch wissenschaftliche Untersuchung gefunden werden dürften. Überliefertes Wissen dürfe nicht einfach übernommen werden. Auch dieses alte Wissen müsse überprüft werden und beweisen, dass es noch immer gültig ist.
Es wurden nun alle Bereiche des Lebens kritisch untersucht: die Naturerscheinungen, die Religion, die Wirtschaft und der Staat. Der Aberglaube, der den Menschen mit Hexen und Zauberern Angst machte, wurde ebenso angegriffen wie unrechtmäßige Herrschaftsansprüche.
Oberste Richtschnur sollte die Vernunft des Menschen sein.

T2 Aufklärung und Staat

Während Ludwig XIV. und seine Nachahmer von ihrer absoluten Macht ausgingen, wiesen die Denker der Aufklärung darauf hin, dass durch eine solche Herrschaftsform die Menschen unterdrückt und zu willenlosem Gehorsam gezwungen seien. Sie hätten in einem absolutistischen Staat keine Rechte wie jeder Mensch sie haben sollte und seien der Willkür der Herrscher unterworfen.

T3 Jeder Mensch hat grundlegende Rechte

Die Aufklärer forderten, dass jeder Mensch grundlegende Rechte habe, die ihm niemals weggenommen oder verweigert werden dürften. Im Grunde seien auch alle Menschen gleich und hätten alle dieselben Rechte.

T4 Gewaltenteilung

Manche Aufklärer forderten, dass das Volk herrschen solle. Sie billigten dem Volk das Recht auf Widerstand zu, wenn der Herrscher unmenschlich regiere.
Zudem solle nicht alle Gewalt in den Händen eines einzigen Menschen liegen.

M2 Immanuel Kant (1724–1804),
einer der bedeutendsten Philosophen, lebte in Königsberg (Preußen).

M1 Immanuel Kant, Beantwortung der Frage: Was ist Aufklärung?

„Aufklärung ist der Ausgang des Menschen aus seiner selbstverschuldeten Unmündigkeit. Unmündigkeit ist das Unvermögen, sich seines Verstandes ohne Leitung eines anderen zu bedienen. Selbstverschuldet ist diese Unmündigkeit, wenn die Ursache derselben nicht am Mangel des Verstandes, sondern der Entschließung und des Mutes liegt, sich seiner ohne Leitung eines andern zu bedienen. Sapere aude! Habe Mut, dich deines eigenen Verstandes zu bedienen! ist also der Wahlspruch der Aufklärung."

»

1. Was war nach Ansicht der Aufklärer die oberste Richtschnur? (T1)

2. Nur auf welche Weise konnten nach Meinung der Aufklärer gültige Lehrsätze entstehen? (T1)

3. Alle Menschen können lernen und müssen sich nicht für dumm verkaufen lassen. Wozu müssen sie den Mut haben? (T1, M1)

4. Die Aufklärer forderten wichtige grundlegende Rechte für die Menschen ein. Nenne sie. (T2, T3, M5, M8)

M 3 John Locke (1632–1704), englischer Philosoph

M 4 Charles de Secondat Montesquieu (1679–1755), französischer Adliger, Schriftsteller und Philosoph

M 7 Jean-Jacques Rousseau (1712–1778), schweizerisch-französischer Philosoph

T 5 Aufmerksame Zuhörer

In Europa und den englischen Kolonien in Nordamerika hörten besonders die reicheren Bürger genau auf das, was die Aufklärer zu sagen hatten. Als Handwerker, Kaufleute und Manufakturbesitzer hatten sie in ihren Ländern großen Anteil an der Wirtschaft, hatten aber kein Mitspracherecht. Auch im gebildeten Bürgertum (Ärzte, Rechtsanwälte) fielen die Ideen von Freiheit und Gleichheit auf fruchtbaren Boden.

Aber auch Fürsten nahmen Ideen der Aufklärung auf. So bestand Friedrich II. zwar auf seiner ungeteilten Macht, billigte aber seinen Bürgern mehr Rechte zu. Er sah sich als Diener seines Staates, für dessen Wohl er Verantwortung trug. Man bezeichnet deshalb Friedrich II. auch als aufgeklärten Herrscher.

M 5 John Locke äußerte sich 1689 so:

» Die Vernunft lehrt alle Menschen, dass wir alle gleich und unabhängig sind, dass daher keiner dem anderen in Bezug auf sein Leben und sein Eigentum schaden soll. Wenn wir betrachten, in welchem Zustand sich die Menschen von Natur befinden, so sehen wir: Dies ist ein Zustand völliger Freiheit. «

M 6 Montesquieu, Vom Geist der Gesetze, 1748:

» In jedem Staat gibt es drei Arten von Gewalt: die vollziehende Gewalt, die gesetzgebende Gewalt und die richterliche. Wenn in derselben Person die gesetzgebende Gewalt mit der vollziehenden vereinigt ist, gibt es keine Freiheit (...) Es gibt ferner keine Freiheit, wenn die richterliche Gewalt nicht von der gesetzgebenden und vollziehenden getrennt ist. «

M 8 Jean-Jacques Rousseau, Der Gesellschaftsvertrag, 1762:

» Der Mensch wird frei geboren und überall ist er in Ketten (...) Solange ein Volk gezwungen wird zu gehorchen und gehorcht, so tut es wohl; sobald es aber das Joch abwerfen kann und es abwirft, so tut es besser (...) Auf Freiheit zu verzichten, heißt auf seine Freiheit, die Menschenrechte, ja selbst auf seine Pflichten verzichten (...) Eine solche Entsagung ist mit der Natur des Menschen unvereinbar. «

5. In einem Staat gibt es drei Gewalten. Sie sollten nicht in einer Hand allein liegen. Nenne die drei Gewalten (T 4, M 6)

* **6.** Inwiefern kann man die Forderungen der Aufklärung als revolutionär bezeichnen? (M 1, M 5, M 6, M 8)

* **7.** Erläutere, warum Friedrich II. als aufgeklärter Herrscher bezeichnet werden kann.

Der Dritte Stand erwacht

In Frankreich regierten auch nach dem Tod Ludwigs XIV. die Könige weiter als absolute Herrscher mit uneingeschränkter Macht. Sie lebten in Luxus und häuften weitere Schulden an, so auch Ludwig XVI.

M1 Ludwig XVI. verteilt Almosen. (Stahlstich um 1840 nach einem Gemälde von Louis Hersent von 1817, Ausschnitt) Das Bild soll die Großzügigkeit des Königs darstellen, zeigt aber auch, wie arm die Menschen des Dritten Standes in Frankreich waren.

T1 Der Dritte Stand trägt die Lasten

Im Frankreich des 18. Jahrhunderts war die Gesellschaft in die drei Stände gegliedert. Klerus und Adel bildeten den Ersten und Zweiten Stand. Zusammen machten sie etwa 2% der Bevölkerung aus. Sie zahlten wenig Steuern und führten ein Leben ohne Hunger und Not. Der Dritte Stand, die Kaufleute, Handwerker, Bauern und Bediensteten, trug die Hauptlast der Steuern. Das waren etwa 90% aller Steuern.

T2 Unzufriedenheit

Obwohl die Adligen viele Vorteile hatten, waren viele von ihnen zu Gegnern des Absolutismus geworden. Sie meinten, der König habe zu viel Macht. Daher wollten sie mehr Einfluss gewinnen und einen größeren Anteil an der politischen Macht haben.

T3 Es gärt

Ein großer Teil des Dritten Standes hungerte und litt wie schon zu Zeiten Ludwigs XIV. große Not. Seit Jahren stiegen die Preise für Nahrungsmittel, Kleidung, Brennholz. Die Löhne aber blieben gleich. Nach der Missernte 1788 folgte ein strenger Winter und die Nahrungsmittel wurden knapp und teuer.
Alles, was den Staat betraf, wurde vom König und den beiden ersten Ständen bestimmt. Jetzt wurden die Bauern und Bürger unruhig.

»

1. Nenne die drei Stände und gib an, welcher Stand 90% der Steuerlast tragen musste. (T1)

2. Nenne Gründe für die Unzufriedenheit im Zweiten Stand. (T2)

3. Beschreibe die Situation der einfachen Bürger des Dritten Standes im Frankreich Ludwigs XVI. (T3, M1, M2)

T4 Der Staat ist pleite

Im Jahre 1788 geriet Frankreich zudem in eine tiefe Finanzkrise. Der Staat war hoch verschuldet. Allein 50 % des Staatshaushaltes mussten für die Zinsen des bisher geliehenen Geldes ausgegeben werden.
Der Finanzminister hatte nicht durchsetzen können, dass die beiden ersten Stände mehr Steuern bezahlten. Klerus und Adel sollten weiterhin ihre Vorrechte behalten. Das verbitterte den Dritten Stand, der bereits den größten Anteil der Steuerlast trug. Nun sollten die Menschen des Dritten Standes sogar noch mehr Steuern bezahlen.

T5 Die Aufklärung zeigt Wirkung

Besonders die Bürger, die reich geworden waren, waren aufgebracht, denn sie hatten dabei die Hauptlast zu tragen.
Innerhalb des Dritten Standes bildete dieses reiche, gebildete und aufstrebende Bürgertum (Manufakturbesitzer, Ärzte, Kaufleute) eine besser gestellte Schicht.
Besonders hier hatten die Ideen von der grundsätzlichen Gleichheit der Menschen, der Freiheit und der Gewaltenteilung Wirkung gezeigt. Immer offener forderten diese Bürger politisches Mitspracherecht und eine Beteiligung an Entscheidungen des Staates.

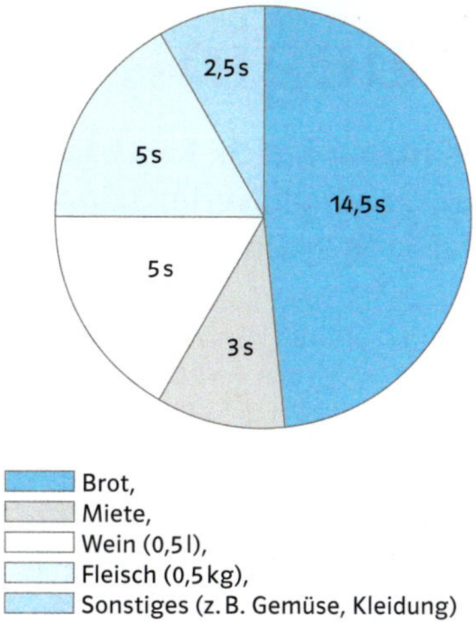

s = sou, die kleinste Geldeinheit;
20 s = 1 livre

M2 Die Lebenshaltungskosten für einen ausgelernten Handwerker in Paris 1789

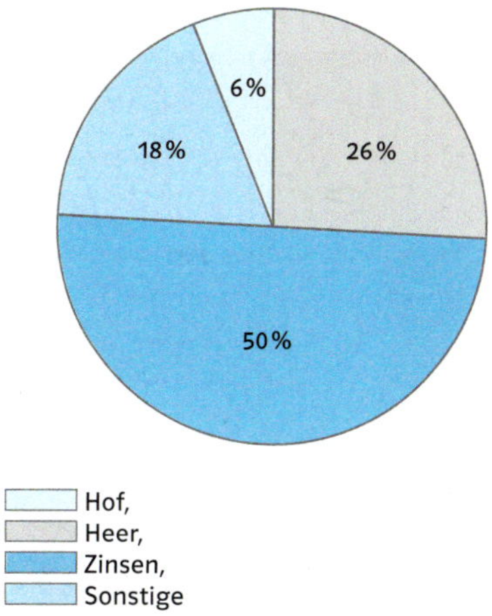

M3 Staatshaushalt 1788

M4 Wer trägt die Lasten?
(Anonyme Karikatur von 1789)
Oft wurden solche Spottzeichnungen genutzt, um die Kritik an der ungerechten Verteilung der Steuerlasten öffentlich zu machen. Obwohl sie oft beschriftet waren, waren sie auch für diejenigen relativ leicht zu verstehen, die nicht oder nur schlecht lesen konnten. Unter dem Bild stand: „Man muss hoffen, dass dieses Spiel bald ein Ende hat.“ Auf der Hacke des Bauern steht: „Mit tränen getränkt“, auf dem Degen des Adligen: „Gerötet vom Blut“.

4. Warum hatte Ludwig XVI. große Finanzsorgen und wie versuchte er sie zu lösen? (T4, M3)

5. Erläutere Gründe für die Unzufriedenheit im Dritten Stand. Nenne Forderungen der Bürger und erkläre am Beispiel der Karikatur M4, wie sie ihre Unzufriedenheit und ihre Forderungen öffentlich machten.

* **6.** Erstelle ein Schaubild zum Thema Unzufriedenheit. Schreibe in Blockpfeile die verschiedenen Gründe für die Unzufriedenheit im Frankreich Ludwigs XVI. Alle Pfeile zielen auf die Unzufriedenheit.

Die Revolution beginnt

Am 14. Juli 1789 begann die Revolution in Frankreich. Rasch griff die Revolution von Paris aus auf das ganze Land über. Der König verlor seine Macht. Der 14. Juli ist bis heute ein Nationalfeiertag in Frankreich.

T1 Die Revolution beginnt

Die Sturmglocken dröhnen. Auf den Straßen laufen Bürger zusammen. Das Ziel der wütenden Menge ist die Bastille, das alte Staatsgefängnis, das verhasste Zeichen der Staatsmacht. Außerdem befinden sich dort Waffen und jede Menge Pulver. Die aufgebrachten Bürger wollen sich weitere Waffen beschaffen. Viele von ihnen sind nur mit Knüppeln bewaffnet oder haben nur ihre Fäuste. Im Laufe des Tages übergibt der Kommandant die Festung. Sie wird von den aufgebrachten Bürgern gestürmt. Die Gefangenen werden befreit. Das wütende Volk hat die Waffen in die Hand genommen und zeigt seine Macht.
Doch zeigt sich auch die dunkle Seite: Der Kommandant wird ermordet, obwohl er sich ergeben hatte.

M1 14. Juli 1789: Sturm auf die Bastille (Anonymer zeitgenössischer Stich)
Bis heute wird dieses Ereignis als Beginn der Französischen Revolution betrachtet.

T2 Unvermeidlich?

Dabei hatte es zunächst so ausgesehen, als ob der König dem Dritten Stand entgegenkommen würde. In den Monaten vor dem 14. Juli 1789 war deutlich geworden, dass der größte Teil der Bevölkerung unzufrieden war. Es hatte bereits einige Aufstände von hungernden Menschen gegeben.
In diese Situation hinein war die Nachricht gekommen, dass der französische Staat kein Geld mehr hatte und der König deshalb die Steuern erhöhen lassen wollte.

T3 Auswege suchen

Erster und Zweiter Stand wollten weiterhin kaum Steuern zahlen. Der Dritte Stand war bereits hoch mit Abgaben belastet und wehrte sich gegen weitere Erhöhungen.
Um einen Ausweg zu finden, lud der König im Mai 1789 die Generalstände ein, um über Steuererhöhungen zu beraten. Der König wollte damit alle Stände in die Verantwortung einbeziehen. Seit Ludwig XIV. hatte es keine Zusammenkunft der Vertreter der Stände mehr gegeben.

»

1. Mit welchem Ereignis wird heute der Beginn der Französischen Revolution verbunden? (T1, M1)

2. Warum berief der König die Generalstände ein? (T2, T3)

3. Die Hoffnungen, die sich der Dritte Stand auf mehr Mitspracherechte machte, zerschlugen sich bald. Erkläre (T4)

M 2 20. Juni 1789: Der Ballhausschwur
(Federzeichnung von Jacques-Louis David, 1791)

T 4 Entgegenkommen?
Der König wusste, dass die Unzufriedenheit im Dritten Stand groß war. Deshalb hatte er als Zugeständnis an den Dritten Stand ihre Abgeordnetenzahl auf 578 Vertreter erhöhen lassen. Der Adel schickte 270 Vertreter, der Klerus 291. Zusammen hatten Erster und Zweiter Stand damit nicht mehr Stimmen als der Dritte Stand. Allerdings sollte jeder Stand für sich abstimmen und das Ergebnis als einheitlich gewertet werden. Die wenigen Abgeordneten des Zweiten Standes, die wussten, dass Reformen notwendig waren und die Ideen der Aufklärung in Teilen unterstützten, würden dabei innerhalb ihrer Gruppe überstimmt werden.
Die Abgeordneten des Dritten Standes befürchteten, dass sie dadurch bei allen Abstimmungen mit 2 : 1 überstimmt werden würden. Deshalb verlangten sie, dass bei Abstimmungen die Köpfe aller Abgeordneten der drei Stände gemeinsam gezählt werden sollten. Jeder Abgeordnete sollte also eine Stimme haben. Nur so hatten die Abgeordneten des Dritten Standes die Möglichkeit, eine Mehrheit zu erreichen.

T 5 Die Nationalversammlung
Doch die Hoffnungen, dass der König die Reformen mittragen würde, zerschlugen sich schnell. Bereits bei der Eröffnungssitzung demütigte er die Abgeordneten des Dritten Standes. Sie durften nicht in seine Nähe kommen. Dieses Privileg war den Abgeordneten der beiden ersten Stände vorbehalten. Zugleich verbot er den Abgeordneten des Dritten Standes, Beratungen durchzuführen. Es durfte auch nicht über die Privilegien des Adels diskutiert werden. Daraufhin erklärten sich die Abgeordneten des Dritten Standes am 17. Juni 1789 zur Nationalversammlung und erhoben den Anspruch, ganz Frankreich zu vertreten.
Der König erkannte diese Versammlung zunächst nicht an und wollte die Zusammenkünfte der Abgeordneten verhindern. Er ließ den Sitzungssaal durch Soldaten sperren. Doch die Abgeordneten gaben nicht auf, denn sie wussten große Teile der aufgebrachten Bevölkerung hinter sich. Sie zogen in ein nahe gelegenes Ballhaus.

T 6 Der Ballhausschwur
Dort schworen sie, dass sie sich nicht eher trennen würden, ehe Frankreich eine neue und gerechte Verfassung haben würde. Sie bezeichneten sich deshalb jetzt auch als Verfassungsgebende Versammlung.
Der König traute sich nicht, dieses Ballhaus stürmen zu lassen, empfahl jetzt sogar den beiden anderen Ständen, sich der Nationalversammlung anzuschließen. Gleichzeitig ließ er aber Anfang Juli 1789 Truppen an den Grenzen der Stadt Paris zusammenziehen. Dies machte den Menschen Angst und ließ sie zu den Waffen greifen.

4. Wie reagierten die Abgeordneten des Dritten Standes darauf, dass ihnen der König keine Zugeständnisse machte? (T 5)

5. Erläutere, wie und warum es zum Ballhausschwur kam. (T 5, T 6, M 2)

*
6. Fertige eine Aufstellung über den Ablauf der wichtigen Geschehnisse des Jahres 1789 bis zum Sturm auf die Bastille an. Eine Möglichkeit: Zeitleiste. (T 1 bis T 6)

Die Erklärung der Menschenrechte

**Als die Abgeordneten im August 1789 die Erklärung der Menschenrechte verabschiedeten, hatten sie sicher nur ihr Heimatland Frankreich im Blick.
Trotzdem wurde ihre Arbeit zum Vorbild für viele Menschen und Staaten weltweit.**

M1 Die Menschenrechte (Gemälde von Le Barbier, um 1790)
Das Auge der Vernunft steht ganz oben und wacht über die Erklärung der Menschenrechte.

T1 Erklärung der Menschenrechte
Am 26. August 1789 veröffentlichte die Nationalversammlung die Erklärung der Menschen- und Bürgerrechte. Vorbild war die Unabhängigkeitserklärung der Vereinigten Staaten von Amerika. 1776 hatten sich damit die englischen Kolonien vom Mutterland losgesagt.

T2 Forderungen der Aufklärung
Viele Forderungen der Aufklärung finden sich in den Erklärungen von 1776 und 1789 wieder: Alle Menschen haben von Natur aus Rechte, die ihnen nicht genommen werden dürfen.
Hierzu gehören besonders die Freiheitsrechte, wie das Recht auf freie Meinung, die Religionsfreiheit und die freie Berufswahl im Rahmen der persönlichen Fähigkeiten.

T3 Vorbild für viele Länder
Am 10.12.1948 verabschiedete die UNO eine Erklärung der Menschenrechte, die in vielen Bereichen auf die Erklärung von 1789 zurückgeht.
Auch das Grundgesetz der Bundesrepublik Deutschland, das 1949 beschlossen wurde, hat in seinen Grundrechten die Erklärung der Menschenrechte der Französischen Revolution zum Vorbild.

T4 Die Grundrechte
Im Grundgesetz sind in den Artikeln 1 bis 19 die Grundrechte jedes deutschen Bürgers festgehalten.
In ihnen finden sich viele Ideen der französischen Menschenrechtserklärung wieder.

T5 Menschenrechte in Gefahr

»

1. Welches Vorbild für die Erklärung der Menschen- und Bürgerrechte vom 26.8.1789 in Frankreich stammt aus dem Jahr 1776? (T1)

2. Nenne einige Forderungen der Aufklärung, die in die Erklärungen der Menschenrechte eingegangen sind. (T2)

3. Welche Organisation beschloss 1948 eine Menschenrechtserklärung? Welche Aufgaben hat diese Organisation und mit welchen Problemen muss sie sich u.a. auseinandersetzen? (T3, T5, Lexikon)

Viele Staaten der Erde haben die Menschenrechte in ihre Verfassungen aufgenommen. Es geschieht aber immer wieder, dass sie nicht beachtet werden. In mehr als 150 Ländern wurden nach Berichten von amnesty international in den letzten Jahren Menschen misshandelt und gefoltert. In vielen Ländern wird die freie Meinungsäußerung behindert, Zeitungen werden verboten, unliebsame Journalisten oder Menschen, die offen ihre Meinung sagen, werden beseitigt. Oft werden sie ohne Gerichtsverhandlung in Gefängnisse oder Lager gesteckt. Oder aber sie werden ermordet.

M 2 Ideen der französischen Menschenrechtserklärung:

» 1. Die Menschen werden frei und gleich an Rechten geboren und bleiben es. (…)
2. Der Zweck jeder staatlichen Vereinigung ist die Erhaltung der natürlichen und unverjährbaren Menschenrechte. Diese Rechte sind Freiheit, Eigentum, Sicherheit und Widerstand gegen Unterdrückung.
3. Der Ursprung jeder Herrschaft liegt wesensmäßig beim Volke (…)
4. Die Freiheit besteht darin, alles tun zu können, was einem anderen nicht schadet.
6. (…) Da alle Bürger vor dem Gesetz gleich sind, so sind sie auch alle in der gleichen Weise zu allen Ehrenämtern, öffentlichen Stellungen und Beschäftigungen gemäß ihren Fähigkeiten zugelassen, ohne einen anderen Unterschied als den ihrer Kräfte und Geistesgaben.
10. Niemand darf wegen seiner Ansichten, selbst nicht der religiösen, bedrängt werden, vorausgesetzt, dass ihre Äußerung nicht die durch das Gesetz festgelegte öffentliche Ordnung stört.
11. Die freie Mitteilung der Gedanken und Ansichten ist eines der kostbarsten Menschenrechte; daher kann jeder Bürger frei sprechen, schreiben, drucken, mit dem Vorbehalt, dass er verantwortlich ist für den Missbrauch dieser Freiheit in dem von dem Gesetz festgelegten Fällen. «

M 3 Grundrechte im Grundgesetz der Bundesrepublik Deutschland:

» Artikel 1
(1) Die Würde des Menschen ist unantastbar. Sie zu achten und zu schützen ist Verpflichtung aller staatlichen Gewalt.
(2) Das deutsche Volk bekennt sich darum zu unverletzlichen und unveräußerlichen Menschenrechten als Grundlage jeder menschlichen Gemeinschaft, des Friedens und der Gerechtigkeit in der Welt.
Artikel 2
(1) Jeder hat das Recht auf freie Entfaltung seiner Persönlichkeit, soweit er nicht die Rechte anderer verletzt und nicht gegen die verfassungsmäßige Ordnung oder das Sittengesetz verstößt.
(2) Jeder hat das Recht auf Leben und körperliche Unversehrheit. Die Freiheit der Person ist unverletzlich (…)
Artikel 3
(1) Alle Menschen sind vor dem Gesetz gleich.
(2) Männer und Frauen sind gleichberechtigt.
(3) Niemand darf wegen seines Geschlechts, seiner Abstammung, seiner Rasse, seiner Sprache, seiner Heimat und Herkunft, seines Glaubens, seiner religiösen oder politischen Anschauungen benachteiligt oder bevorzugt werden.
Artikel 4
(2) Die ungestörte Religionsausübung wird gewährleistet.
Artikel 5
(1) Jeder hat das Recht, seine Meinung in Wort, Schrift und Bild frei zu äußern und zu verbreiten. … «

Lexikon

UNO (United Nations Organisation)
Die Vereinten Nationen wurden nach dem Ende des Zweiten Weltkrieges gegründet. Die UNO ist ein Zusammenschluss fast aller Staaten mit dem Ziel, den Frieden zu erhalten und die Rechte der Menschen zu schützen.

amnesty international (ai)
Eine Organisation, die sich für die Einhaltung der Menschenrechte in allen Ländern der Erde einsetzt.

Grundgesetz
Verfassung der Bundesrepublik Deutschland

4. Suche in den Auszügen aus der Erklärung der Menschenrechte und dem Grundgesetz Aussagen zu den Freiheitsrechten und vergleiche diese. (T 4, M 2, M 3)

5. Welche Rechte finden sich noch in beiden Erklärungen, welche Rechte finden sich nur im Grundgesetz? (M 2, M 3)

*
6. Im Gemälde von Le Barbier wird mit einem Zeichen deutlich gemacht, dass sich die Erklärung der Menschenrechte auf die Ideen der Aufklärung beziehen. Findest du es? Erkläre. (M 1)

Menschenrechte heute

Die Rechte von Kindern sind in vielen Teilen der Welt stark gefährdet. Die Vereinten Nationen haben deshalb eine Übereinkunft über die Rechte der Kinder getroffen.

T1 Rechte der Kinder
Diese Rechte scheinen so selbstverständlich zu sein: Natürlich müssen Kinder besonders geschützt werden. Sie sollen nicht durch schwere Arbeit ausgebeutet und krank gemacht werden. Sie sollen nicht verprügelt oder gequält werden. Natürlich sollen alle Kinder eine Schule besuchen können, um lesen, rechnen und schreiben zu lernen. In Wirklichkeit sind dies für viele Kinder erst einmal nur Forderungen, denn in etlichen Ländern der Erde haben Kinder diese Möglichkeiten und Rechte nicht.

T2 Menschenwürde beginnt direkt bei uns
Aber auch bei uns werden diese Rechte manchmal eingeschränkt. Es beginnt mit Hänseln und Verspotten. Gleich, ob in der Familie, in der Schule oder in der Freizeit, überall wo ein Kind, ein Jugendlicher oder ein Erwachsener verspottet wird, da werden seine Freiheit eingeschränkt und seine Würde nicht geachtet. Der Verspottete muss sich mit den Angriffen auf seine Person und auf seine Würde auseinandersetzen. Manchmal bekommt er dabei Angst, er kann nicht mehr klar denken und sich nicht frei entscheiden. Es ist also nicht erst die rohe Gewalt, die Schlägerei oder das Bedrohen, die Menschen verletzen und ihnen ihre Würde nehmen.

T3 Aufmerksam sein
Im täglichen Leben kann es schnell passieren, dass aus Unachtsamkeit, manchmal auch aus Böswilligkeit die Rechte anderer nicht geachtet werden. Oft sind es die kleinen Dinge, die übersehen werden. Dies passiert nicht nur mit fremden Menschen, sondern gerade im Zorn auch mit Menschen, die wir eigentlich mögen. Die Freundin beim Spielen ausschließen, den Bruder hänseln, den Freund beim Sport auslachen, ...

T4 Mit Meinungsumfragen etwas bewegen?
Fragt man nach der Meinung von Leuten, dann gibt man doch nur wieder, was sie bereits wissen und denken – ihre Meinung eben. Stimmt.
Doch zeigen solche Meinungsumfragen nicht nur, was wie viele Leute denken. Sie zeigen auch, ob sich die Menschen überhaupt mit einem Thema beschäftigen.

1. Lies dir die Rechte der Kinder genau durch. Verstehst du alle Forderungen?
Warum ist spielen denn wichtig? Und zur Schule gehen? Diskutiert in der Klasse. (M1)

2. Erkläre, warum es sich bei diesen Rechten der Kinder weitgehend um Forderungen handelt, die noch erfüllt werden müssen. (T1)

3. Nenne Beispiele dafür, wie durch Unachtsamkeit und scheinbar kleine Gemeinheiten die Menschenwürde auch bei uns verletzt werden kann. (T2, T3)

M1 Die Kinderrechtskonvention der Vereinten Nationen (UNO):

» Alle Kinder haben die gleichen Rechte. Kein Kind darf wegen seiner Hautfarbe, Sprache, Religion oder weil es ein Mädchen ist benachteiligt werden.
Kinder haben das Recht, so gesund wie möglich zu leben.
Kinder haben das Recht, zur Schule zu gehen und zu lernen, was wichtig ist.
Kinder haben das Recht, zu spielen.
Kinder haben das Recht, sich zu informieren, zu sagen, was sie denken und gehört zu werden.
Kinder haben das Recht, ohne Gewalt erzogen zu werden.
Kinder haben das Recht, besonders geschützt zu werden, wenn in ihrem Land Krieg ist oder sie auf der Flucht sind.
Kinder haben das Recht, vor schädlicher Arbeit, Ausbeutung und Misshandlung geschützt zu werden.
Wenn Kinder behindert sind, haben sie ein Recht auf Hilfe und darauf, gemeinsam mit anderen Kindern zu spielen und zu lernen. «

M2 So könnte ein Teil eines Befragungsbogens zum Thema „Menschenrechte heute" aussehen:

	ja	nein	noch keine Meinung gebildet
Sind Sie/bist du der Meinung, … dass Kinder besonders geschützt werden müssen?			
… dass alle Kinder der Welt das Recht haben müssen, zur Schule zu gehen?			
… dass es zu den Menschenrechten gehört, dass Kinder spielen dürfen?			
Wo beginnt bei Ihnen/bei dir die Verletzung der Menschenrechte bzw. der Menschenwürde? Wenn jemand verprügelt wird? Wenn jemand wegen seiner Meinung ins Gefängnis gesteckt wird Wenn ein Kind gehänselt/verspottet wird			

Methode: Eine Meinungsumfrage

1. Vorbereitung
- zu welchem Thema wird befragt
- wer soll befragt werden
- wo soll befragt werden

2. Fragen erarbeiten
- Fragen finden und auswählen
- durchführen, um herauszufinden, ob die Fragen verständlich sind
- Fragebogen entwickeln

3. Genehmigung einholen

4. Befragung durchführen
- höflich auf die Menschen zugehen und sie fragen, ob sie für eine kleine Meinungsumfrage Zeit hätten

5. Auswertung und Präsentation
- Strichlisten zu jeder Frage führen, Häufigkeiten finden und darstellen

4. Meinungsumfragen bestätigen doch nur das, was die Leute sich schon längst als Meinung gebildet habe. Finde Gegenargumente. (T 4)

* **5.** Finde weitere Beispiele dafür, wie schnell die Rechte von Menschen auch bei uns oft fast unbemerkt eingeschränkt werden können.

* **6.** Führt eine Meinungsumfrage durch. Nutzt dazu M 2.

Von der Monarchie zur Republik

Frankreich sollte zunächst eine konstitutionelle Monarchie werden. Der König sollte als Staatsoberhaupt an eine Verfassung (Konstitution) gebunden sein, die seine Rechte genau festlegte. Die Macht lag jetzt bei den wahlberechtigten Bürgern.

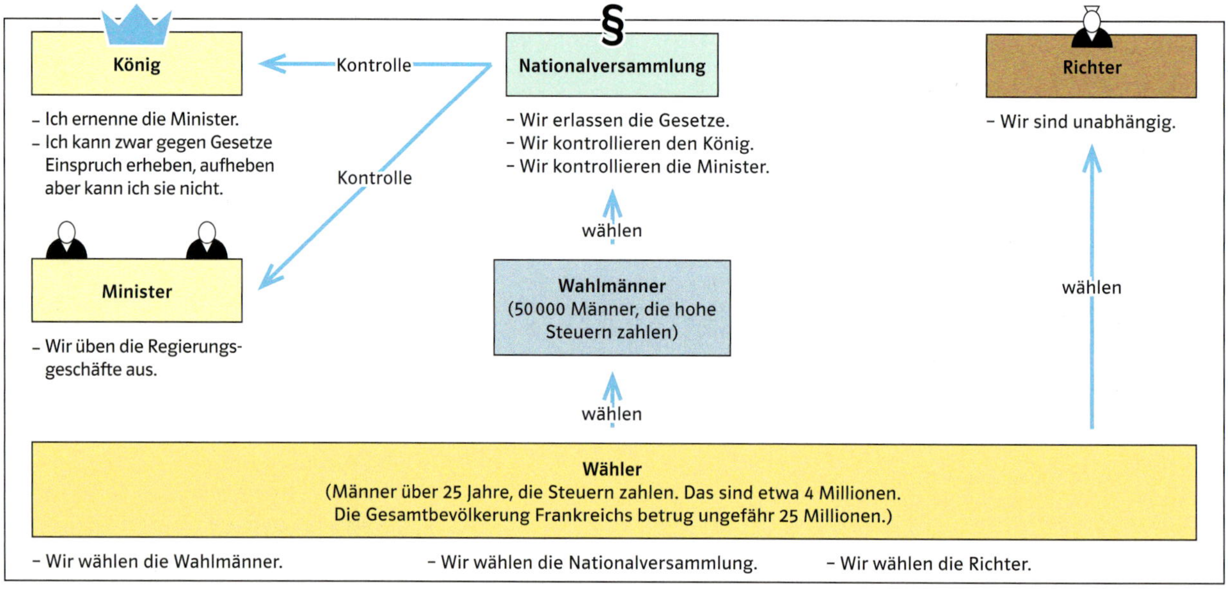

M1 Die Verfassung Frankreichs vom 3. September 1791

T1 Eine neue Verfassung

Im September 1791 wurde nach langen Beratungen die neue Verfassung verabschiedet. Aus Frankreich sollte eine konstitutionelle Monarchie werden.
Die Nationalversammlung sollte als gesetzgebende Gewalt vom Volk gewählt werden. Sie sollte die Gesetze beraten und erlassen. Der König und die Minister bildeten die Regierung. Als ausführende Gewalt hatten sie sich an die Gesetze zu halten und wurden von der Nationalversammlung kontrolliert. Vom Volk auf Zeit gewählte Richter sollten für eine unabhängige Rechtssprechung sorgen.

T2 Gewaltenteilung

Gesetzgebende Gewalt, ausführende Gewalt (= Regierung) und richterliche Gewalt waren nicht mehr in einer Hand. Sie waren geteilt, wie es die Aufklärer gefordert hatten. Ein Missbrauch von Macht war nicht mehr so einfach.

T3 Flucht des Königs

Der König war mit der Einschränkung seiner Macht nicht einverstanden und wollte die Verfassung nicht unterschreiben. Er war immer in Kontakt zu ausländischen Fürsten- und Königshäusern geblieben. Dorthin versuchte er nun zu fliehen. Die Flucht misslang.

1. Der König sollte nach der neuen Verfassung eine andere Position (Aufgaben, Macht) bekommen. Erläutere. (T1, M1)

2. In der französischen Verfassung werden drei Gewalten genannt. Nenne sie und beschreibe ihre Aufgaben. (T1, T2, M1, M2)

3. Nenne die Gegner der Revolution und gib die Gründe für ihre Gegnerschaft an. (T4)

M2 Auszug aus der französischen Verfassung von 1791:

» Die Verfassung verbürgt als natürliche und bürgerliche Rechte: (...)
1. dass alle Abgaben auf alle Bürger gleichmäßig nach Maßgabe ihrer Vermögensverhältnisse verteilt werden sollen;
2. dass dieselben Verbrechen mit denselben Strafen ohne irgendeinen Unterschied der Person belegt werden sollen.
3. Die gesetzgebende Gewalt ist einer Nationalversammlung übertragen, die aus Abgeordneten besteht, die durch das Volk frei und auf Zeit gewählt werden (...)
4. Die Regierung ist monarchisch (...)
5. Die richterliche Gewalt ist Richtern übertragen, die auf bestimmte Zeit vom Volk gewählt werden.
6. Es gibt in Frankreich keine Macht, die über dem Gesetz steht, der König regiert nur durch das Gesetz, und nur im Namen des Gesetzes kann er Gehorsam verlangen (...)
7. Die richterliche Gewalt kann in keinem Fall durch die gesetzgebende Körperschaft oder durch den König ausgeübt werden. «

M3 Ludwig XVI. wurde öffentlich hingerichtet.
Der Henker zeigt den Schaulustigen den Kopf des getöteten Königs. (Farbiger zeitgenössischer Holzschnitt)

T4 Gegner der Revolution

Seit Beginn der Revolution mussten die Bauern den Adligen keine Abgaben und Frondienste mehr leisten. Deshalb waren viele Adlige von Anfang an Gegner der Revolution. Etliche von ihnen flohen in das benachbarte Ausland und versuchten von dort aus, Widerstand gegen die Revolution aufzubauen.
Aber auch Vertreter der Kirche waren Gegner der Revolution. Der Kirchenbesitz war verstaatlicht worden, die Schulen der kirchlichen Aufsicht entzogen. Die Priester sollten von ihren Gemeinden gewählt und vom Staat bezahlt werden. Der Papst in Rom sollte keinen Einfluss mehr auf die Kirche in Frankreich haben. Etwa die Hälfte der Vertreter des Klerus verweigerten deshalb in der Nationalversammlung den Eid auf die neue Verfassung.

T5 Gegner im Ausland

Viele Fürsten in Europa hatten Angst, dass die eigenen Untertanen Frankreich zum Vorbild nehmen könnten. Sie fürchteten sich vor einer Revolution im eigenen Land. Deshalb drohten sie mit Krieg, falls der französische König abgesetzt werden sollte.
Im April 1792 erklärte Frankreich deshalb Österreich den Krieg. Allerdings hoffte der König insgeheim darauf, dass Frankreich den Krieg verlieren würde und er so wieder zu seiner alten Macht und Stellung gelangen könnte.

T6 Die Hinrichtung des Königs

Viele Bürger waren unzufrieden. Sie hungerten noch immer und hatten keinen Einfluss, weil sie zu wenig Geld hatten und deshalb nicht wählen durften. Es kam zu neuen Unruhen. Die Nationalversammlung wurde aufgelöst. Das neue Parlament, der Nationalkonvent, beschloss, dass aus Frankreich eine Republik werden solle. Dem König wurde Verrat vorgeworfen. Seine Kontakte zum Ausland und sein missglückter Fluchtversuch wurden ihm dabei zur Last gelegt. Am 21. Januar 1793 wurde Ludwig XVI. öffentlich hingerichtet.

4. Welche Gründe hatten die Gegner der Revolution, die im Ausland lebten? (T5)

5. Wie verhielt sich Ludwig XVI. und was wurde ihm schließlich vom Nationalkonvent vorgeworfen? (T3, T6, M2)

* **6.** Gewaltenteilung ist eines der Kennzeichen einer Demokratie. Vergleiche sie mit der Regierungsform des Absolutismus.

Frauen in Frankreich

Gehorsam, Zurückhaltung und hübsches Aussehen, das waren im 18. Jahrhundert Ziele der Erziehung von Mädchen und Frauen. Das Häusliche und die Kinder sollten ihre Aufgaben sein. Alles andere war Männersache.

M1 Oktober 1789: Frauen ziehen nach Versailles vor das Schloss des Königs.
(zeitgenössische Radierung, koloriert)

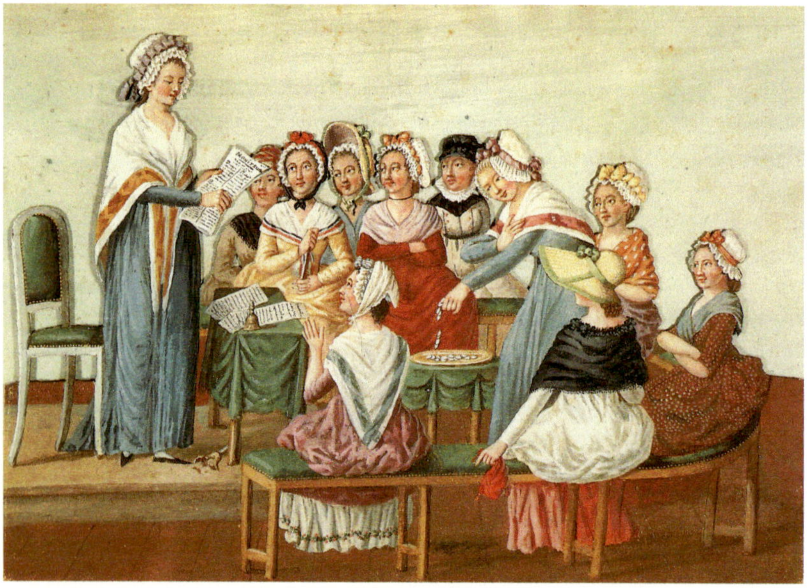

M2 1791: Frauenklub
Frauen diskutieren über ihre Interessen und Forderungen (Zeichnung der Brüder Lessur, 1791)

T1 Unterschiedliche Aufgaben?
Die Rollen von Frau und Mann waren im 18. Jahrhundert sehr genau festgelegt. Die Frauen waren für die Kinder und den Haushalt zuständig. In der Politik, überhaupt im öffentlichen Leben, hatten Frauen nichts zu suchen.

T2 Männer haben Macht
Frauen konnten über ihr Leben kaum selbst bestimmen. Zunächst mussten sie den Anordnungen des Vaters gehorchen und nach der Heirat dem Ehemann.
Selbst die meisten Aufklärer glaubten, die Natur der Frauen sei eben eine andere als die der Männer. Die Frauen seien das schwächere Geschlecht und müssten sich der Führung des Mannes überlassen. Um die Achtung des Ehemannes zu verdienen, müsse sich die Ehefrau ihm unbedingt anpassen.

»

1. Beschreibe die Situation der Frauen in Frankreich vor der Revolution. (T1, T2)

2. Erläutere die Meinung, die viele Aufklärer zur Rolle der Frau vertraten. (T2)

3. Erkläre, warum die Marquis du Châtelet eine so große Ausnahme war. (T3)

M 3 Marquise du Châtelet

M 4 Olympe de Gouges

T 3 Marquise du Châtelet

Émilie du Châtelet war in einer adligen Familie aufgewachsen, die es ihr ermöglichte, viel zu lernen. Sie war sehr selbstbewusst und verkehrte mit Wissenschaftlern ihrer Zeit. Sie war eine der wenigen Naturwissenschaftlerinnen jener Zeit. 1749 starb sie im Alter von 42 Jahren.

T 4 In schweren Zeiten

Bereits vor der Revolution waren in Notzeiten die Frauen der Arbeiter und Handwerker die Leidtragenden. Sie standen nach Brot an und versorgten einen Haushalt, der kaum genug Geld hatte, um das Überleben zu sichern. So waren es auch Frauen, die 1789 vor das Schloss des Königs zogen. Sie machten ihn für die schlechte Versorgungslage und die Not ihrer Familien verantwortlich.

T 5 Gleiche Rechte auch für Frauen?

Sehr viele Frauen unterstützten die Revolution. Aber die meisten Männer dachten nur an ihre Rechte. Sie wollten nicht, dass sich die Frauen in die Politik einmischen. Deshalb gründeten Frauen Klubs, in denen sie über ihre Lage diskutierten. Sie wollten sich und ihren Anliegen Gehör verschaffen.
Es gab eine Menge Verbesserungsmöglichkeiten: Frauen verdienten für ihre Arbeit weniger. Sie durften nicht wählen. Für Mädchen gab es keine Schulen und keine Berufsausbildung.

T 6 Olympe de Gouges

Olympe de Gouges hatte bereits 1788 erste Kontakte zur revolutionären Bewegung. Sie trat öffentlich für die Rechte der Frauen ein. Im Laufe der Revolution machte sie sich mit ihren Forderungen viele Feinde und wurde schließlich als Verräterin vom Revolutionstribunal angeklagt. Am 3. November 1793 wurde sie hingerichtet.

T 7 Niederlage für die Gleichberechtigung

Männer machten sich über die politische Betätigung der Frauen lustig. Sie könnten nicht sachlich und klar diskutieren. Sie sollten besser den Haushalt machen.
Die Frauen blieben auch nach der neuen Verfassung vom Wahlrecht ausgeschlossen. Im Oktober 1793 beschloss die Nationalversammlung, dass Frauen sich nicht in die Politik einmischen sollten. Die Frauenklubs wurden verboten.

M 5 Aus der Erklärung der Rechte der Frau und Bürgerin (Olympe de Gouges, 1791):

» 1. Die Frau wird frei geboren und bleibt dem Manne ebenbürtig in allen Rechten. Unterschiede im Bereiche der Gesellschaft können nur im Gemeinwohl begründet sein.
16. (…) Eine Verfassung aber, an deren Ausarbeitung nicht die Mehrheit der Bevölkerung mitgewirkt hat, die die Nation darstellt, wird null und nichtig. «

4. Erläutere die Forderungen von Olympe de Gouges: Wie stellt sie sich zur Erklärung der Verfassung? Warum verfasste sie noch einmal einen ersten Artikel der Erklärung der Menschenrechte? (T 5, T 6, M 4)

5. Wie verhielten sich die meisten Männer gegenüber den politischen Interessen der Frauen und ihren Forderungen? (T 7)

*
6. Beschreibe die Entwicklung der Situation der Frauen im Laufe der Revolution. (T 4 – T 7)

Die Revolution in Zeitzeugnissen

Historische Quellen bilden die Grundlage unseres Wissens über die Vergangenheit. Man muss aber lernen, diese Quellen zu verstehen.

T1 Texte und Bilder aus der Zeit heraus verstehen
Vieles von dem, was wir über Geschichte wissen, stammt aus der Erforschung von Bild- und Textquellen, die in der jeweiligen Zeit entstanden sind. Solche Quellen zu lesen und auch zu verstehen, ist nicht einfach, nicht nur wegen der alten oder fremden Sprache. Die Verfasser von Texten oder die Zeichner von Bildern hatten eine bestimmte Meinung von der Welt, in der sie lebten. Sie schrieben und zeichneten, um zu informieren, um andere zu beeinflussen, um sie zu überzeugen oder um auf eine Situation aufmerksam zu machen. Sie unterstützten eine Sache oder lehnten etwas ab. Eine einzelne historische Bildquelle oder Textquelle zeigt also nicht genau die geschichtliche Wirklichkeit.

M2 Aus Bittschriften von Frauen des Dritten Standes:

„In einer Zeit, da ein jeder bemüht ist, seine Ansprüche und Rechte geltend zu machen(…) sollte es da nicht auch den Frauen möglich sein, ihrer Stimme Gehör zu verschaffen? (…) Die Frauen des Dritten Standes werden fast alle ohne Reichtümer geboren; ihre Erziehung wird sehr vernachlässigt (…)
Wir bitten um Ausbildung und Beruf, nicht um uns die Befugnisse der Männer anzueignen, sondern um höher von ihnen geachtet zu werden und damit wir imstande sind, vor dem Elend geschützt zu leben (…)
Wir bitten Euch inständig, Sire, kostenlose Schulen einzurichten, (…)
Ebenso (ist) es nur gerecht, ihre (der Frauen) Stimmen zu zählen, da sie doch wie die Männer dazu verpflichtet sind, die königlichen Abgaben zu zahlen und den Verpflichtungen des Handels nachzukommen. Man wird vorbringen, alles, was man ihnen gewähren könne, sei ihnen zu gestatten, sich durch Bevollmächtigte in den Generalständen vertreten zu lassen. Man könnte dem entgegnen, es sei mit Fug und Recht erwiesen, dass weder ein Adeliger einen Nichtadeligen vertreten kann noch dieser einen Adeligen, ebenso kann (…) kein Mann eine Frau vertreten (…) und können Frauen nur von Frauen vertreten werden.“

Bilder betrachten

M1 Die Bäuerin in der Fron
(Anonymer Kupferstich, koloriert, Paris, 1789)

»

1. Erläutere, warum es nicht einfach ist, historische Bilder und Texte zu verstehen. (T1)

2. Hast du schon eine ähnliche Karikatur wie M1 gesehen? Erläutere Übereinstimmungen, Ähnlichkeiten und Unterschiede. (M1, T2; S.91)
- Ordne sie dort einer der Überschriften zu.
- Ist der Zeichner auf der Seite der Frauen? Was spricht dafür?

3. Zähle die Forderungen der Frauen in Stichpunkten auf und ordne Überschriften von S.100/101 richtig zu. (M2, T3)
Hinweis: Es ist eine Bittschrift kurz vor Beginn der Revolution. Erläutere, woran man erkennt, dass die Bittschrift aus vorrevolutionärer Zeit stammt.

T2 Karikaturen
Karikaturen geben die Meinung des Zeichners über die Politik oder die Gesellschaft seiner Zeit wieder. Sie sollen eine Meinung verbreiten. Deshalb wählt der Zeichner häufig einen besonders wichtigen Sachverhalt aus. Diesen Sachverhalt stellt er oft übertrieben oder witzig dar, damit das dem Betrachter gleich auffällt.

T3 Bittschriften und Reden
Bittschriften und Reden wollen oft sehr direkt und offen eine Meinung darstellen oder etwas Bestimmtes erreichen. Sie versuchen die Zuhörer oder Leser von der Richtigkeit der geäußerten Ansichten, Wünsche und Forderungen zu überzeugen.

M3 Der Aufklärer Jean-Jaques Rousseau schrieb in seinem Buch „Emil oder Über die Erziehung“:

❞ Was den Mann zur Einsicht seiner Pflichten führt, ist nicht sehr kompliziert; was die Frau zur Einsicht ihrer Pflichten führt, ist noch einfacher. Gehorsam und Treue, die sie ihrem Ehemann, Zärtlichkeit und Fürsorge, die sie ihren Kindern schuldet, sind so natürliche und einleuchtende Folgen ihres Standes, dass sie, ohne unglaubwürdig zu werden, dem inneren Gefühl, das sie leitet, nicht ihre Zustimmung versagen noch die Pflicht verkennen kann, solange ihre Neigung nicht verdorben ist. (...)
Da die Frau übrigens dem Urteil der Männer unterworfen ist, muss sie deren Achtung verdienen. Sie muss vor allem die Achtung ihres Ehemannes erwerben. Sie muss also erreichen, dass er auch ihr Betragen billigt und nicht nur ihre Person liebt. (...)
Alle Überlegungen der Frauen, die sich nicht unmittelbar auf ihre Pflichten beziehen, müssen auf das Studium der Männer und auf die angenehmen Kenntnisse gerichtet sein, die den guten Geschmack zum Gegenstand haben, denn Werke des Genies überschreiten ihre Fassungskraft. Um in den exakten Wissenschaften (hier: Naturwissenschaften) Erfolge zu haben, fehlt es ihnen an ausreichender Genauigkeit und Aufmerksamkeit. (...) ❝

M4 Zeitgenössische Karikatur über das vermeintliche Geschehen in Frauenklubs

M5 Der Abgeordnete Amar am 30. Oktober 1793 im Parlament:

❞ Lässt es der gute Ruf einer ehrbaren Frau denn zu, dass sie in der Öffentlichkeit Reden hält, sich mit Männern herumstreitet und (...) über Fragen diskutiert, von denen das Wohl der Republik abhängt? Im Allgemeinen sind die Frauen schwerlich dazu in der Lage, große geistige Leistungen zu erbringen oder ernsthafte Überlegungen anzustellen (...)
(...), warum sollten sie dann in der französischen Republik plötzlich wie die Männer das Richteramt bekleiden, Reden halten und an sämtlichen politischen Versammlungen teilnehmen (...)
Wir glauben daher, dass die Frauen sich nicht in die Politik einmischen, sondern sich ausschließlich ihrer Familie widmen sollen. ❝

Schriftliche Quellen auswerten

4. Notiere in Stichpunkten, was Rousseau über die „Natur“ und die Aufgaben der Frauen sagt. Zu welcher Überschrift auf Seite 100/101 passt diese Quelle am besten? (M3, T4)

* **5.** Nimm zu der Meinung Amars Stellung. Welche Überschriften der Seite 100/101 könnten hier zugeordnet werden? (M5)

* **6.** Erläutere, woran zu erkennen ist, dass der Zeichner der Karikatur eines Frauenklubs nicht auf der Seite der Frauen ist. Ordne auch dieser Karikatur Überschriften von Seite 100/101 zu. (M4)

Schreckensherrschaft

**Die Hinrichtung des Königs machte vielen Fürsten in Europa Angst.
Viele von ihnen schlossen sich zusammen, um Frankreich und die Revolution zu bekämpfen.
In Frankreich wurde deshalb die Wehrpflicht eingeführt und das Land litt große Not.**

M1 Bewohner der Pariser Elendsquartiere bei einer Armenspeisung (Aquarell, 1793)

T1 Die Lage der Bevölkerung

Die wirtschaftliche Lage der meisten Menschen hatte sich seit Beginn der Revolution durch Missernten und dem Krieg mit Österreich und anderen Ländern verschlechtert. Die Preise stiegen und viele ärmere Menschen hungerten.

T2 Jakobiner

Unter den Revolutionären gab es verschiedene Gruppen. So traten die Jakobiner besonders für die Interessen der Menschen ein, die durch die Revolution bisher keine Vorteile hatten. Das waren vor allem Arbeiter, Bauern und Handwerker. Die Jakobiner forderten deshalb auch, dass für Nahrungsmittel Höchstpreise festgesetzt werden sollten.

T3 Auf dem Weg zum Zwangsstaat

1793 gelang es den Jakobinern, die alleinige Macht an sich zu reißen. Sie richteten den so genannten Wohlfahrtsausschuss ein, der diktatorische Vollmachten hatte. Dieser setzte Preise für Nahrungsmittel fest. Er forderte aber auch Zwangsabgaben, um die Verschuldung des Staates abzubauen. Am schlimmsten war das „Gesetz über die Verdächtigen". Es ermöglichte den Jakobinern, die Menschen zu verhaften und auch hinrichten zu lassen, die sie als Feinde der Republik ansahen.

T4 Widerstand

Der Widerstand bekam nun noch mehr Zulauf. Viele Bauern waren zunächst auf der Seite der Revolution gewesen. Sie fanden viele Neuerungen gut und richtig. Als aber begonnen wurde, die Priester zu verfolgen, die nicht den Eid auf die Verfassung geleistet hatten, wandten sich viele von diesem „gottlosen Staat" ab. Vor allem aber kamen nun auch die Bürger hinzu, die vor den Jakobinern fliehen mussten. Alle diese bekämpften nun die regierenden Jakobiner auch mit Waffen.

»

1. Nenne Gründe für die Unzufriedenheit der ärmeren Menschen. (T1, M1)
2. Für wessen Interessen traten die Jakobiner zunächst ein? (T2)
3. Was sollte damit erreicht werden, dass Höchstpreise festgelegt wurden? (T2, T3)

M 2 Eine Familie ist vor den Revolutionsausschuss geladen worden (Kupferstich, 1802)

M 3 Maximilien de Robespierre
(Gemälde, 1790)
Er lebte von 1758–1794 und war ein Vertreter des Dritten Standes und führendes Mitglied im Klub der Jakobiner.
Als Mitglied des Wohlfahrtsausschusses sicherte er sich allmählich eine fast unumschränkte Machtstellung.

T 5 Schrecken in Frankreich

Doch dieser Widerstand machte die Jakobiner nur noch misstrauischer. Jeder wurde erbarmungslos gejagt, der den Jakobinern irgendwie verdächtig erschien. Das „Gesetz über die Verdächtigen" wurde genutzt, um alle unliebsamen Menschen ins Gefängnis und unter die Guillotine zu bringen. Die Menschen bespitzelten sich gegenseitig, Häuser wurden durchsucht.

T 6 Unrecht

Schließlich war es so weit, dass bereits die Vorladung vor den so genannten Revolutionsausschuss fast das Todesurteil bedeutete. Verteidiger waren nicht mehr zugelassen, Entlastungszeugen nicht mehr geladen. Die Revolutionsausschüsse sprachen Todesurteile schnell und in großer Menge aus. Auf dem Lande wurden Tausende gleich ohne Gerichtsverfahren hingerichtet. Man geht davon aus, dass etwa 40 000 Menschen in dieser Schreckenszeit getötet wurden.

T 7 Das Ende

Diese Schreckensherrschaft führte auch dazu, dass die Jakobiner sich untereinander nicht mehr trauten. Eine Gruppe Jakobiner befürchtete, bald selbst unter der Guillotine zu landen. Deshalb schlossen sie sich zusammen und nahmen den Leiter des Wohlfahrtsausschusses Maximilien Robespierre und seine Freunde gefangen und richteten sie am 28.7.1794 hin.
Nach dem Tod Robespierres wurden seine Anhänger im ganzen Land verfolgt. Die reicheren Bürger gewannen an Macht. Die Preise wurden wieder freigegeben. Ein Aufstand der ärmeren Bürger in Paris wurde blutig niedergeschlagen.

Lexikon

diktatorische Vollmachten
Alle drei Gewalten – gesetzgebende, ausführende und richterliche Gewalt – sind in einer Hand. Die Errungenschaften des Beginns der Revolution sind wieder außer Kraft.

4. Aus welchen Gründen waren jetzt Menschen Gegner der Republik? (T 4)

5. Wie kam es zur Schreckensherrschaft in Frankreich?
Nenne die Gründe. (T 3 – T 5)

6. Beschreibe die Schreckensherrschaft und begründe, warum sie diesen Namen zu Recht trägt.
(T 5 – T 7, M 2)

Napoleon verändert Europa

Napoleon erklärte die Revolution als beendet und machte sich zum Alleinherrscher in Frankreich. Trotzdem sah er sich als jemand, der Forderungen der Revolution umsetzte. Sein Volk stimmte ihm zunächst zu.

M1 Napoleon Bonaparte (Ölgemälde von J. L. David, 1801)

T1 Napoleons Aufstieg

Napoleon Bonaparte war als junger Offizier in den Kriegen des revolutionären Frankreichs gegen Österreich und Preußen sehr erfolgreich. Dadurch wurde er berühmt. Als er 1795 einen Aufstand königstreuer Franzosen niederschlug, wurde er zum aufstrebenden Heerführer der französischen Revolutionsarmee.
Schließlich fühlte er sich mächtig genug, um 1799 mithilfe seiner Soldaten das Parlament und die Regierung zu verjagen. Er machte sich zum Leiter der Regierung, nannte sich Erster Konsul und erklärte die Revolution für beendet.

T2 Zustimmung im Volk

Obwohl Napoleon wie ein Diktator regierte, war er im Volk beliebt. Daher stimmte die große Mehrheit des Volkes sogar zu, als er sich 1804 zum Kaiser der Franzosen machte. Die Franzosen wollten nach den unsicheren Zeiten der Revolution Ruhe haben und erhofften sich durch Napoleon Sicherheit und Ordnung. Außerdem versprach er, die Grundsätze und Errungenschaften der Revolution zu verwirklichen.

T3 Verbündete stärken

Napoleon sah vor allem in Österreich mit dem deutschen Kaiser in Wien einen seiner größten Gegner. Er stärkte deshalb die kleineren Fürstentümer im Deutschen Reich. Sie sollten ihn gegen Österreich unterstützen.

T4 Das Ende des Deutschen Reiches

Besonders die Staaten Bayern, Württemberg, Baden und Preußen waren durch Napoleons Politik mächtiger geworden. Dadurch wurde die Stellung des deutschen Kaisers in Wien geschwächt. Schließlich schlossen diese Fürsten sogar einen Bund mit Napoleon (M2 rechts) und erklärten ihren Austritt aus dem Deutschen Reich. Dies bedeutete das Ende des „Heiligen Römischen Reiches Deutscher Nation". Kaiser Franz II. verzichtete am 6. August 1806 auf den deutschen Kaisertitel.

T5 König Lustig

In den Gebieten, die Napoleon neu ordnete, setzte er gern Verwandte oder Vertraute als Herrscher ein. So machte er seinen jüngsten Bruder Jérome zum König des neuen Königreiches Westfalen. Jérome nahm seine Aufgaben nicht wichtig. Wegen seiner lockeren Art bekam er im Volk den Spitznamen „König Lustig".

»

1. Warum war Napoleon als Offizier der französischen Revolutionsarmee berühmt und beliebt? (T1)

2. Was erhofften sich viele Franzosen von der Herrschaft Napoleons? (T2)

3. Erläutere, was Napoleon mit der Stärkung einzelner deutscher Staaten erreichen wollte. (T3)

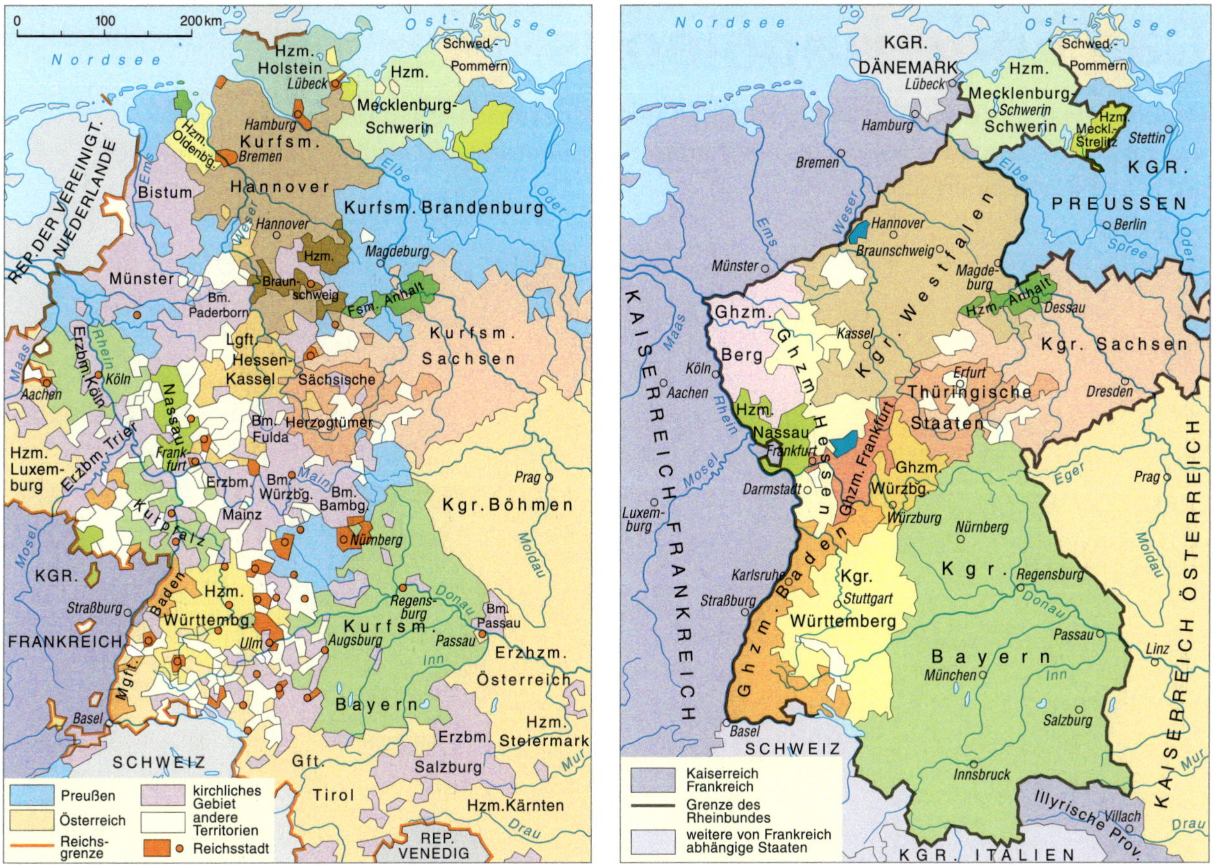

M2 Deutschland vor … … und nach der Neuordnung durch Napoleon

T6 Ein wichtiges Gesetzbuch

In Frankreich und in den neu geschaffenen Königreichen galten die Gesetze, die auf Veranlassung Napoleons geschaffen wurden. Im Code Napoléon waren wichtige Forderungen der Revolution zum Gesetz gemacht worden: Gleichheit vor dem Gesetz, persönliche Freiheiten, Recht auf Eigentum. Die Rechte der Frauen wurden aber nicht gestärkt. Sie blieben weiterhin von den Männern abhängig.

T7 Mehr Rechte, mehr Abhängigkeit

Aber nicht nur der Code Napoléon sorgte dafür, dass viele Menschen in den von Napoleon neu geschaffenen Staaten zunächst zufrieden lebten. Hier mussten nämlich alle, auch die Adeligen, Steuern bezahlen. Es gab Aufstiegsmöglichkeiten für alle Bürger. Allen Religionen wurden gleiche Rechte eingeräumt. Aber es gab keine freie Wahlen. Wer sich gegen Napoleon aussprach, musste mit Gefängnis rechnen. Zudem mussten die neuen Staaten und Fürstentümer Napoleon Soldaten

4. Nenne einigen deutsche Staaten, die unter Napoleon mehr Macht erhielten. (T4, M3)

5. Nenne das Ergebnis von Napoleons Siegen über Österreich und seinem Bündnis mit den rheinischen Fürsten. (T4)

6. Nenne Forderungen der Französischen Revolution, die Napoleon umsetzte. (T6, T7)

Das Ende Napoleons

Napoleon war aus dem Dritten Stand zum Kaiser der Franzosen aufgestiegen. Das hatte aber auch zur Folge, dass er glaubte, immer stark sein und gewinnen zu müssen, um seine Macht zu erhalten.

M1 Herrschaftsgebiete Napoleons

T1 Vorherrschaft Napoleons in Europa
In vielen Feldzügen hatte Napoleon große Teile Europas erobert. Immer wieder wurden neue Bündnisse geschlossen, Friedensverträge vereinbart - und wieder gebrochen. Zunächst hatte er Verteidigungskriege geführt, nun wurden daraus Eroberungsfeldzüge.

»

1. Vergleiche mit einer Karte von heute: Welche Staaten gehörten zum Einflussgebiet Napoleons? (T1, M1)

2. Nenne die Staaten, die sich 1805 gegen Napoleon verbündeten. Beschreibe den Ausgang dieses Krieges. (T1)

3. Erläutere, was Napoleon mit der Kontinentalsperre erreichen wollte. (T2, auch M1)

1805 verbündeten sich England, Russland, Schweden und Österreich gegen Frankreich. Gemeinsam wollten sie der ständigen Machterweiterung Frankreichs ein Ende setzen. Die Rheinbundstaaten in Deutschland stellten Napoleon 60 000 Soldaten zur Verfügung. In einer einzigen Schlacht besiegten die Franzosen das verbündete Heer der Österreicher und Russen. Allerdings war es Napoleon nicht gelungen, England zu besiegen.

T2 Kontinentalsperre und Russlandfeldzug

Napoleon wollte mit einer Kontinentalsperre verhindern, dass England Handel treiben konnte, um an Waren und Geld zu kommen. Doch überall wurde diese Sperre durchbrochen. Vor allem in Russland hielt man sich nicht an das Handelsverbot.
1812 führte Napoleon deshalb seine Armee von 600 000 Mann nach Russland. Darunter waren viele Deutsche aus verbündeten Ländern.
Zwar erreichte Napoleon mit seinen Soldaten Moskau, doch Russland war nicht geschlagen. Ohne die notwendige Verpflegung musste er in einem früh beginnenden Winter den Rückzug antreten. Hunger, Kälte, Krankheiten und die ständigen Angriffe der Russen ließen die Soldaten in großer Zahl sterben. Von 15 000 Württemberger Soldaten kehrten knapp 300, von 1700 Mecklenburgern nur 35 zurück. Mehr als eine halbe Million Soldaten verloren ihr Leben.

T3 Der Ruhm schwindet

Napoleon hatte für das Gefühl von Sicherheit, Ruhe und Ordnung gesorgt. Er hatte die Errungenschaften der Französischen Revolution in Form des Code Napoléon auch in die von Frankreich besetzten Länder gebracht. Besonders in den süddeutschen und westdeutschen Ländern hatte er dadurch zahlreiche Anhänger gefunden. Mehr Gleichheit für alle Bürger und Rechtssicherheit waren Dinge, die von vielen als fortschrittlich und erstrebenswert empfunden wurden. Doch die Kriege nahmen kein Ende, die Steuern stiegen und die Einschränkungen der Presse- und Meinungsfreiheit ließen immer mehr Menschen zu Gegnern Napoleons werden.

T4 Schwarz, rot, gold

So bildeten auch in Deutschland immer mehr Freiwillige bewaffnete Verbände, die Korps, um die Franzosen zu bekämpfen. Ihre große Stunde kam, als Napoleon schwer geschlagen aus Russland kam. Überall flammten nun Aufstände auf. Besonders bekannt wurde das Freikorps unter der Führung des preußischen Majors Adolf von Lützow. Die „Lützow'schen Jäger" hatten sich als Farben eine schwarze Uniform mit roten und goldenen Abzeichen gewählt.
In diesen Befreiungskämpfen gegen Napoleon keimten die ersten Hoffnungen auf ein freies und gemeinsames Deutschland auf.

T5 Das Ende

1813 wechselten Österreich und Preußen die Fronten und wurden zu Gegnern Napoleons. Frankreich verlor seine Vormachtstellung in Deutschland. 1814 dankte Napoleon ab und wurde auf die Insel Elba verbannt. Ein Jahr später kehrte er von Elba zurück. Er stellte noch einmal ein französisches Heer auf, wurde aber in der Nähe des belgischen Ortes Waterloo wieder von den verbündeten Staaten geschlagen. Nun wurde er auf die kleine Insel St. Helena verbannt. Dort starb er 1821.

4. Nenne die Ziele, die Napoleon mit dem Russlandfeldzug verfolgte. Wie endete dieses Unternehmen? (T2)

5. Warum nahm die Gegnerschaft bei den Menschen der besetzten Gebiete trotz aller Errungenschaften immer mehr zu? Die Menschen wehrten sich nicht nur mit Worten. (T3, T4)

* **6.** Beschreibe den Abstieg Napoleons nach der Niederlage in Russland. (T5)

Absolutismus und Revolution

1. Ludwig XIV. und der Adel

Setze die Begriffe richtig ein.

Ludwig XIV. wollte die … des Adels einschränken. Deshalb sollten die wichtigsten Adligen in seiner … leben. So hatte er sie unter seiner … . Wer nicht am … lebte, dem schenkte Ludwig keinerlei … . Die Adligen gaben viel Geld für die … und ihre kostbare … aus. Viele mussten dafür große … machen, die Ludwig XIV. oft übernahm. Sie standen deshalb in seiner … und waren auf sein … angewiesen.

FESTE SCHULD HOFE MACHT BEACHTUNG NÄHE KONTROLLE KLEIDUNG SCHULDEN WOHLWOLLEN

2. Absolutismus

Nenne die vier wichtigsten Merkmale der absolutistischen Herrschaft Ludwigs XIV.

3. Adel, Klerus, Volk

Fertige eine Aufstellung zu der Frage: „Wie erging es den Menschen unter Ludwig XIV.?" Unterscheide mindestens zwei Gruppen:

einfaches Volk	Adel/Klerus
…	…
…	…

4. Einen Zeitstrahl erstellen

Fertige eine Aufstellung wichtiger Ereignisse der Französischen Revolution bis zur Hinrichtung des Königs an. Folgende Daten sollen genutzt werden:

- Mai 1789
- 17. Juni 1789
- 14. Juli 1789
- 26. August 1789
- September 1791
- 21. Januar 1793

5. Frauen in der Revolution

Setze die Sätze richtig zusammen.

1) Die Frauen in Frankreich hatten durch die Revolution …
2) Die Frauen zahlten ebenso Steuern wie die Männer, …
3) Nach Meinung der meisten Männer sollten sie …
4) Dies ging so weit, dass sich die meisten Männer …
5) Im Grundgesetz der Bundesrepublik Deutschland wird …

a) … über die Frauenklubs lustig machten und diese schließlich verboten wurden.
b) … ausdrücklich genannt, dass Frauen und Männer gleiche Rechte haben.
c) … doch durften sie nicht wählen und hatten auch sonst weniger Rechte.
d) … nicht die gleichen Rechte erhalten wie die Männer.
e) … für den Haushalt und die Familie sorgen und sich nicht in die Politik einmischen.

Wichtige Begriffe:

Republik · Grundrechte · Ballhausschwur · Absolutismus · Gewaltenteilung · Nationalversammlung · Verfassung · Bastille

6. Wörter versteckt

Finde die Begriffe im Gitterrätsel.

a) Der Feldzug Napoleons in dieses Land kostete mehr als einer halben Million Soldaten das Leben.
b) Ein verbündetes Land war Kriegsgegner Napoleons.
c) War gegen Ende der Französischen Revolution für viel Unrecht verantwortlich.
d) Wenn gesetzgebende, ausführende und richterliche Gewalt nicht in einer Hand sind, nennt man dies so.
e) Viele Gegner der Revolution kamen aus diesem Stand.
f) Das nach ihm benannte Fallbeil sollte eine „menschlichere" Hinrichtungsmethode sein.
g) Rissen 1793 die Macht an sich. Die Zeit der Bespitzelung und Verdächtigungen begann.
h) Will mit spitzer Feder Missstände anprangern und Menschen für die eigene politische Meinung gewinnen.

R	O	B	E	S	P	I	E	R	R	E	M	J	S	E
U	H	E	I	T	X	W	E	X	R	T	U	A	C	N
S	B	Z	H	N	M	W	S	U	P	L	M	K	A	G
S	W	S	D	V	C	H	N	E	M	K	L	O	H	L
L	N	I	K	A	R	I	K	A	T	U	R	B	E	A
A	D	E	L	S	E	R	Z	Z	M	J	Z	I	M	N
N	Q	A	M	X	D	R	T	D	M	H	G	N	E	D
D	R	F	H	T	H	G	Z	U	I	O	L	E	Z	L
M	N	G	U	I	L	L	O	T	I	N	E	R	I	E
M	D	G	S	F	H	K	S	H	R	F	Z	X	B	E
G	E	W	A	L	T	E	N	T	E	I	L	U	N	G

7. Silbenrätsel

Finde die richtigen Begriffe.

a) Die Aufklärung hat darauf hingewiesen, dass diese Regierungsform zur Unterdrückung des Volkes führt.
b) So wird der Erste Stand bezeichnet.
c) Die Abgeordneten des Dritten Standes erklärten sich 1789 zu dieser Versammlung.
d) Ihr Sitzungssaal befand sich in einem bestimmten Gebäude.
e) Dies wurde dem König vom Nationalkonvent vorgeworfen.
f) In dieser Erklärung von 1789 wird festgelegt, dass alle Menschen frei und gleich an Rechten geboren werden.
g) Eine Gruppe von Revolutionären, die sich für die ärmeren Bürger einsetzen wollten.
h) Dieser Mann führte mit seiner Politik das Ende des „Heiligen Römischen Reiches Deutscher Nation" herbei.

AB – BALL – BI – ER – HAUS – JA – KLÄ – KLE – KO – LE – LU – LUNG – MEN – MUS – NA – NA – NAL – NER – ON – PO – RAT – RECHTS – RUNG – RUS – SAMM – SCHEN – SO – TIO – TIS – VER – VER

Manufaktur

Hugenotten

Napoleon Bonaparte

Ludwig XVI.

Menschenrechte

Ludwig XIV.

Jakobiner

Revolution

4 Deutsche auf dem Weg zur Nation

Bei einem Länderspiel wird die Melodie des Deutschlandliedes gespielt. Spieler und Zuschauer singen oft den Text mit: „Einigkeit und Recht und Freiheit für das deutsche Vaterland! ..." Im Stadion werden Fahnen mit den Farben Schwarz-Rot-Gold geschwenkt. Was haben die Farben und das Deutschlandlied mit einem Fußballspiel zu tun? Wieso sind sie den Menschen so wichtig? In welcher geschichtlichen Situation sind Fahne und Lied entstanden?

Bezug zu heute

Wichtige Symbole unseres Staates stammen aus der Freiheitsbewegung der Jahre 1815 bis 1848.

Geschichte erleben

Chronologie

1815
Auf dem Wiener Kongress gründen die deutschen Fürsten den Deutschen Bund.
Er besteht aus 35 Staaten und vier Städten.

1848
Bürger errichten Barrikaden im Kampf gegen die Soldaten der Fürsten.

Unsere Nationalhymne:
„Einigkeit und Recht und Freiheit,
sind des Glückes ...“

Fußballweltmeisterschaft 2006: Sportler singen die Nationalhymne.

1848/49

Das erste deutsche Parlament tagt in der Frankfurter Paulskirche.

1871

Deutschland wird unter Preußens Führung als Kaiserreich geeint.

Was soll aus Deutschland werden?

Im Jahre 1815 ging eine lange Zeit der Revolution und der Kriege zu Ende. Unter Napoleons Druck hatte sich das Deutsche Reich aufgelöst. Würde es nun ein neues Reich geben?

M1 Europas Herrscher auf dem Wiener Kongress, 1815 (zeitgenössische Radierung)
Der Gastgeber ist Kaiser Franz von Österreich in weißer Uniform. Zu seiner Rechten sitzt König Friedrich Wilhelm III. von Preußen. Links von ihm steht Zar Alexander I. von Russland. Großbritannien und Frankreich sind durch Gesandte vertreten.

T1 Der Wiener Kongress

In den Befreiungskriegen gegen Napoleon hatten in Deutschland Menschen aus allen Volksschichten große Opfer gebracht. Sie waren als Freiwillige begeistert in den Krieg gezogen oder hatten bereitwillig einen Teil ihrer Habe geopfert: Decken, Pferde und sogar ihre goldenen Eheringe. Viele träumten von einem starken Vaterland, in dem das Volk die Politik mitbestimmen sollte.

In Wien kamen im September 1814 Kaiser, Könige, Fürsten und Diplomaten zusammen. Nach dem Sturz Napoleons wollten sie Europa nach ihrer Vorstellung neu ordnen. Dabei sollte möglichst viel beim Alten bleiben. Am liebsten wollten die Könige und Fürsten ihre Länder wieder so regieren, wie sie das schon vor der Französischen Revolution getan hatten.

T2 Ein Deutscher Bund

Europa brauchte Frieden. Deshalb sollte kein Staat zu stark werden. Ein vereintes Deutschland hätte das europäische Gleichgewicht gestört. So dachten die führenden Männer des Wiener Kongresses.
Und in Deutschland wollte natürlich auch keiner der vielen Könige und Fürsten auf seine Herrschaft verzichten. Deshalb einigten sie sich 1815 auf einen lockeren Zusammenschluss ihrer Staaten in einem Deutschen Bund. Im kleinsten dieser unabhängigen Länder lebten etwas mehr als 5 000 Einwohner; die beiden größten, Österreich und Preußen, waren europäische Großmächte. Es gab keine zentrale Regierung, nur einen Bundestag in Frankfurt. In diesem „Bundestag" saßen aber keine gewählten Volksvertreter, sondern die Gesandten der Regierungen.

T3 Enttäuschte Hoffnungen

Besonders die vielen jungen Menschen, die für die Freiheit Deutschlands gekämpft hatten, waren bitter enttäuscht. Deutschland blieb weiterhin in viele Staaten zersplittert, und die Fürsten dachten gar nicht daran, das Volk an der Regierung zu beteiligen.

»

1. Wo trafen sich 1814/15 die Vertreter von über 200 Staaten und Städten? Warum kamen sie zusammen? (M1, T1)

2. In Europa gab es 1815 fünf Großmächte. Nenne sie aus M1 und M4.

3. Welche Lösung fanden die Staatsmänner auf dem Wiener Kongress für Deutschland? (T2)

M 2 Der Politiker Freiherr vom Stein schrieb 1812:

❞ Ich habe nur ein Vaterland, das heißt Deutschland. (...) Mir sind die Dynastien (= Fürstengeschlechter) in diesem Augenblick großer Entwicklung vollkommen gleichgültig, es sind bloß Werkzeuge; mein Wunsch ist, dass Deutschland groß und stark werde, um seine Selbstständigkeit, Unabhängigkeit und Nationalität wieder zu erlangen (...) Mein Glaubensbekenntnis ist Einheit. ❝

T 4 Wer bekommt was?

Auf dem Wiener Kongress stritten die Monarchen heftig um den Besitz von Land. Einige waren dabei besonders erfolgreich:

Der Zar von Russland durfte das „Königreich Polen" verwalten.

Der König von Preußen gab polnische Gebiete an Russland ab, bekam dafür aber das nördliche Sachsen und die Rheinlande.

Der Kaiser von Österreich dehnte seine Herrschaft bis nach Italien aus.

Der König von Bayern verzichtete auf Tirol, bekam dafür aber die Pfalz zurück und gewann Gebiete nördlich des Mains.

Einer wurde besonders schlecht behandelt: Der König von Sachsen verlor die Hälfte seines Königreiches, weil er als Letzter noch am Bündnis mit Napoleon festgehalten hatte.

M 3 Europa nach dem Wiener Kongress

Extra

M 4 Der preußische General von Gneisenau schrieb im August 1814:

❞ Gern würde ich mit nach Wien gehen (...). Aber ich würde dort (...) selbst von den eigenen Diplomaten nicht gehört werden. Österreich ist gleichgültig gegen die deutschen Angelegenheiten und richtet seine Erwerbungspläne nur gegen Italien und sein Misstrauen gegen Russland. Russland trachtet ganz Polen zu vereinigen und als Nebenreich sich anzueignen (...). England sorgt nur für die Festigung des neuen niederländischen Staates und würde gern von Deutschland mehr abreißen, um die neue Schöpfung zu verstärken. (...)
Die Notwendigkeit, Preußen bald eine Konstitution (= Verfassung) zu geben, habe ich (...) dargetan (...). Es gibt kein festeres Band, um die Einwohner der zu erwerbenden Länder an unsere alten zu knüpfen, als eine gute Konstitution. Überdies müssen wir dadurch die Meinung in Deutschland für uns gewinnen. ❝

*
4. Welche zwei Begriffe würdest du dem Deutschen Bund von 1815 zuordnen.
starkes Reich, Mitbestimmung der Bürger, Fürstenherrschaft, Freiheit, Einheit aller Deutschen, lockerer Staatenbund?

*
5. Arbeite mit M 2:
a) Wer beherrschte damals noch Deutschland und Europa?
b) Was erhoffte sich Freiherr vom Stein von den deutschen Fürsten?
c) Was wollte er nach dem Sieg über Napoleon erreichen?

*
6. Arbeite mit M 4 und T 4:
a) Wer war von Gneisenau?
b) Wie urteilt er über die Politik Österreichs, Russlands und Englands?
c) Wodurch könnte sein Staat stärker werden und in Deutschland die Führung übernehmen?

Feste für die Freiheit

In den Jahren nach 1815 fragten sich viele Deutsche: „Wir haben Napoleon verjagt, aber wo bleibt die Freiheit des Volkes und die Einheit des Reiches, die wir doch auch schaffen wollten?"

M1 Wartburgfest, 1817 (zeitgenössischer Stich)
Studenten verbrennen Symbole (= Zeichen) der Fürstenherrschaft und Bücher „der Unfreiheit".

T3 Reaktion der Fürsten

1819 ermordete ein radikaler Student den Dichter Kotzebue, weil er als Anhänger der Fürsten galt. Nun beschlossen die Staaten des Deutschen Bundes harte Maßnahmen gegen all jene, die mehr Freiheit verlangten.
Die Burschenschaften wurden verboten und staatliche Beamte überwachten die Vorlesungen verdächtiger Professoren. Zeitungen durften erst verkauft werden, nachdem ein Staatsbeamter sie geprüft hatte; das nannte man Zensur. Polizeispitzel öffneten heimlich Briefe, stöberten in Buchhandlungen nach verbotenen Büchern und belauschten in Cafés die Gespräche der Gäste.

T1 Burschenschaften

In Jena schlossen sich 1815 Studenten zu einer Burschenschaft zusammen. Daraus wurde in kurzer Zeit eine Bewegung, die sich in ganz Deutschland ausbreitete. Ihr Leitspruch war: „Ehre, Freiheit, Vaterland". Viele Studenten hatten als Freiwillige gegen Napoleon gekämpft: in schwarzen Uniformen mit roten Abzeichen und goldenen Knöpfen. Diese Farben wurden nun zum Symbol für den Kampf um Deutschlands Einheit und Freiheit.

T2 Weg mit den alten Zöpfen

Im Oktober 1817 lud die Jenaer Burschenschaft zu einem Treffen auf der Wartburg bei Eisenach ein. Die 500 Teilnehmer waren fast alle Studenten und Professoren. Am Abend versammelten sie sich an einem Feuer und warfen Symbole der Unfreiheit hinein: den Stock einer Unteroffiziers, den Schnürleib eines Offiziers, einen Zopf – und Bücher, die die alte Ordnung rechtfertigten. Die Fürsten und ihre Minister waren empört.

T4 Ein Fest für die Freiheit

Am 27. Mai 1832 kamen etwa 30 000 Menschen in Neustadt in der Pfalz zusammen. Von dort zogen sie zum ehemaligen Schloss in Hambach, um für Freiheit und Einheit zu demonstrieren. Einige Redner riefen die Deutschen dazu auf, sich nicht länger der Fürstenherrschaft zu beugen. Wenige Tage später wurden viele Teilnehmer verhaftet und eingesperrt, andere flohen ins Ausland.

»

1. Ergänze die folgenden Sätze:
1813 wurde der französische Kaiser … aus Deutschland verjagt.
Viele Deutsche wünschten sich nun auch … für das Volk und ein …, das alle deutschen Staaten einen sollte. (Überschrift)

2. Unter welchen Farben demonstrierten Menschen in Deutschland für Einheit und Freiheit? Wo kamen diese Farben her? (T1, M2)

3. Betrachte M1 und lies T2:
a) Wo fand das Treffen der Jenaer Burschenschaft 1817 statt?
b) Wer waren die Teilnehmer?
c) Welche Gegenstände warfen sie ins Feuer?
d) Was wollten sie damit aussagen?

M 2 Das Hambacher Fest wurde zur größten Demonstration für Einheit und Freiheit in Deutschland. Studenten, Professoren, Schriftsteller und Zeitungsredakteure kamen. Die meisten Teilnehmer waren aber Winzer, Handwerker und Bauern. (Lithographie, 1832)

Extra

M 3 Ein Spitzel des Deutschen Bundes berichtete über die Kundgebung in Hambach, 1832:

„Am Sonntagmorgen sah man die Bevölkerung der umliegenden Städtchen und Ortschaften unter dem Läuten der Glocken, dem Schalle der Trommeln oder anderer Musik mit Fahnen herbeiziehen. Diese Fahnen hatten verschiedene Farben. Die meisten waren schwarz, rot und gold (…) ebenso waren die Kokarden, welche von den Männern am Hute, von den Frauen und Mädchen auf der Brust getragen wurden. (…) Dr. Wirth (einer der Redner) erörterte, dass nicht eher Glück und Eintracht stattfinden würde, bis die Könige und Regenten (= Fürsten) alle weggejagt worden wären. (…) Auf eine Vereinigung aller deutschen Völker sollte das gemeinsame Werk gerichtet sein und bleiben. Er schloss dann (…) mit der Hoffnung einer baldigen, besseren Zeit, mit einem dreimaligen Lebehoch eines vereinten, freien, republikanischen Europas.
Von den Studenten und jungen Leuten wurde ein Gesang angestimmt, der zum Refrain hatte: „Nun kommt der Völker Schmaus, Fürsten zum Land hinaus.“

4. Mit welchen Mitteln unterdrückten die deutschen Fürsten und ihre Beamten die Freiheitsbewegung? (T 3)

*
5. Verfasst zum Hambacher Fest 1832 Texte aus unterschiedlichen Perspektiven (= Blickwinkeln).
a) Ein Student schreibt an die Mitglieder seiner Burschenschaft.
b) Ein Winzer aus Neustadt schreibt an seinen Schwager. Er hat so viel Wein wie noch nie verkauft.
c) Ein Polizeispitzel (= Spion der Polizei) berichtet seinem Vorgesetzten über die Kundgebung.
d) …
(M 2, M 3, T 4)

Das Volk wehrt sich

Die Fürsten konnten die Freiheitsbewegung lange Zeit unterdrücken, aber nicht ersticken. Im März 1848 machte sich die lange aufgestaute Wut des Volkes Luft.

M1 Friedrich Wilhelm IV. von Preußen reitet am 21. März 1848 durch Berlin. (zeitgenössischer Stich)

T1 Schwarz-Rot-Gold

Als die Berliner am 21. März 1848 auf die Straße schauten, trauten sie ihren Augen nicht. Da ritt ihr König hinter der schwarz-rot-goldenen Fahne her: der Revolutionsfahne. Noch zwei Tage zuvor hatten seine Soldaten auf Menschen geschossen, die unter dieser Fahne vor dem Schloss des Königs demonstriert hatten. Wie konnte es dazu kommen, dass ihr König nun selbst die Fahne nahm?

T2 Unzufriedene Bürger

Den Anstoß zur Revolution hatte Frankreich gegeben. Dort wurde der König am 24. Februar 1848 gestürzt und dann die Republik ausgerufen. Die Unruhen griffen auf die deutschen Staaten über. Einige Fürsten entließen verhasste Minister und setzten liberale Männer in die Regierung ein. Am 13. März 1848 kam es in Wien zu Straßenkämpfen. Der verhasste österreichische Kanzler Metternich musste abdanken und floh nach England.

T3 Auf die Barrikaden

In Berlin versuchte der preußische König Friedrich Wilhelm IV. sein Volk zu beruhigen, indem er Pressefreiheit und eine Verfassung versprach. Doch es kam zu einem Zwischenfall: Am 18. März schossen Wachsoldaten vor dem Königsschloss auf Demonstranten. Innerhalb von Stunden errichteten Bürger, Handwerker und Arbeiter Barrikaden, um die Straßen abzusperren. Frauen und Kinder gossen Kugeln. Männer bewaffneten sich mit allem, was sie fanden. Bei den Kämpfen zwischen Soldaten und Bürgern kamen etwa 200 Menschen ums Leben.

T4 Ein König an der Spitze der Revolution?

Am nächsten Morgen zog der König seine Truppen zurück. Er wollte weiteres Blutvergießen vermeiden. Als die Revolutionäre ihre Toten vor das königliche Schloss brachten, zog Friedrich Wilhelm IV. seinen Hut vor ihnen. Am 21. März ließ er überall in Berlin verkünden:

„An mein Volk und an die deutsche Nation! (…) Ich habe heute die alten deutschen Farben angenommen. (…) Preußen geht fortan in Deutschland auf."

Welche Farben er damit meinte, zeigte er den Berlinern mit seinem Ritt durch die Stadt.

»

1. Verschaffe dir einen Überblick. Trage dazu auf dem Zeitstrahl die Ereignisse ein. (T1–T4)

Ausbruch der Revolution 1848

24. Feb.	13. März	18. März	19. März	21. März
…	…	…	…	…
…	…	…	…	…

2. Arbeite mit M2 und M3.

mit Bildern und Texten arbeiten

a) Wo finden die Kämpfe statt?
b) Wer sind die Kämpfer im Vordergrund? Beschreibe ihre „Uniformen".

M 2 Barrikadenkampf in Berlin, 18. März 1848 (kolorierter Holzstich aus der „Illustrierten Zeitung" vom 15. April 1848)

M 3 Ein Augenzeuge berichtet in der Berliner Zeitung vom 20. 3. 1848 über den Ablauf der Ereignisse nach den ersten beiden Schüssen der Wachsoldaten:

„Man glaubte sich verraten, man schrie: „Wir werden niedergehauen, niedergeschossen!" Das Entsetzen und die Erbitterung pflanzten sich mit reißender Schnelle fort und wuchsen in der Verbreitung, wie alle Gerüchte. (...) In allen Straßen wurden Barrikaden aufgerichtet. Das Volk stürzte zu den Waffen. Es nahm sie, wo es derer habhaft werden konnte. Es eilte auf die Dächer der Häuser und bewaffnete sich mit Ziegeln. In zwei Stunden war die ganze Stadt umgestaltet, in Verteidigungszustand gesetzt."

Lexikon

Barrikaden
So nennt man die Hindernisse, die bei Straßenkämpfen errichtet werden.

liberal
Der Begriff stammt von dem lateinischen Wort „liber". Das heißt im Deutschen „frei". Die Liberalen forderten eine Verfassung, in der die Rechte der Bürger garantiert wurden. Ebenso wichtig war ihnen ein Parlament, das den König kontrollierte.

c) Welche Gruppe ist im Hintergrund zu sehen? Nenne Einzelheiten, die dir auffallen.
d) Was befindet sich zwischen den beiden Gruppen?
e) Was macht die Lage für die Soldaten so schwierig?

* **3.** Vergleiche M 1 und M 2.
a) Wie wirkt die Szene in M 1 auf dich, wie die Szene in M 2?
b) Inwiefern drücken die beiden Bilder einen Gegensatz aus? Achte besonders auf die Fahne, den König, seine Soldaten, das „Volk".

* **4.** Schreibe mithilfe von M 2, M 3 und T 3 einen Bericht über die Barrikadenkämpfe in Berlin.
- Beginne mit der Demonstration vor dem Schloss.
- Schildere das Verhalten der Wachen und die Reaktion darauf.
- Beschreibe die Kämpfe.

Das erste deutsche Parlament

**Es ist für uns ganz selbstverständlich:
Wir haben Parteien und wählen Abgeordnete ins Parlament. Unsere Grundrechte werden durch die Verfassung garantiert. Aber wie begann das alles 1848?**

T1 Abgeordnete des Volkes
Am 18. Mai 1848 kamen in der Frankfurter Paulskirche die Abgeordneten des ersten deutschen Parlaments zusammen.
Die Abgeordneten der Nationalversammlung waren zum größten Teil in ihren Wahlkreisen angesehene Persönlichkeiten, denn Parteien gab es noch nicht. Bald trafen sich Abgeordnete, die politisch ähnlich dachten, in bestimmten Gasthäusern. Dort besprachen sie politische Ziele und hielten im Parlament bei Abstimmungen zusammen. Weil die einzelnen „Klubs" noch keinen richtigen Namen hatten, sprach man von „Linken", „Rechten" oder der „Mitte", je nachdem, wo sie vom Parlamentspräsidenten aus gesehen saßen.

T2 Kleindeutsch oder großdeutsch?
Besonders heftig stritten die Abgeordneten über die Grenzen des zukünftigen Reiches. Sollte es „großdeutsch" mit Österreich oder nur „kleindeutsch" unter Führung Preußens und ohne Österreich sein? Österreich war nämlich ein Staat, in dem viele Völker lebten: Deutsche, Polen, Italiener, Ungarn, Tschechen, Slowaken, Slowenen und Kroaten. Doch es schien unmöglich, all diese Völker in einem deutschen Nationalstaat zu vereinen. Am Ende entschied sich die Nationalversammlung mit knapper Mehrheit für die „kleindeutsche" Lösung.

T3 Die Verfassung
Eine Aufgabe der Nationalversammlung war es, in einer Verfassung den Aufbau des Staates festzulegen. Sollte Deutschland eine Republik werden? Man entschied sich für eine Monarchie mit dem preußischen König als Kaiser. Mithilfe des Parlaments konnten die Bürger durch ihre Abgeordneten im Staat mitbestimmen und die Macht des Kaisers kontrollieren.

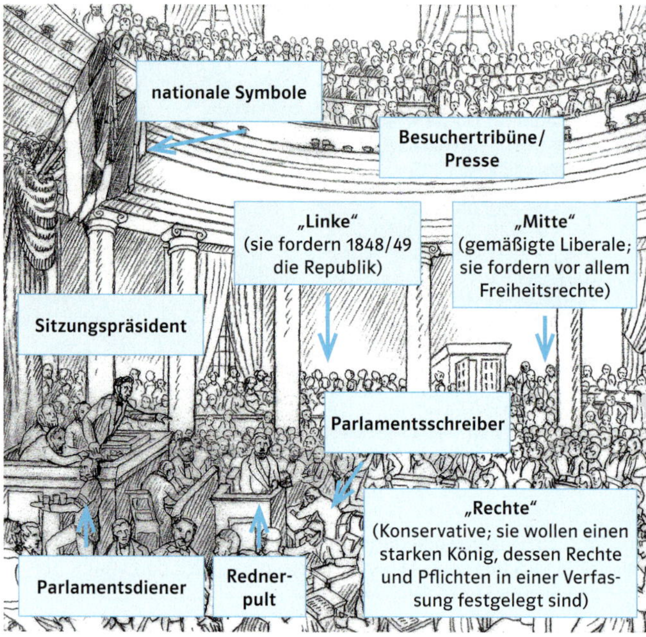

M1 Ein Parlament verstehen lernen
Die grafische Darstellung erklärt wichtige Einzelheiten aus M 2. Ein modernes Parlament arbeitet ähnlich.

T4 Die Revolution scheitert
Aber Friedrich Wilhelm IV. von Preußen lehnte die Kaiserkrone ab. Er betrachtete sich als „König von Gottes Gnaden". Daher wollte er keine Krone aus der Hand des Volkes. Preußische Truppen schlugen Aufstände in Sachsen, in der Pfalz und in Baden nieder. Überall beendeten die Könige und Fürsten mit Soldaten die Revolution und hoben Freiheitsrechte wieder auf. Manche Revolutionäre wurden erschossen, andere verhaftet und zu langer Kerkerhaft verurteilt. Zehntausende flohen in die Schweiz und nach Amerika.

»

1. Wie hieß der Versammlungsort der Nationalversammlung 1848? In welcher deutschen Stadt tagte sie? (T1)

2. Wie fanden Abgeordnete, die ähnliche politische Vorstellungen hatten, 1848 zusammen? Wie verhielten sie sich im Parlament? (T1)

3. Was bedeutete 1848 „großdeutsch", was „kleindeutsch"? Warum schlossen die Abgeordneten der Paulskirche Österreich aus dem Deutschen Reich aus? (T2)

M 2 Sitzung der Nationalversammlung in der Frankfurter Paulskirche (zeitgenössische Farblithographie)

M 3 Die „Grundrechte des deutschen Volkes"
Die Nationalversammlung beschloss die Grundrechte im Dezember 1848.
Sie wurden 1849 als Paragraphen 130 bis 189 an die Reichsverfassung angehängt:

❞ § 137: Vor dem Gesetz gibt es keinen Unterschied der Stände. Der Adel als Stand ist aufgehoben. (...) Die Deutschen sind vor dem Gesetz gleich. (...) Die öffentlichen Ämter sind für alle Befähigten gleich zugänglich.
§ 138: Die Freiheit der Person ist unverletzlich. (...)
§ 140: Die Wohnung ist unverletzlich. (...)
§ 143: Jeder Deutsche hat das Recht, durch Wort, Schrift, Druck und bildliche Gestaltung seine Meinung frei zu äußern. Die Pressefreiheit darf unter keinen Umständen (...) beschränkt werden.
§ 144: Jeder Deutsche hat volle Glaubens- und Gewissensfreiheit. (...)
§ 161: Die Deutschen haben das Recht, sich friedlich und ohne Waffen zu versammeln. (...)
§ 162: Die Deutschen haben das Recht, Vereine zu bilden. (...)
§ 164: Das Eigentum ist unverletzlich. (...) ❝

4. Beschreibe M 2 mithilfe von M 1.
So könntest du beginnen:
Das Bild zeigt eine Sitzung der ... in der Frankfurter .... Die Abgeordneten sitzen im Halbkreis. Ihnen gegenüber befindet sich auf einem erhöhten Podest der Platz des .... Er leitet die Versammlung. Gerade weist er einen Abgeordneten am ... zurecht. ...

*
5. Bearbeite M3.
a) Welche Paragraphen drücken Freiheitsrechte, Gleichheitsrechte oder Eigentumsrechte aus?
b) Besorge dir das Grundgesetz der Bundesrepublik Deutschland. Welche Grundrechte von 1848 findest du in Artikel 1–19 wieder?

Die Deutschen finden zur Einheit

Im Schloss von Versailles wurde der preußische König zum deutschen Kaiser ausgerufen. Warum dort?

1. Ergänze den Text mithilfe von T1 und schreibe ihn in dein Heft.
Otto von … leitete ab … als … die Politik des Staates … . Sein wichtigstes Ziel war es, Preußen zur führenden Macht in … zu machen. Deshalb war es für ihn wichtig, … zu schwächen.

2. Beantworte die Fragen:
a) Gegen wen führte Preußen 1866 Krieg, gegen wen 1870/71?
b) Wer wurde 1871 zum deutschen Kaiser ausgerufen?
(T1, T2, M1)

3. Arbeite mit der Karte M2.
a) Wie groß ist Preußen im Vergleich zu den übrigen deutschen Staaten?
b) Welcher Staat, der bis 1866 Mitglied des Deutschen Bundes war, gehört nicht zum Deutschen Reich?

T1 Unter Preußens Führung

Seit 1862 war Otto von Bismarck Ministerpräsident von Preußen. Sein Ziel war es, Preußen zum stärksten deutschen Staat zu machen. Vor allem wollte er den Rivalen Österreich aus Deutschland herausdrängen. 1866 führten die beiden Staaten Krieg gegeneinander. Die preußische Armee siegte. Nun war klar: Wenn Deutschland geeint werden sollte, konnte das nur unter preußischer Führung geschehen.

T2 Krieg gegen Frankreich

1870 kam es erneut zu einem Krieg, diesmal gegen Frankreich. Bismarck konnte die süddeutschen Staaten, die noch 1866 mit Österreich gegen Preußen gekämpft hatten, als Verbündete gewinnen. Ihre Armeen drangen mit dem preußischen Heer schnell in Frankreich vor und siegten in mehreren großen Schlachten. In ganz Deutschland begeisterten sich Menschen nun für die nationale Sache. Dieser Begeisterung konnten sich auch die Fürsten nicht mehr widersetzen.

M1 links: König Wilhelm I. von Preußen wurde am 18. Januar 1871 im Spiegelsaal des Schlosses von Versailles zum deutschen Kaiser ausgerufen. Diese Szene hat der Maler Anton von Werner in einem Gemälde festgehalten. Er hat die Szene aber nicht so gemalt, wie sie wirklich war. Denn das Bild war ein Geschenk Kaiser Wilhelms I. zu Bismarcks 70. Geburtstag im Jahr 1885. Bismarck trägt eine weiße Uniform, obwohl sie in Wirklichkeit blau war.

M2 Das Deutsche Reich, 1871–1918

T3 Im Spiegelsaal von Versailles

Am 18. Januar 1871 riefen die deutschen Fürsten in Versailles den preußischen König Wilhelm zum deutschen Kaiser aus. Zu diesem Zeitpunkt belagerten deutsche Truppen die Stadt Paris.
In Deutschland feierten Menschen aus allen Volksschichten die Einigung ihres Vaterlandes. Aber für die Franzosen war es demütigend, dass die Deutschen ihr Kaiserreich ausgerechnet auf französischem Boden gegründet hatten. Noch mehr erbitterte sie die Abtretung von Elsass-Lothringen an Deutschland. Viele Franzosen sprachen von „Raub“ und forderten „Revanche“.

M3 Über die Reichsgründung äußerte sich der ehemalige Bundespräsident Gustav Heinemann 1971:

„Als das Deutsche Reich vor 100 Jahren in Versailles ausgerufen wurde, war keiner von den 1848ern zugegen (...). Um den Kaiser standen in Versailles allein die Fürsten, die Generäle, die Hofbeamten, aber keine Volksvertreter (...) Was 1871 erreicht wurde, war eine äußere Einheit ohne volle innere Freiheit der Bürger. Die Staatsgewalt ging nicht vom Volke aus, sie lag bei den Fürsten.“

4. Betrachte M1.
a) Wer steht im Mittelpunkt des Gemäldes?
b) Warum hat der Maler diese Person in die Mitte gerückt?
c) Wer steht auf dem Podest vorn?
d) Was fällt dir an der Kleidung der Personen auf? (vgl. auch T3)

*
5. Untersuche die Aussage in M3 und vergleiche sie mit M1:
a) Wen meint Heinemann mit den „1848ern“?
b) Wie beschreibt er die Szene in Versailles?
c) Welchen Teil der Bevölkerung vermisst Heinemann?
d) Wodurch wurde das Verhältnis Deutschlands zu Frankreich belastet? (vgl. auch T3)
e) An welches Bild könnte Heinemann bei seiner Aussage gedacht haben?

Wer bestimmt die Politik?

1848 sollte Deutschland vom Volk, also „von unten" geeint werden. 1871 erfolgte die Einheit „von oben", also durch die Fürsten. Welche Auswirkungen hatte das auf die Verfassung des Reiches?

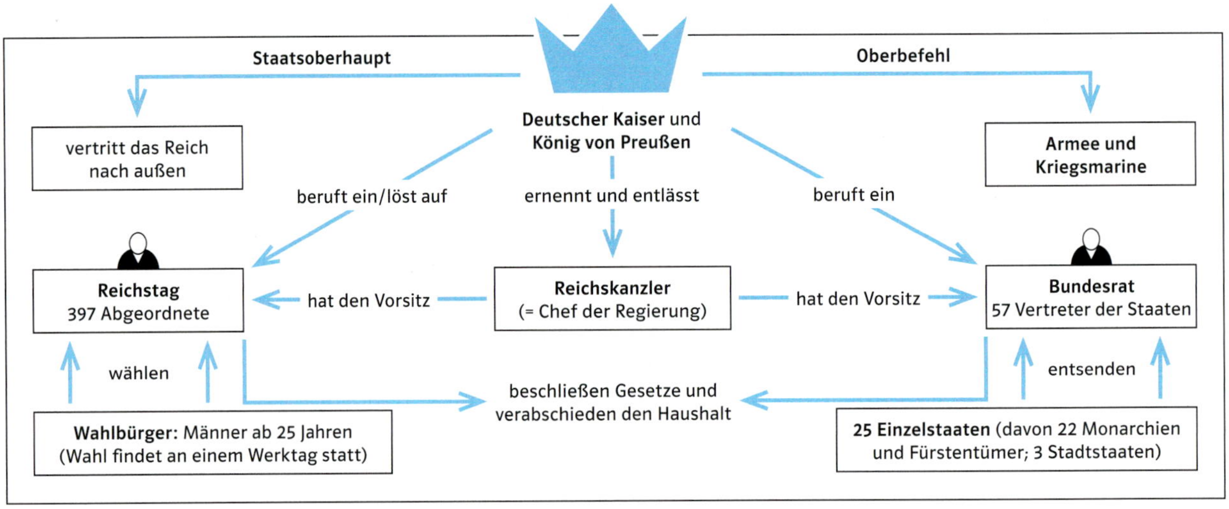

M1 Die Verfassung des Deutschen Reiches von 1871

T1 Ein schwacher Reichstag

Das Deutsche Reich besaß die stärkste Armee Europas, und es war auch wirtschaftlich sehr erfolgreich. Die meisten Deutschen schauten daher voller Stolz auf ihr Land. Sie vergaßen dabei, dass sie in diesem Staat nur begrenzt mitbestimmen durften. Immerhin: Es gab das Wahlrecht für Männer; sie bestimmten in freier, geheimer und gleicher Wahl die Zusammensetzung des Reichstages. Doch die Abgeordneten des Reichstages hatten wenig Rechte. Sie durften eigentlich nur über Steuern, Gesetze und die Ausgaben des Reiches beschließen.

T2 Eine starke Regierung

Vor allem konnte der Reichstag die Regierung nicht kontrollieren. Sie war nur dem Kaiser verantwortlich. Der Kaiser setzte den Reichskanzler in sein Amt ein und entließ ihn auch wieder, wenn er mit dessen Politik nicht einverstanden war. Reichskanzler Otto von Bismarck nannte das Parlament geringschätzig eine „Schwatzbude", manche Parteien bezeichnete er sogar als „Reichsfeinde". Trotzdem musste er immer wieder Mehrheiten im Reichstag suchen, wenn er Gesetze einbrachte oder den Haushalt des Reiches bewilligen ließ.

T3 Parteien

Politische Parteien bildeten sich in Deutschland seit 1848. Zu Beginn des Kaiserreiches waren die Nationalliberalen und die Konservativen die stärksten Parteien. Sie unterstützten die Politik Bismarcks: die Nationalliberalen, weil sie mit der Einheit Deutschlands ihr wichtigstes Ziel erreicht sahen; die Konservativen, weil Bismarck für ein starkes Königtum eintrat. Eine Partei bekämpfte Bismarck: die Sozialdemokraten. Sie forderten als Arbeiterpartei, die Vorrechte des Adels abzuschaffen und dem Reichstag mehr Rechte zu geben.

»

1. Beantworte die Fragen aus M1, T1 und T2.
a) Wer war im Deutschen Reich das Staatsoberhaupt?
b) Wie nannte man das Parlament? Wer wählte die Abgeordneten?
c) Welcher preußische Politiker war der erste Reichskanzler?

2. Nenne drei politische Parteien aus der Kaiserzeit. Wofür traten sie jeweils ein? (T3)

3. Arbeite mit T2, M3 und M5.
a) Welche Einstellung hatte Bismarck zu den Parteien?
b) Warum musste er dennoch mit ihnen zusammenarbeiten?
c) Wie stellt M5 Bismarck dar, wie die Abgeordneten des Reichstages?

Extra

M 2 **Kaiser Wilhelm I. und Reichskanzler Otto von Bismarck**

M 4 Die Bronzestatue Kaiser Wilhelms I. wird 1993 am Deutschen Eck in Koblenz auf ihren Sockel gesetzt.
Sie war im Zweiten Weltkrieg zerstört worden. Bis zum Ende des Kaiserreiches (1918) wurden solche Denkmäler in vielen deutschen Städten für Wilhelm I. und Otto von Bismarck errichtet.

Extra

M 3 Der Historiker Manfred Görtemaker schreibt über die Haltung Bismarcks zu den politischen Parteien:

” Bismarck hat sich (…) bis an sein Lebensende nie mit den Parteien befreunden können. (…) So wie er das allgemeine Wahlrecht „gewissermaßen als ein Erbteil der Entwicklung der deutschen Einheitsbestrebungen“ (Rede vom 28. März 1867) (…) hinnahm, so duldete er auch die politischen Parteien als etwas Vorgegebenes, mit dem man irgendwie zurechtkommen würde, sofern sich die Herren Abgeordneten nur einigermaßen ordentlich betrugen. Wenn sie aber seine Absichten behinderten, gar sein Werk zu gefährden drohten, kannte er mit ihnen keine Geduld mehr und keine Gnade. Die Parteien als etwas Eigenständiges, als notwendige Strukturelemente (Bausteine) betrachten, die es zu pflegen und zu fördern gelte, lag ihm fern. “

M 5 Bismarck als Raubtierbändiger im Reichstag (ungarische Karikatur, 1879).

*
4. Erarbeite dir zusätzliche Informationen zur Verfassung des Deutschen Reiches. (M 1)

a) Nenne die Aufgaben und Rechte des Kaisers.
b) Welche Rechte hatte der Reichstag? Warum waren diese Rechte eingeschränkt?
c) Warum war der Reichskanzler vom Kaiser stärker abhängig als vom Reichstag? (vgl. auch T 2)
d) Wer hatte in der Politik mehr zu bestimmen: das Volk oder die Monarchen (= Kaiser und Fürsten)?

*
5. Betrachte M 2 und M 4.

a) Wie werden die beiden Personen in M 2 dargestellt (Beachte die Kleidung, die Haltung, …)?
b) Welchen Eindruck soll der Betrachter bekommen?
c) Warum hat man Wilhelm I. und Bismarck Denkmäler errichtet?

„Die da oben“ – „die da unten“

„Haben Sie gedient?“
Diese Frage bekam so mancher junge Mann um 1900 gestellt, wenn er Arbeit suchte. Was bedeutete das?

M1 Abschiedsrede des Ausbilders am Ende der Militärzeit: „… und dann müsst ihr bedenken, als Zivilisten seid ihr hergekommen, und als Menschen geht ihr hier fort.“ (aus der Zeitschrift „Simplizissimus“, 1910)

T1 „Schule der Nation“

Wenn ein junger Mann vor 100 Jahren seinen Wehrdienst abgeleistet hatte, sagte man: „Er hat gedient.“ Damit meinte man den Dienst für den Kaiser und das Vaterland. Wer des „Kaisers Rock“, also die Soldatenuniform, getragen hatte, galt etwas in der Gesellschaft. Denn der Soldat lernte beim Militär nicht nur den Umgang mit der Waffe, sondern auch Ordnung und Pflichterfüllung, vor allem aber Gehorsam gegenüber den Vorgesetzten.

T2 Das Militär – ein Spiegel der Gesellschaft

Beim Militär kamen junge Männer aus allen Schichten der Bevölkerung zusammen. Doch schon bald bekam jeder „seinen Platz“ zugewiesen. Wer aus einfachem Hause kam, musste zwei Jahre Soldat sein. Er gehörte zu den „Mannschaften“, die den größten Teil des Heeres stellten. Leichter war es für einen jungen Mann, der mindestens zehn Schuljahre ein Gymnasium besucht hatte. Er brauchte nur ein Jahr zu „dienen“ und konnte nach einigen Wehrübungen Leutnant der Reserve werden. Das war gut, wenn man bei einer Behörde Karriere machen wollte. Auch sonst hatte man als Reserveoffizier bessere Chancen. Die Söhne des Adels genossen besondere Vorrechte. Sie wurden Offiziere und hatten es bei Beförderungen leichter. Hohe Kommandoposten besetzte man meistens mit Adligen.

T3 Standesunterschiede

Im Kaiserreich gab es eine strenge Rangordnung. Der Adel stand an der Spitze der Gesellschaft. Er war das Vorbild für das Bürgertum, das in dieser Zeit sehr erfolgreich Industrie- und Handelsbetriebe aufbaute. Beide Gruppen konnten sich einen besonderen Lebensstil mit Kutschern, Gärtnern, Köchinnen und weiteren Hausangestellten leisten. Einfache Menschen mussten für wenig Geld arbeiten. Arbeiter hatten es schwer, ihre Familie zu ernähren. Ihnen war es fast unmöglich, Kindern eine gute Ausbildung zu ermöglichen. Doch es gab auch eine breite Mittelschicht, die um 1900 schnell größer wurde. Zu dieser Schicht gehörten vor allem Ingenieure, Handwerksmeister, Lehrer und Beamte.

»

1. Das Militär nannte man im Kaiserreich auch „Schule der Nation“. Was konnte man dort lernen? (T1)

2. „Haben Sie gedient?“, fragte ein Arbeitgeber vor 100 Jahren, wenn er jemanden einstellen wollte. Was hieß „gedient“? (T1)

* **3.** Arbeite mit Karikatur M1.

Mit Karikaturen arbeiten

a) Wie sieht der Ausbilder das Militär?
b) Wer ist ein „Zivilist“? Wie denkt der Ausbilder über „Zivilisten“?

M 2 Die kaiserliche Familie bei einer Tauffeier
Kaiser Wilhelm II. steht in der hinteren Reihe als Fünfter von rechts neben der Mutter des Kindes. (Foto, 1906)

M 3 Im Salon einer reichen Bürgerfamilie erzählt „Herr Leutnant" Geschichten aus seinem Soldatenleben. (Gemälde, 1890)

M 4 Kleinbürgerliche Familie am Wohnzimmertisch. (Foto, 1911)

M 5 Arbeiterfamilie in der Wohnküche. (Foto, 1907)
Die Küche war oft auch noch Schlafraum.

Extra

M 6 Erziehung „höherer Töchter" um 1900
Aus den Erinnerungen des Schriftstellers Stefan Zweig:

„Um die jungen Mädchen zu schützen, ließ man sie nicht einen Augenblick allein. Sie bekamen eine Gouvernante (= Erzieherin), die dafür zu sorgen hatte, dass sie, gottbewahre, nicht einen Schritt unbehütet vor die Haustür traten, sie wurden zur Schule, zur Tanzstunde, zur Musikstunde gebracht und ebenso abgeholt. Jedes Buch, das sie lasen, wurde kontrolliert, und vor allem wurden die jungen Mädchen unablässig beschäftigt, um sie von möglichen gefährlichen Gedanken abzulenken."

c) Überlege: Was waren die jungen Männer, bevor sie zum Militär kamen? Was werden sie nach ihrer Entlassung sein?

* **4.** Betrachte die Bilder M 2 bis M 5. Ordne ihnen die folgenden Begriffe zu: Unterschicht, Oberschicht, Mittelschicht, Spitzen der Gesellschaft, luxuriöses Leben, einfache aber gesicherte Verhältnisse, ärmliches Leben, großer Wohlstand.

* **5.** Arbeite mit den Bildern M 2 bis M 5. Welchen Lebensweg könnte ein Kind in den unterschiedlichen Schichten gehabt haben? Denke dabei an die Umgebung des Kindes, seine Ausbildung, die spätere Arbeit, die Gestaltung der Freizeit, die Wahl des Ehepartners …

Deutschland um 1900

Wer um die Jahrhundertwende auf Deutschland schaute, sah Adlige, Militärs und Beamte, die den Ton angaben. Es gab aber auch tüchtige Unternehmer, Ingenieure und Facharbeiter.

M1 Fernsprechvermittlung um 1900 in Berlin (zeitgenössisches Foto)
Neben New York und London hatte Berlin damals das modernste Telefonnetz der Welt.

T1 Moderne Welt um 1900

Wer Berlin 1871 und später wieder 1910 besucht hätte, wäre sicher aus dem Staunen nicht herausgekommen. Da gab es elektrische Straßenbahnen und Autos, die scheinbar von alleine fuhren, weil sie nicht von Pferden gezogen wurden. Man begeisterte sich an Maschinen mit Elektromotoren, an Glühbirnen und Telefonen. In fast allen Lebensbereichen hatte die Technik das Leben leichter gemacht.

T2 Ein führendes Industrieland

Um 1900 produzierte Deutschland fast so viel Stahl und Kohle wie England und verfügte über ein größeres Eisenbahnnetz. In den neuen Zukunftsindustrien, wie der Chemie, der Elektroindustrie und dem Motorenbau, war Deutschland führend. Fast 90 % aller künstlichen Farbstoffe, Düngemittel und Medikamente kamen aus deutscher Produktion. Nur die USA stellten noch mehr Güter her.

T3 Großunternehmen

Das Elektrounternehmen Siemens hatte Fabriken in vielen Ländern. Zwischen 1890 und 1910 wuchs die Zahl der Beschäftigten von 3 000 auf 65 000. Jahr für Jahr stiegen die deutschen Ausfuhren an. Produkte mit dem Stempel „made in Germany" (= hergestellt in Deutschland) hatten einen ausgezeichneten Ruf: Sie waren billig, aber trotzdem von guter Qualität.

T4 Wissenschaftliche Leistungen

In Universitäten und Unternehmen arbeiteten Forscher gezielt an Verbesserungen und Neuerungen. Besonders in der Medizin gab es große Fortschritte. Robert Koch entdeckte 1882 den Tuberkelbazillus, den Erreger einer Lungenkrankheit, und ein Jahr später den Erreger der Cholera, den Erreger einer Darmkrankheit. 1895 entdeckte Wilhelm Conrad Röntgen die später nach ihm benannte Strahlung. Viele Erkrankungen konnte man nun auf dem „Röntgen-Schirm" deutlich erkennen.

»

1. Welche technischen Neuerungen veränderten das Leben der Menschen um 1900 von Grund auf? (T1, M1, M3, M5)

2. Deutschland war um 1900 ein Industrieland.
a) In welchen Bereichen war es führend in der Welt?
b) Wie lautet die englische Bezeichnung für Produkte aus Deutschland?
c) Warum wurden sie überall gerne gekauft? (T2, T3)

*
3. Robert Koch und Conrad Röntgen bekamen für ihre Entdeckungen den Nobelpreis. Erkundige dich, was das bedeutet. (T4, Internet, Lexikon)

M 2 Größere Warenhäuser waren um 1900 neu in den Großstädten. In einem Zeitungsartikel von 1903 wird sogar vor ihnen gewarnt:

» Noch gefährlicher gestaltet sich dieses „Herumbummeln" in den Warenhäusern für die heranwachsende Jugend. Sie gewöhnen sich schon frühzeitig an dieses gewissermaßen so spielend vor sich gehende Einkaufen und werden wohl in neunzig von hundert Fällen es vorziehen, ihre Einkäufe hier zu machen als in mittleren Geschäften, in denen es so ehrbar und demnach „langweilig" vor sich geht. Die Jugend, bei vernachlässigter Erziehung ohnehin zu Ausschreitungen leicht geneigt, wird hier systematisch zur „Oberflächlichkeit" herangebildet. «

M 4 Über die Lebensverhältnisse östlich der Elbe berichtet der ehemalige Landarbeiter Franz Rehbein:

» Etwa um 11 Uhr sahen wir einen Reiter vom Gut auf uns zukommen. Mit ungezwungener Eleganz saß er im Sattel, die rechte Hand leicht auf die Lende gestemmt. „De gnä Herr!", murmelte es allgemein, und fleißiger noch rührten sich die Hände. Jetzt setzte der Vogt (= Aufseher) seine Kartoffelkiepe auf die Erde, wischte sich schnell die Hände an den Hosen ab und ging seinem Gebieter entgegen. Sechs Schritte vor ihm blieb er stehen, nahm kurz die Hacken zusammen und zog ehrerbietig seine Mütze. Wie das ausah! Dort der Herr, hoch zu Ross, jeder Zug (adlige) Vornehmheit; hier der Vogt, barhäuptig. «

M 5 Werbeplakat der Deutschen Luftschifffahrtsgesellschaft um 1900
Im Jahr 1900 fand der erste Flug eines „Zeppelin" statt. So wurden Luftschiffe genannt, die Graf Zeppelin entworfen hatte und in eigenen Werkstätten bauen ließ. Luftschiffe flogen bald nach New York und Rio de Janeiro. Das größte Luftschiff war 245 Meter lang und erreichte eine Geschwindigkeit von 12 km pro Stunde.

M 3 Potsdamer Platz in Berlin (Foto, 1914)
In Berlin konnte man Dinge sehen, die es in den meisten Städten Deutschlands noch nicht gab, z. B. Straßenbahnen, Telefonleitungen und elektrische Straßenlaternen.

*
4. Beschreibe das Foto vom Potsdamer Platz in Berlin. Welche Verkehrsmittel erkennst du nebeneinander? Wie wird die Hauptstadt des Reiches auf Menschen gewirkt haben, die vom Lande kamen? (M 3)

*
5. Arbeite mit M 4.

Arbeit mit schriftlichen Quellen

a) Wer hat den Text geschrieben?
b) Welche beiden Personen stellt er gegenüber?
c) Schreibe alle Textstellen heraus, die die beiden kennzeichnen, z. B.:
   - Gutsherr: „hoch zu Ross", …
   - Vogt: „ehrerbietig", …
d) In welcher Beziehung steht der Schreiber des Textes zu den Menschen, die er beschreibt?

Das Museum – ein Ort der Erinnerung

Historische Museen sammeln Zeugnisse und Quellen der Vergangenheit. Heute wollen viele Museen nicht nur Orte der Bildung sein, sondern auch Orte der Unterhaltung. In ihnen erfährt man Interessantes über unsere Vergangenheit.

T1 Welche Aufgaben hat ein Museum?
Museen erfüllen mehrere Aufgaben gleichzeitig. Die vier wichtigsten Bereiche sind:

a) Sammeln
Während Archive hauptsächlich schriftliche Quellen sammeln (Dokumente, Akten, Briefe, …), versuchen Museen, auch Sachgegenstände aus der Vergangenheit zusammenzutragen (Bekleidung, Münzen, Schulbücher, Haushaltsgegenstände, …).

b) Bewahren
Museen haben meist große Lager oder Speicher. Dort werden die gesammelten Objekte unter besonderen Bedingungen dauerhaft gelagert. Man will verhindern, dass sie etwa durch zu hohe Luftfeuchtigkeit oder zu helles Licht zerstört werden. So können auch spätere Generationen die Dinge unserer menschlichen Entwicklung sehen.

c) Erforschen
In Museen forschen auch Wissenschaftlerinnen und Wissenschaftler. Meist bereiten sie so auch neue Ausstellungen vor. Damit wird sichergestellt, dass die gesammelten Objekte einen aktuellen Nutzen für die Gesellschaft haben.

d) Ausstellen und Informieren
Die Ausstellungen in Museen wecken Interesse für Neues und informieren über Forschungsergebnisse. So können Themen präsentiert werden, die Orientierung geben oder zum Nachdenken anregen.

M1 Sammeln – Einige Museen haben Sammlungen zu bestimmten Themen. So hat zum Beispiel das Deutsche Historische Museum in Berlin eine Textilsammlung zur deutschen Ereignisgeschichte. Hier ein Dirndl einer Hostess der 20. Olympischen Sommerspiele (München 1972).

M2 Bewahren – Das Schulmuseum in Leipzig hat eine große Sammlung an Schulbüchern. In einem eigenen Archiv werden die Bücher aufbewahrt, die nicht gerade in einer Ausstellung sind.

»

1. Welche Aufgaben hat ein Museum? (T1)

2. Warst du schon einmal in einem historischen Museum? Berichte darüber, was dort ausgestellt war.

3. Betrachte M1: Was kann man über die Kleidung von damals erfahren?

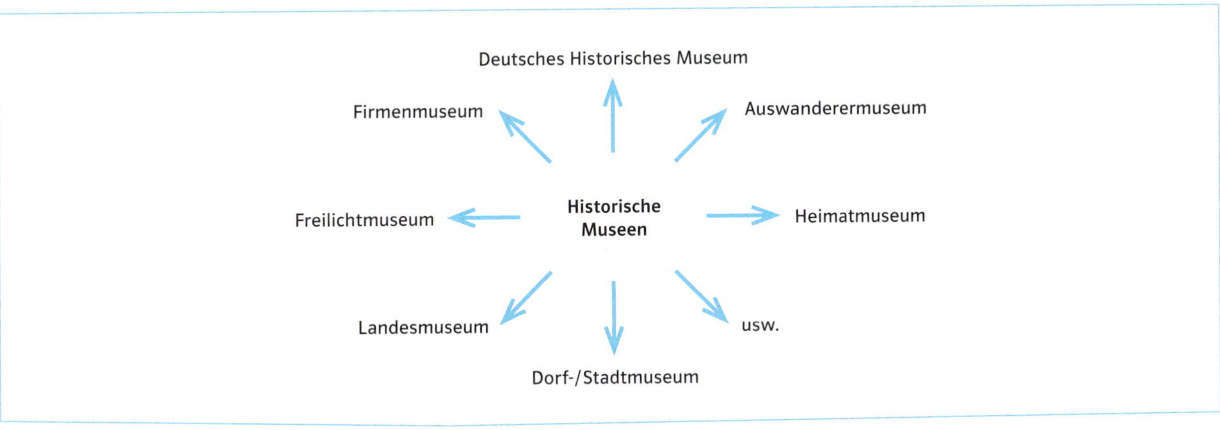

M 5 Neben naturkundlichen Museen (Natur) und kunsthistorischen Museen (Kunst) gibt es auch historische Museen (Geschichte).

M 3 Ausstellen – Das Schulmuseum in Leipzig sammelt neben Schulbüchern auch andere Gegenstände. In der Ausstellung kann man ein Klassenzimmer aus der DDR (ca. 1970) besichtigen.

M 4 Freilichtmuseum Molfsee in Schleswig Holstein
In solchen Museen werden ganze Gebäude ausgestellt und geben Einblicke in das Alltagsleben zu einem bestimmten Zeitpunkt.

4. Gruppenarbeit:
Was wird in den unterschiedlichen historischen Museen ausgestellt? Welchen Zweck erfüllen sie? (T 1, M 1 – M 5)

* **5.** Viele Museen sammeln bereits Dinge aus dem 21. Jahrhundert, um Ausstellungsstücke für die Zukunft zu haben. Listet Objekte auf, die für eueren Alltag typisch sind und die man unbedingt aufbewahren sollte.

* **6.** Betrachtet eure Liste von Aufgabe 5. Wenn man euren Alltag nur über die von euch genannten Gegenstände erforschen würde, welches Bild würde man von euch bekommen?

Eine Demokratie mit Vorbildern

„Alle Staatsgewalt geht vom Volke aus", heißt es im Grundgesetz. Doch wie funktioniert das wirklich mit unserer Demokratie?

M1 Der Deutsche Bundestag im Gebäude des Reichstages von 1894 (Foto, 2001)

T1 Eine lange Entwicklung
Als die Bundesrepublik Deutschland 1949 gegründet wurde, brauchte der neue Staat eine Verfassung. Sie wurde das „Grundgesetz" genannt. Es war aber nicht notwendig, alles neu zu schreiben. Denn es gab Beispiele für freiheitliche Verfassungen. Die Grundrechte in den Artikeln 1 bis 19 des Grundgesetzes sind teilweise aus der Verfassung von 1849 übernommen. Die Abgeordneten der Paulskirche hatten vieles so klar ausgedrückt, dass man es hundert Jahre später wörtlich übernehmen konnte.

T2 Die Volksvertretung
Die Bundesrepublik Deutschland ist eine parlamentarische Demokratie. Bei dieser Staatsform entscheidet ein Parlament über politische Fragen. Unser Parlament ist der Bundestag. Das Gebäude, in dem er tagt, heißt aber „Reichstag". Im Kaiserreich hat dort der Reichstag seine Sitzungen abgehalten.
Die Abgeordneten des Bundestages werden alle vier Jahre von den Bürgerinnen und Bürgern der Bundesrepublik Deutschland gewählt. Unsere Politiker haben also nur „Macht auf Zeit".

T3 Organe des Staates
Die wichtigsten Einrichtungen des Staates nennen wir Staatsorgane. Sie müssen wie die Organe eines Körpers zusammenarbeiten, damit die Demokratie richtig funktioniert. Die Abgeordneten des Bundestages wählen den Regierungschef. Sie beschließen außerdem die Gesetze. Bei vielen Gesetzen muss auch der Bundesrat zustimmen. Er vertritt die 16 Bundesländer. Welche Aufgaben der Bundespräsident, die Bundesregierung und das Bundesverfassungsgericht haben, seht ihr auf der rechten Seite.

»

1. Wie heißt die Verfassung der Bundesrepublik Deutschland? In welchem Jahr wurde unsere politische Ordnung beschlossen? (T1)

2. Kennst du unser Parlament?
a) Wie heißt unsere Volksvertretung? (T2)
b) Welchen Namen hat das Gebäude, in dem sie tagt? (M1)
c) Nenne zwei Aufgaben unserer Volksvertretung? (T3)

3. Die wichtigsten Einrichtungen unseres Staates nennen wir Staatsorgane oder Verfassungsorgane. Nenne sie aus T3. M2 bis M5 helfen dir bei der Lösung auch weiter.

M 2 Der Bundespräsident ist das Staatsoberhaupt der Bundesrepublik Deutschland. Er überprüft, ob ein Gesetz nach den Regeln des Grundgesetzes zustande gekommen ist und unterschreibt es dann. 2004 wurde Horst Köhler (links) zum neuen Bundespräsidenten gewählt und in Anwesenheit des Bundestagspräsidenten (rechts) vereidigt.

M 3 Der Bundesrat besteht aus den Vertretern der Bundesländer. Die Länder haben je nach Einwohnerzahl drei bis sechs Stimmen.

M 4 Das Bundesverfassungsgericht prüft, ob die Gesetze, die der Bundestag beschließt, nicht gegen das Grundgesetz verstoßen.

M 5 Die Bundeskanzlerin trägt als Regierungschefin für die Politik der Bundesregierung die Verantwortung. Angela Merkel (CDU) wurde 2005 zur Bundeskanzlerin gewählt.

M 6 Aus dem Grundgesetz der Bundesrepublik Deutschland:

„Art. 3: Alle Menschen sind vor dem Gesetz gleich.
Art. 38, 1: Die Abgeordneten des Deutschen Bundestages sind Vertreter des ganzen Volkes.
Art. 38, 2: Wahlberechtigt ist, wer das achtzehnte Lebensjahr vollendet hat."

4. Arbeite mit M 3:
a) Welche Länder haben die meisten Stimmen im Bundesrat, welche die wenigsten?
b) Wovon hängt die Zahl der Stimmen ab?
c) Wie viele Stimmen hat dein Bundesland im Bundesrat?

5. Arbeite mit M 2:
a) Wie heißt unser Bundespräsident?
b) Welche Aufgaben hat er?

*
6. Wie heißen die Bundeskanzler der Bundesrepublik Deutschland seit 1949. Wann regierten sie? Frage deine Eltern oder suche im Internet nach der Antwort.

Von Einheit, Recht und Freiheit

1. Richtig oder falsch?

Verbessere die falschen Aussagen und schreibe sie richtig auf.
Es können auch mehrere Fehler in einer Aussage sein.

- In Paris fand 1815 ein Kongress statt, auf dem Europa nach den Kriegen Napoleons neu geordnet wurde.
- Der Deutsche Bund war ein lockerer Zusammenschluss deutscher Staaten.
- In der „Schule der Nation" lernten die Kinder lesen und schreiben.
- Deutschland war um 1900 ein rückständiges Land.
- Mit dem Zeppelin konnte man bis Südamerika fliegen.
- Um 1900 hatten Adlige keine Vorrechte mehr.
- Der Reichskanzler wurde vom Reichstag gewählt.
- Der bayerische König Wilhelm I. wurde 1971 in Berlin zum Kaiser ausgerufen.
- Der erste Reichskanzler hieß Friedrich von Bismarck.
- Burschenschaften waren Zusammenschlüsse von Handwerkern.
- „Einheit und Glück und Frieden"; mit diesen Worten beginnt die deutsche Nationalhymne.

2. Ereignisse zeitlich ordnen

Zeichne den Zeitstrahl in dein Heft und trage die folgenden Ereignisse richtig ein:

Revolutionen in Deutschland und Europa, Hambacher Fest: Menschen demonstrieren für Einheit und Freiheit, Wiener Kongress und Gründung des Deutschen Bundes, Wartburgfest: Studenten verbrennen Symbole der Unfreiheit, Gründung des deutschen Kaiserreiches.

1815	…
	…
1817	…
	…
1832	…
	…
1848	…
	…
1871	…
	…

3. Begriffe zurordnen

Das Bild zeigt eine Sitzung der Nationalversammlung in der Frankfurter Paulskirche 1848. Die folgenden Aussagen beziehen sich auf bestimmte Personen oder Gruppen.
Ordne sie den Ziffern 1 bis 6 zu und nenne den gesuchten Begriff.

- Sie notieren alles, was in der Versammlung gesagt wird, sogar Zwischenrufe einzelner Abgeordneter.
- Sie sind gekommen, um sich die Sitzung anzuschauen; manche schreiben aber auch mit.
- Er erteilt das Rederecht und leitet die Sitzung.
- Sie alle sind in ihren Wahlkreisen in ganz Deutschland gewählt worden.
- Von hier aus spricht man zu allen Abgeordneten.
- Er sorgt für Ordnung, schließt die Türen, verteilt Schriftstücke und versorgt mit Getränken.

Wichtige Begriffe:

Barrikaden
Parlament
Verfassung
Einheit
Schwarz-Rot-Gold
Frankfurter Paulskirche
Nationalversammlung

4. Wie heißt das Gebäude?

Die Abbildungen zeigen Gebäude, in denen wichtige Ereignisse der deutschen Geschichte stattgefunden haben. Nenne ihren Namen.

An diesem Ort in der Pfalz fand 1832 ein Fest für die Freiheit statt.

In dieser Frankfurter Kirche tagte das erste deutsche Parlament.

Dieses Gebäude wurde für das Parlament des Kaiserreiches gebaut. Heute tagt hier der Deutsche Bundestag.

5. Wer war das noch mal?

Hier findest du vier berühmte Personen. Ordne ihnen die richtigen Begriffe und Aussagen zu:

Friedrich Wilhelm IV., Wilhelm I., Otto von Bismarck, Wilhelm Conrad Röntgen

Physiker, preußischer Ministerpräsident, lehnte 1849 die deutsche Kaiserkrone ab, Erfinder, deutscher Kaiser 1871 – 1888, preußischer König 1840 – 1861, Nobelpreisträger, erster Reichskanzler 1871 – 1890, ließ seine Soldaten 1848 auf Bürger schießen, Reichsgründer, preußischer König 1861 – 1888, ritt 1848 hinter der Revolutionsfahne durch Berlin, ein nach ihm benanntes medizinisches Gerät benutzt der Arzt heute noch.

6. Verlorene Wörter

Im Text unserer Nationalhymne sind einige Wörter verschwunden. Setze sie ein und schreibe den vollständigen Text in dein Heft. Die Zahl der Striche hilft dir bei der Suche nach dem richtigen Wort.

Herz, Einigkeit, Glückes, Recht, Vaterland, Freiheit, deutsches

--------- und Recht und --------
Für das Deutsche --------- !
Danach lasst uns alle streben,
Brüderlich mit ---- und Hand!
Einigkeit und ----- und Freiheit
Sind des Glückes Unterpfand:
Blüh im Glanze dieses -------,
Blühe, --------- Vaterland!

Revolution

Deutscher Bund

Hambacher Fest

Freiheit

Zensur

Wiener Kongress

Nationalhymne

Reichsgründung

5 Fortschritt im 19. Jahrhundert

Im Internet surfen, Fotos mit dem Handy verschicken, per Flugzeug den Erdball bereisen – all diese Dinge sind heute ganz selbstverständlich. Noch vor 200 Jahren waren sie undenkbar. Erst durch die Industrialisierung ist unsere Welt so modern geworden, wie wir sie heute kennen. Wann aber begann diese Entwicklung? Wer hat sie vorangetrieben? Wie hat der Fortschritt das Leben der Menschen verändert? Und welche Probleme haben die Neuerungen gebracht?

Bezug zu heute

Kinderarbeit – ein Problem der Vergangenheit und der Gegenwart.

Geschichte erleben

Chronologie

1769

James Watt erfindet die Dampfmaschine.

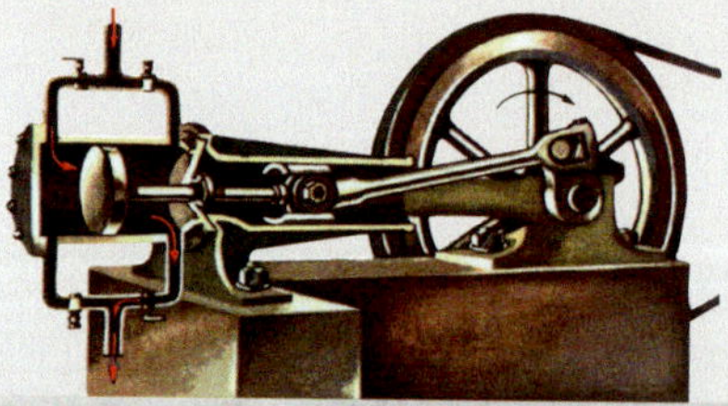

1835

Die Eisenbahnstrecke Nürnberg – Fürth wird eröffnet.

Alt und neu neben-einander: Gasometer und Einkaufszentrum in Oberhausen.

Kindergartenkinder protestieren gegen die Schließung einer Zeche.

1844

Aufstand der schlesischen Weber.

1960

Im Ruhrgebiet setzt das Zechensterben ein.

Mit Volldampf voraus

Als die Eisenbahn nach Deutschland kam, begann die Industrialisierung mit „Volldampf".

M1 Eröffnung der ersten deutschen Eisenbahnstrecke zwischen Nürnberg und Fürth im Jahre 1835 (zeitgenössisches Gemälde)
Diese Lokomotive trug den Namen „Adler".

T1 Die ersten Eisenbahnen

Der 6. Oktober 1829 war ein denkwürdiger Tag für die Industriegeschichte: Ein Wettbewerb sollte klären, welches Antriebssystem auf der neu erbauten Eisenbahnstrecke zwischen Manchester und Liverpool eingesetzt werden sollte. An einem Gleisstück bei Rainhill drängten sich Tausende von englischen Zuschauern sowie Wissenschaftler und Techniker, um das Spektakel zu erleben.
Nur eine einzige Lokomotive erbrachte schließlich die geforderten Leistungen: die „Rocket" des Bergwerkingenieurs Robert Stevenson. Unter dem Jubel der Zuschauer erreichte die Rakete Geschwindigkeiten bis zu 47 km/h und war die einzige Lokomotive, die ohne Pannen funktionierte.

1835 fuhr auch in Deutschland die erste Eisenbahn. Sie benötigte für die sechs Kilometer lange Strecke von Nürnberg nach Fürth etwa sechs Minuten.

T2 Ein „Schub" nach vorn

6 600 km Eisenbahnstrecken wurden in den Jahren zwischen 1840 und 1849 in Deutschland gebaut. Diese Entwicklung leitete einen gewaltigen Wirtschaftsaufschwung ein: Tausende fanden bei den Eisenbahngesellschaften Arbeit. Sie schütteten Bahndämme auf, gruben Tunnel, verlegten Schienen, bauten Brücken und Bahnhöfe. Es wurden immer mehr Arbeiter in den Fabriken für Lokomotiven und Waggons eingestellt, die Lokomotiven und Waggons bauten. Dazu benötigten sie riesige Mengen an Werkzeugen und Maschinen. Für die Herstellung dieser Werkzeuge und Maschinen brauchte man viel Eisen und Stahl. Deshalb wurden neue Bergwerke eingerichtet, aus denen man Eisenerz und Kohle förderte, und neue Eisenhütten gebaut, in denen aus dem Eisenerz mithilfe von Kohle Stahl produziert wurde.

»

1. Erkläre, warum eine Postkutschenfahrt von Köln nach Essen sehr beschwerlich ist. (M 2, M 3)

2. Wie lange sind Reisende unterwegs, wenn sie von Köln nach Dortmund mit der Postkutsche reisen? (M 2)

3. Lies dir M 5 noch einmal genau durch. Was hältst du davon?

4. Sieh dir M 1 genau an und beschreibe es mit eigenen Worten. Achte besonders auf die Zuschauer.

M 2 Ankunft und Abfahrt der königlichen Postkutsche im Jahr 1825 von Köln nach Dortmund:

Abfahrt jeden Mittwoch und Samstag um 4 ½ Uhr

Ankunft in	
Mülheim/Ruhr	5 ½ Uhr
Düsseldorf	12 Uhr
Duisburg	16 ½ Uhr
Essen	n. Tag 11 ½ Uhr
Dortmund	n. Tag 6 ½ Uhr

Fahrkarten an allen Poststationen und in Wirtshäusern.
Um Pünktlichkeit wird gebeten!
Fahrzeiten gelten für trockene Straßen. Wetterbedingte Verspätungen sind möglich. Übergepäck muss beim Fahrer angemeldet werden.

M 4 Transport einer Lokomotive zum Bahnhof von Kassel (Gemälde von 1860)

M 3 Fahrzeiten von Postkutsche und Eisenbahn im Vergleich

von Berlin nach	Schnellpost um 1800 (in Std.)	Eisenbahn Ende 19. Jh. (in Std.)
Dresden	23	3
Hamburg	36	5
Frankfurt am Main	64	9
Köln	82	10

M 5 Ärztliches Bedenken gegen die Eisenbahn in einem Gutachten von 1835:

»Ortsveränderungen mittels irgendeiner Art von Dampfmaschinen sollten im Interesse der öffentlichen Gesundheit verboten werden. Die raschen Bewegungen können nicht verhehlen, bei den Passagieren geistige Unruhe hervorzurufen. Selbst zugegeben, dass Reisende sich freiwillig der Gefahr aussetzen, muss der Staat wenigstens die Zuschauer beschützen. Der Anblick einer Lokomotive, die in voller Geschwindigkeit dahinrast, genügt, diese Krankheit zu erzeugen.«

5. Beschreibe M 4 und vergleiche anschließend M 1 mit M 4.

6. Vergleiche die Fahrzeiten der Postkutsche und der Eisenbahn. Kannst du erklären, warum allmählich das Postkutschenzeitalter zu Ende ging? (M 3)

* **7.** Erkundige dich, wann in deiner Heimatstadt die erste Eisenbahnstrecke gebaut wurde. Wie haben sich die Bahnlinien bis heute verändert?

Erfindungen verändern die Welt

Englische Tüftler erfanden im 18. Jahrhundert zahlreiche Maschinen. Diese Erfindungen änderten das Leben der Menschen völlig. Wir sprechen deshalb heute vom Beginn der Industriellen Revolution.

T1 Mehr Menschen brauchen mehr Kleidung

Im 18. Jahrhundert wuchs die Bevölkerung Englands von etwa fünf auf über neun Millionen. Es wurde immer schwieriger, alle Menschen mit Kleidung zu versorgen. Die Spinn- und Webtechnik war nämlich jahrhundertelang kaum verändert worden: In mühevoller Handarbeit wurde Wolle auf Spinnrädern zu Garn gesponnen und dann auf Webstühlen zu Stoffen verarbeitet.

T2 Baumwolle auf dem Vormarsch

Im Laufe des Jahrhunderts wurde Baumwolle in Europa und Nordamerika immer beliebter. Baumwollstoffe waren billiger zu kaufen, angenehmer zu tragen und leichter zu waschen als Wollkleider. Mit ihren alten Spinnrädern konnten die englischen Weber jedoch nicht genügend Baumwolle verspinnen. Die Herstellung von Garn dauerte einfach zu lange.

M1 Heimarbeit im 18. Jh. (englisches Gemälde, um 1750)
Das Bild zeigt das Kochen, Aufspulen und Spinnen des Garns. Spinnräder dieser Art gab es seit dem 15. Jh.

M2 Mechanische Webstühle in einer Fabrik (Gemälde, um 1834)

1. Ordne richtig zu:
1764 – 1769 – 1769
James Watt – James Hargreaves – Richard Arkwright
Spinnmaschine mit Wasserantrieb – Dampfmaschine – „Spinning Jenny“

2. Vergleiche M1 und M2 miteinander. Wie hat sich die Herstellung von Textilien verändert?

3. Beschreibe, welche „Kräfte“ auf M3 am Werk sind, um Kohle zu fördern und zu transportieren.

M 3 **Einsatz einer frühen Dampfmaschine in einem englischen Kohlenbergwerk**
(Gemälde eines unbekannten englischen Künstlers, 1792)
Mithilfe von Dampfmaschinen konnte Kohle aus tieferen Schächten gefördert werden. Die Dampfmaschinen trieben Pumpen an, die den Grundwasserpegel senkten und die Stollen entwässerten.

Lexikon

Industrielle Revolution
Dieser Begriff beschreibt den Anfang des Industriezeitalters. Die Industrielle Revolution begann im 18. Jh. in England. Sie änderte die Arbeitswelt der Menschen grundlegend. Fabriken entstanden und mithilfe von Maschinen wurden Waren in viel größeren Mengen hergestellt.

T 3 Eine Maschine namens „Jenny"

1764 gelang der große Durchbruch. Der Weber James Hargreaves erfand eine handbetriebene Spinnmaschine, die „Spinning Jenny". Sie lieferte in gleicher Zeit sechzehn Mal so viel Garn wie ein Spinnrad. Eine weitere Verbesserung erzielte Richard Arkwright 1769. Er ließ die Spinnmaschinen nicht mehr von Muskelkraft, sondern von Wasserkraft antreiben. Arkwright stellte die Maschinen in großen Räumen auf, wo Arbeiter sie bedienten und kontrollierten. So entstanden die ersten Fabriken.

T 4 Eine kraftvolle Erfindung

Schon bald reichte die Wasserkraft zum Antrieb der Maschinen nicht mehr aus. Einem jungen Mechaniker namens James Watt gelang es, 1769 eine leistungsstarke Dampfmaschine zu entwickeln, die mit Kohle befeuert wurde. Später veränderte Watt die Maschine noch so, dass man andere Maschinen damit antreiben konnte. Um 1850 stellten 750 Arbeiter einer Baumwollfabrik so viel Garn her wie 200 000 Heimarbeiter 100 Jahre zuvor.

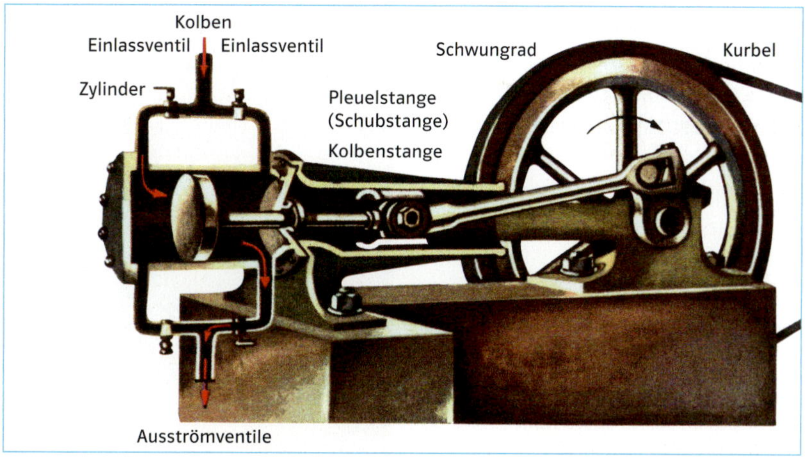

M 4 **Schnitt durch eine Dampfmaschine:** Der Dampf strömt abwechselnd durch das rechte und linke Einlassventil in den Zylinder ein. Dadurch wird der Kolben in eine gleichmäßige Bewegung versetzt.

*
4. Diskutiert die Vor- und Nachteile unterschiedlicher Antriebskräfte: Muskelkraft (Mensch/Tier), Wasserkraft, Dampfmaschine.

*
5. Setzt folgende Szene in ein Rollenspiel um: Der Besitzer einer Textilfabrik erklärt seinen Arbeitern mithilfe der Zeichnung M 4, was eine Dampfmaschine ist und wie sie funktioniert.

*
6. Auf M 3 ist zu erkennen, dass Kohle und Dampf voneinander abhängig sind. Erkläre diesen Zusammenhang.

Schlechte Zeiten für Spinner

„Mit den Maschinen begann unser Unglück."
Das meinten jedenfalls die Spinner und Weber in der Umgebung von Bielefeld.

T1 Spinnen und Weben in Heimarbeit
Viele Menschen verdienten Anfang des 19. Jahrhunderts in der Gegend um Bielefeld ihr Geld mit der Herstellung von Leinenstoffen. Von 100 Beschäftigten arbeiteten etwa 80 als Spinner oder Weber. Sie stellten ihre Waren zu Hause in Handarbeit her.

T2 Billige Ware aus England
In England produzierte man die Stoffe zu dieser Zeit längst maschinell in großen Fabrikhallen. Als diese viel billigere Ware auch im Bielefelder Raum angeboten wurde, brachen für die heimischen Spinner und Weber schlechte Zeiten an. Um sich gegen die englische Konkurrenz zu wehren, mussten sie die Preise für ihre Waren senken. Ihr ohnehin schon geringer Verdienst wurde immer weniger. So wurde die Sennelandschaft bei Bielefeld zum ärmsten Gebiet in Westfalen.

T3 Weber-Vereine bekämpfen das Maschinengarn ...
1838 produzierte in Herford der erste Betrieb Maschinengarn. Weber und Spinner gründeten daraufhin eigene Vereine und sagten allen den Kampf an, die dieses Maschinengarn verarbeiteten. Sie meinten, dass die hohe Qualität ihrer Heimarbeit sich gegen die maschinell hergestellten Produkte durchsetzen werde.

T4 ... ohne Erfolg
Trotzdem entstanden auch im Raum Bielefeld immer mehr mechanische Spinnereien und Webereien. Der Leinenkaufmann Gustav Delius ließ sich durch anonyme Drohungen, „man werde ihn entweder totschießen oder ganz mörderlich behandeln", nicht davon abhalten, eine Spinnerei und Weberei zu gründen.
Der Bedarf an Maschinengarn wuchs weiter und die Nachfrage nach Handarbeit sank. Die von Delius gegründete Ravensberger Fabrik entwickelte sich zu einer der größten Spinnereien in Europa. Viele Weber und Spinner lehnten noch lange die maschinelle Fertigung ab. Trotz großer Not waren sie nur schwer für die Fabrikarbeit zu gewinnen.

M1 Textilherstellung
Ein Weber an seinem Webstuhl (Darstellung aus dem 19. Jh.)

1. Warum verarmen die Spinner und Weber aus dem Bielefelder Raum immer mehr? (T1, T2)

2. Wie wehren sich die Heim- und Handarbeiter gegen mechanische Spinnereien und Webereien? (T3, T4, M2)

3. Vergleiche die Textilherstellung auf den Bildern M1 und M3 miteinander. Notiere die Unterschiede in einer Tabelle.

M 2 Die Aufsichtskomission des Webervereins Jöllenbeck gab am 28. Dezember 1852 bekannt:

„Da sich der Weber Hunger (...) dringend verdächtig gemacht hat (...) Maschinengarn verwebt zu haben, so ist derselbe (...) vom heutigen Tage aus dem hiesigen Weber-Vereine ausgeschlossen worden (...). Gleichzeitig wird bekannt gemacht, dass einem jeden, der ein Vereinsmitglied, welches betrügerischer Weise Maschinengarn verwebt, zur Anzeige bringt (...) eine Belohnung von 5 Talern ausgezahlt wird."

<Extra>

M 4 Der Regierungsrat Bitter berichtete 1853 über das Leben der Spinner in der Senne:

„Man trete in die Hütten hinein! In kleinen elenden Gemächern erblickt man einen Kreis blasser Menschen, Männer, Frauen, Mädchen, Kinder am Spinnrade sitzen und (...) die Fäden (...) durch die abgemagerten Hände ziehen. Wohl ihnen, wenn das Dach (...) sie vor Sturm und Regen schützt (...). Vergebens sucht das Auge während der Mittagszeit nach dem Zeichen des notdürftigen Mahles (...). Nur in einem schmutzigen Winkel entdeckt man endlich den bescheidenen Napf, in dem die Reste von Steckrüben oder Wurzeln erkennbar sind. (...) Fett kennen diese Leute nicht. (...) Unter dem Simsbrett hängen einige Stücken Garn und der karge Vorrat schlecht gereinigten Flachses, den ihnen der Garn-Mäkler leihweise zu hohem Preise aufgedrungen hat. (...) Kein Bett, nur in Bretter eingeschlagen, auf bloßer Erde ein Lager von altem Stroh (...) ohne Decke (...). Hie und da fällt der Blick auf bleiche Gestalten, (...) die vor Fieberfrost und Kälte schauernd sich (...) ein Plätzchen der Ruhe gesucht haben, wenn die Kraft (...) zum Spinnen nicht mehr ausreicht. Fragt man, was eine solche Familie (...) verdient, so bleibt die Antwort aus. Indes die Tatsache steht fest, die Bevölkerung lebt, denn sie verhungert nicht; sie hungert zwar, aber sie lebt. (...) im Großen und Ganzen ist aber eine Hungersnot (...) nicht vorhanden."

M 3 Textilherstellung
Arbeiter in einer Fabrik (Stahlstich, 1835)

4. „Mit den Maschinen begann unser Unglück." Erkläre, was die Spinner und Weber aus der Umgebung von Bielefeld mit dieser Aussage gemeint haben.

* **5.** Der Regierungsrat Bitter beschreibt in seinem Bericht die Hütten der Spinner. Zeichne den Innenraum einer solchen Hütte. Halte dich dabei genau an die Angaben aus dem Bericht. (M 4)

* **6.** Wie beurteilt der Regierungsrat am Ende seines Berichts die Situation der Spinner? Teilst du seine Einschätzung? Begründe deine Meinung. (M 4)

Knüppel gegen Hunger und Not

In Schlesien erhoben sich 1844 über 3 000 Weber gegen ihre Arbeitgeber. Not und Elend hatten sie zu dieser Verzweiflungstat getrieben.

M1 „Die schlesischen Weber"
(Ölgemälde von Carl Wilhelm Hübner, 1844)

Der Fabrikbesitzer verweigert den Webern den Lohn für ihre Tuche, da ihm die Qualität der Ware nicht genügt.

T1 Der Aufstand
Die Augsburger „Allgemeine Zeitung" berichtete am 12. Juni 1844: „Soeben hat ein Haufen Weber aus Peterswaldau, Langenbielau und der Umgegend in Peterswaldau (...) die Gebäude und Vorräte des Fabrikanten Zwanziger niedergerissen und zerstört. Die Familie des Zwanziger ist auf das Schloss des Grafen Stolberg geflüchtet. Es ist Militär aus Schweidnitz verlangt, das jeden Augenblick erwartet wird." Wie war es zu dieser dramatischen Situation gekommen?

»

1. Fasse den Inhalt des Zeitungsartikels in T1 mit deinen eigenen Worten zusammen.

2. Lies M2 genau. Was sagt das Gedicht über das Leben und über die Gefühle der Weber aus?

3. Beschreibe M3. Versuche, die Stimmung der Menschen auszudrücken, indem du einigen Webern Sprechblasen gibst.

4. Überlege, warum die Künstlerin Käthe Kollwitz ihrem Bild M3 den Titel „Sturm" gegeben hat.

T2 Die Vorgeschichte
Im Jahre 1844 betrug der wöchentliche Lohn eines Webers etwa 20 Silbergroschen. 10 Jahre zuvor waren es noch 80 Silbergroschen. Dieser Lohnrückgang hing mit dem technischen Fortschritt in England zusammen. Dort stellte man die Stoffe in Fabriken viel billiger her. Gegen das Tempo der Maschinen hatten die schlesischen Handarbeiter keine Chance. Um die englischen Preise dennoch zu unterbieten, zahlten die schlesischen Fabrikbesitzer den Webern für ihre Stoffe immer weniger Geld.

T3 Der Protestzug
Am 3. Juni 1844 protestierten deshalb etwa 3000 Weber vor den Gebäuden des Fabrikbesitzers Zwanziger gegen die Hungerlöhne. Doch ihre Forderungen nach besserer Bezahlung stießen auf taube Ohren. Daraufhin kam es zu den Gewalttaten, die in dem Zeitungsartikel geschildert werden.

T4 Das blutige Ende
Das herbeigerufene preußische Militär beendete den Aufstand mit einem Blutbad. Ohne Rücksicht schossen die Soldaten in die Menge, die sich mit Knüppeln und Steinen zur Wehr setzte. 11 tote und 24 schwer verletzte Demonstranten wurden gezählt. Die Polizei verhaftete 150 Weber. Sie wurden verurteilt zu Strafen bis zu 9 Jahren Haft und zu 20 bis 30 Peitschenhieben.

M2 Auszug aus Heinrich Heines Gedicht „Die schlesischen Weber" von 1844:

„Im düsteren Auge keine Träne,
Sie sitzen am Webstuhl und fletschen die Zähne:
Deutschland, wir weben dein Leichentuch,
Wir weben hinein den dreifachen Fluch –
Wir weben, wir weben! (…)
Ein Fluch dem König, dem König der Reichen,
den unser Elend nicht konnte erweichen,
Der den letzten Groschen von uns erpresst
Und uns wie Hunde erschießen lässt –
Wir weben, wir weben (…)"

M3 Sturm (Radierung der deutschen Malerin Käthe Kollwitz, 1897)
Das Bild stammt aus der Bildfolge „Ein Weberaufstand".

M4 Der Journalist Wilhelm Wolff berichtet 1845 unter dem Titel „Das Elend und der Aufruhr in Schlesien" über die Gründe für den Weberaufstand:

„Inzwischen wurde die Not und das Drängen nach Arbeit von einzelnen Fabrikanten möglichst benutzt, um für geringen Lohn viel Ware zu erhalten. Unter diesen ragten die Gebrüder Zwanziger in Peterswaldau besonders hervor. Für ein Webe Kattun von 140 Ellen, woran ein Weber 9 Tage zu arbeiten hat und wofür andere Lohnherren 32 Silbergroschen zahlten, gaben sie nur 15 Silbergroschen. Für 160 Ellen* Barchent, welches 8 volle Tage angestrengter Arbeit erfordert, entrichteten sie 12½ und 12 Silbergroschen Lohn. Ja, sie erklärten sich bereit, noch 300 Weber in Arbeit zu nehmen, wofern diese ebensoviel für 10 Silbergroschen arbeiten wollten. Das bitterste Elend zwang die Armen, auch unter dieser Bedingung zu arbeiten. Von seinen 12 oder 10 Silbergroschen musste der Weber noch 2½ bis 3 Silbergroschen an den Spuler entrichten, alle Staats-, Gemeinde- und gutsherrlichen Lasten tragen und – leben."

*Elle: Alte Längeneinheit für Tuche.
Eine Elle entsprach etwa der Länge des Unterarms.

5. Setzt die Szene auf dem Gemälde M1 in ein Rollenspiel um.

* **6.** Erkläre den Zusammenhang zwischen den Löhnen der schlesischen Weber und der Textilproduktion in England. (T2)

* **7.** Welche Gründe nennt der Journalist Wilhelm Wolff für den Aufstand der Weber? (M4)

Deutschland wird Industrieland

Kohle, Eisen und Stahl bringen den Aufschwung.
Das Ruhrgebiet wird zum wirtschaftlichen Motor Deutschlands.

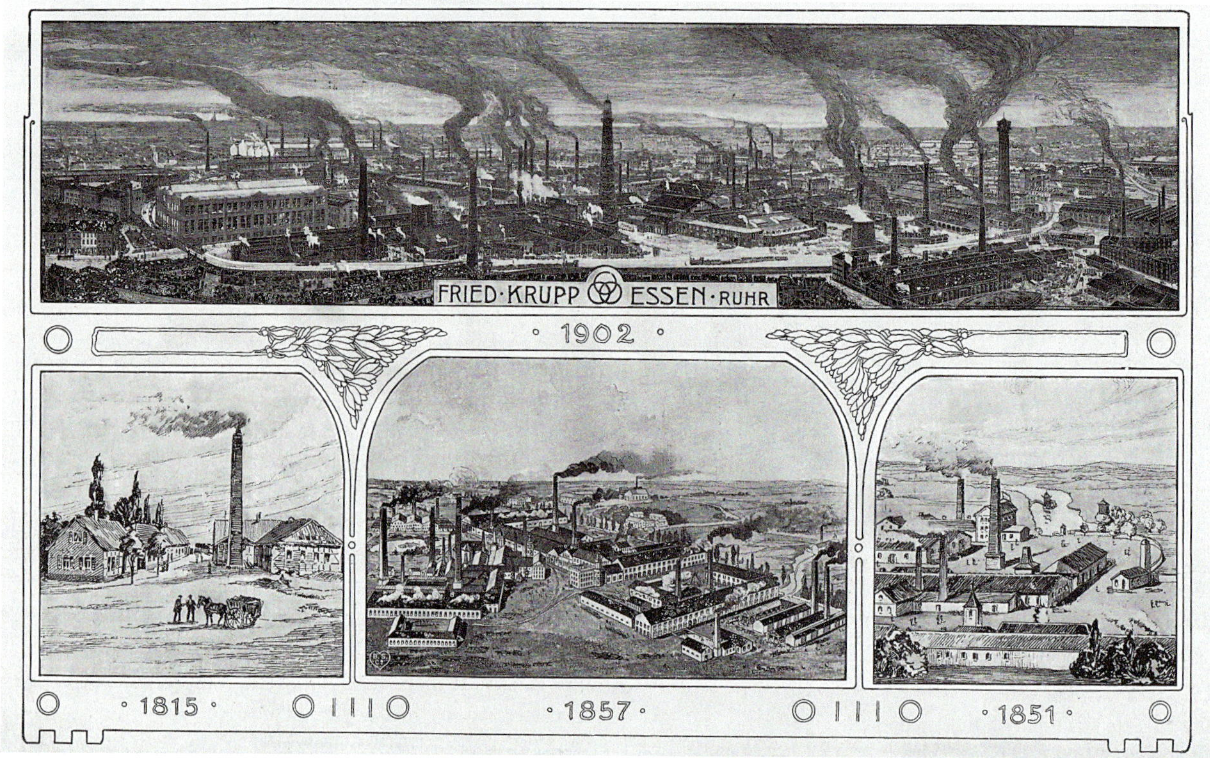

M1 Entwicklung der Gussstahlfabrik Krupp in Essen
(Postkarte Anfang des 20. Jh.)
1852 meldete Alfred Krupp ein Patent an, das zum großen Aufstieg der Firma führte. Es war gelungen, Eisenbahnräder ohne Schweißnaht herzustellen. Radbrüche kamen deshalb kaum noch vor. Das Firmenzeichen mit den drei verschlungenen Ringen erinnert heute noch an die Erfindung der neuartigen Eisenbahnrädern.

»

1. Suche auf dieser Doppelseite nach den Begriffen „Kohle",„Eisen" und „Stahl".

2. Erkläre mit eigenen Worten die Redensarten „Kohle machen", „unter Dampf stehen" und „hart wie Kruppstahl sein". (T1)

3. Auch auf dieser Doppelseite spielen die Dampfmaschinen eine wichtige Rolle. Kannst du sie erklären?

4. Mit welchen Produkten begann 1852 der rasante Aufstieg von Krupp? Ein Zeichen auf dem Bild erinnert daran. (M1)

T1 Aufstieg durch Kohle

Sicherlich kennst du die Redensarten: „Kohle machen“, „unter Dampf stehen“ oder „hart wie Kruppstahl sein“. Sie stammen alle aus dem 19. Jahrhundert, als in Deutschland die Industrialisierung einsetzte.
Kohle wurde bereits im Mittelalter in offenen Gruben abgebaut. Doch im Zuge der Industrialisierung benötigte man immer größere Mengen. Erst 1839 gelang es Bergleuten auf der Zeche „Kronprinz“ in Essen, einen so tiefen Stollen zu graben, dass sie Fettkohle fördern konnten. Diese Kohle wurde zu Koks weiterverarbeitet, um damit Eisenerz zu schmelzen. Gleichzeitig setzte man Dampfmaschinen ein, mit denen das Grundwasser besser abgepumpt werden konnte.

Lexikon

Pütt
Der Begriff „Pütt“ bedeutet Schacht bzw. Brunnen. Im Ruhrgebiet wird eine Zeche oder ein Bergwerk „Pütt“ genannt. Von diesem Begriff ist auch die Bezeichnung „Ruhrpott“ für das Ruhrgebiet abgeleitet worden.

T2 Das Ruhrgebiet – eine große Industrieregion

Die Zahl der Fabriken im Ruhrgebiet nahm ständig zu. Da diese auf Kohle und Eisen angewiesen waren, mussten ständig neue Bergwerke erschlossen werden. Immer mehr Menschen fanden deshalb Arbeit. Als Alfred Krupp im Jahre 1826 die Gussstahlfabrik in Essen von seinem Vater übernahm, hatte die Firma sieben Arbeiter. Bereits 1884 waren mehr als 10 000 Menschen in der Stahlfabrik beschäftigt.

M3 Dietrich Baedeker, der auch eine Lebensgeschichte von Krupp verfasste, schreibt über das gesamte Kruppwerk:

» 1 195 Öfen, 92 Dampfhämmer, 21 Walzstraßen, 73 km Eisenbahnschienen mit 28 Lokomotiven, 992 Waggons, 31 Telegrafenstationen und 140 km Telefonleitungen befinden sich auf dem Werksgelände der Gussstahlfabrik. In unmittelbarer Nähe zu den Industrieanlagen liegen mehrere Wohnsiedlungen, in denen rund 30 000 Menschen leben, nur Beschäftigte der Krupp'schen Fabrik mit ihren Familien (...). Den Bewohnern der Siedlung stehen werkseigene Schulen, Märkte, Gas- und Wasserversorgungseinrichtungen sowie eine Badeanstalt zur Verfügung. Die Versorgung mit Lebensmitteln geschieht über die Krupp'sche Konsumanstalt. «

M2 Butterbrot für den vierbeinigen Kumpel
Die Pferde arbeiteten unter Tage im Pütt jahrelang, ohne das Tageslicht zu sehen. Um 1910 waren allein im Ruhrgebiet etwa 8 000 Pferde unter Tage „beschäftigt“.

*
5. Beschreibe die Entwicklung der Gussstahlfabrik mithilfe der Bilder (M 1: 1815, 1851, 1857, 1902).
Du kannst folgende Stichworte verwenden: Bauten, Landschaft, Flächen.

*
6. Überlege, warum wohl die Familie Krupp 1864 ihren Wohnsitz auf dem Fabrikgelände aufgab.

*
7. Plant den Besuch eines Industriemuseums in eurer Umgebung.

„Arbeiter, auf ins Ruhrgebiet!“

Die Fabriken im Ruhrgebiet benötigten im Industriezeitalter viele Arbeitskräfte. Doch woher kamen sie?

M1 Die nach Bottrop zugereiste Familie Golomb (Foto um 1900)

T1 Das Ruhrgebiet braucht Menschen

Im Ruhrgebiet leben heute fast sechs Millionen Menschen, mehr als in der größten deutschen Stadt Berlin. Mit der Industrialisierung zogen immer mehr Menschen ins Revier. Sie wollten in den Fabriken, Hütten und Zechen ihren Lebensunterhalt verdienen. Die Einwohnerzahlen schossen in die Höhe. Wo kamen aber diese Menschen alle her?

T2 Polen und Masuren kommen in den Ruhrpott

Seit 1860 wanderten mehr als 500 000 Polen und Masuren ins Gebiet zwischen Ruhr und Emscher ein, um einen Arbeitsplatz zu bekommen. Die „Neuen“ waren bald zahlreicher als die Einheimischen.

M2 Nicht nur im sportlichen, sondern auch im kulturellen Bereich waren die „Ruhrpolen“ aktiv. Das Foto von etwa 1920 zeigt die Mitglieder des polnischen Gesangvereins Brambauer bei Dortmund.

»

1. Wo kamen die Menschen her, die ins Revier wanderten? (T2)

2. Die Zugewanderten hatten Integrationsprobleme. Das heißt, sie hatten Schwierigkeiten sich in der neuen Umgebung einzugewöhnen. Nenne einige Probleme. (T3)

3. Die Masuren lebten hauptsächlich in Ostpreußen, um Königsberg herum. Nimm einen Atlas zu Hilfe und rechne aus, wie viele Kilometer die Menschen zurücklegten, um ins Ruhrgebiet zu gelangen.

4. Die Zugewanderten fühlten sich in den Sportvereinen, insbesondere beim Fußball, wohl.
Unternimm eine Internetrecherche und finde mindestens drei berühmte deutsche Fußballer heraus, deren Eltern einwanderten. (T3)

T3 Schwierigkeiten

Die neuen Bewohner und Bewohnerinnen hatten zuerst große Schwierigkeiten, sich in der fremden Umgebung einzugewöhnen. Sie sprachen verschiedene Sprachen und hatten eigene Gewohnheiten. In den Turn- und Sportvereinen fühlten sie sich wohl. Wenn man die Geschichte des Revierfußballs untersucht, so finden sich in der Meistermannschaft des FC Schalke 04 aus dem Jahr 1934 mindestens drei Einwandererkinder, deren Eltern aus Polen kamen. Und auch bei der WM 2006 spielten in der deutschen Nationalmannschaft zwei Spieler, von denen man sagt, dass sie perfekt polnisch mit ihren Familien sprechen können.

M3 Einheimische kritisieren die Zugewanderten:

„Das Straßenbild in einigen Bezirken in Gelsenkirchen, Herne, Wattenscheid hat ein ganz fremdartiges Gepräge. Überall sieht man slawische Gesichter und hört slawische Laute an sein Ohr schlagen. Die glatt gescheitelten Frauen und Mädchen halten zum Teil noch an ihrer bunten Tracht, die anderen wenigstens an einigen Eigentümlichkeiten fest. Die durchweg nach unserer Sitte gekleideten Männer und Burschen (...) durchschlendern in der freien Zeit gern oder truppweise die verkehrsreichen Straßen, mustern die Läden und Schaufenster oder pflanzen sich an den Straßenecken auf.“

M4 Brief des zugewanderten Bergarbeiters Max Alias in seine ostpreußische Heimat, 1875:

„Mein geliebter Schwager. Ich grüße dich vielmals, alle Freunde und Bekannte. Ich bin glücklich und gesund den 5. März eingetroffen in Essen und den 9. März bin ich in Arbeit eingetreten. Ich arbeite in einer Steinkohlengrube, 8 350 Fuß tief in der Erde. Wir arbeiten jeden Tag 8 Stunden u. verdienen in den 8 Stunden 1 Taler 10 bis 1 Taler 15. Wir müssen 2 Monate arbeiten, dann bekommen wir den ersten Monat ausbezahlt (...) Die Arbeit gefällt mir sehr gut und wir brauchen keine Kälte und Hitze ausstehen. Ich bin in Kost bei einem Landsmann und bezahle 13 Taler per Monat (...) Ich schließe jetzt, denn ich habe wenig Zeit und muss bald zur Arbeit. Ich verbleibe dein treuer Schwager Max Alias. Meine Adresse: An den Bergmann Max Alias in Essen a.d. Ruhr, Steeler Chaussee Nr. 130, bei Lokschas.“

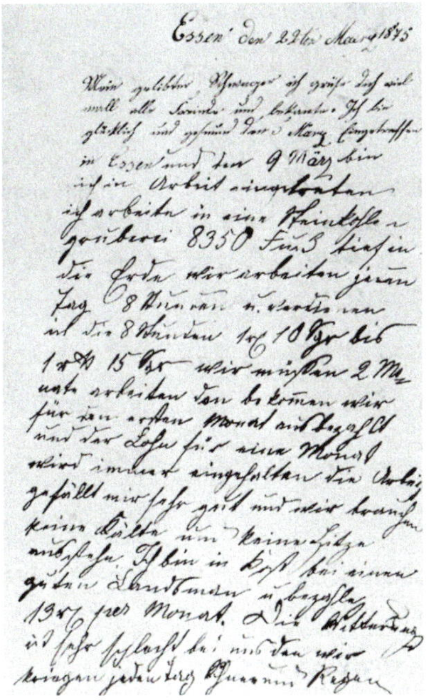

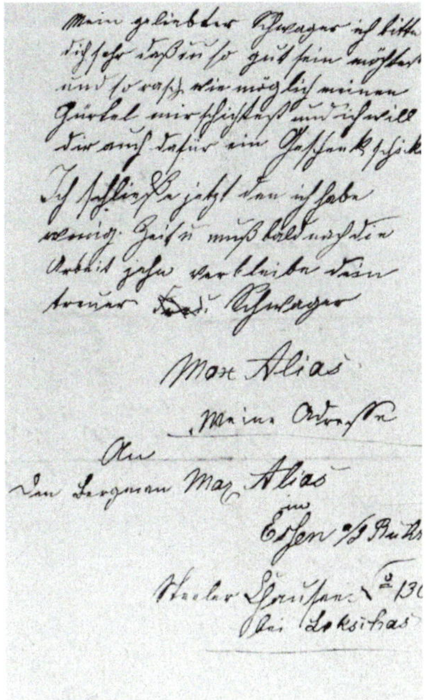

5. Lies M4 genau und schildere mit eigenen Worten die Gefühle des Bergmanns Max, der nach Essen zugewandert ist.

* **6.** Beschreibe M1 und M4. Was fällt dir besonders auf?

* **7.** Lies M3 genau und beantworte folgende Fragen: Werden die Zugewanderten so leben, wie es beschrieben wurde, oder werden sie sich den „Deutschen“ anpassen? Welche Hinweise und Tipps würdest du den Zuwanderern geben? Vergleiche die Situation der zugewanderten Polen mit der Situation der bei uns lebenden Türken.

Leben in einer Arbeitersiedlung

Arbeiter und ihre Familien lebten in Zechenwohnungen und Mietskasernen. Wie sah es dort aus?

M1 Diese Häuser mit zahlreichen Hinterhöfen wurden um 1900 erbaut.

T1 Ordentliche Werkswohnungen

Unternehmer wie Krupp in Essen ließen Wohnungen für ihre Arbeiter bauen. Zu solchen Reihenhaussiedlungen gehörten Gemeinschaftsanlagen wie Versammlungsräume und Sportplätze. Die einzelnen Wohnungen hatten zwei bis vier Räume mit einem eigenen Wasseranschluss. Die Arbeiter sollten mit Fleiß und Ausdauer arbeiten, sowie treu und dankbar sein. Darum bezahlte Krupp sie besser und gab ihnen ordentliche Wohnungen.

»

1. Erkläre den Begriff „Kostgänger" mit eigenen Worten. Nutze ein Lexikon.

2. Erkläre deinem Mitschüler/deiner Mitschülerin den Begriff „Mietskasernen".

3. Stellt euch vor, eine Familie mit vier Kindern teilt sich ein Zimmer mit einem Kostgänger. Welche Schwierigkeiten könnten sich ergeben?

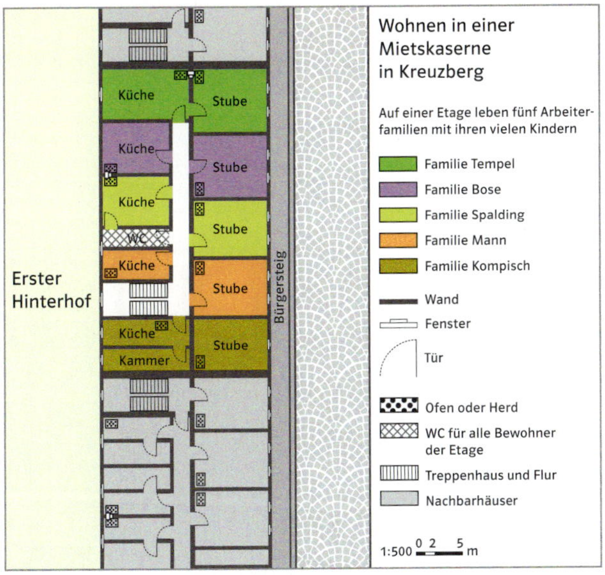

M 2 Plan einer Mietskaserne in Berlin

M 4 Auf engstem Raum lebten ganze Großfamilien, die oft ihre Schlafplätze auch noch vermieteten. Viele unverheiratete Arbeiter konnten sich keine eigene Wohnung leisten. Sie lebten oft bei Familien als Untermieter, als so genannte Kostgänger. Es kam vor, dass zwei oder drei sich ein Bett teilten.

M 3 Die Wissenschaftlerin Li Fischer-Eckert untersuchte 1911 in Duisburg Hamborn Arbeiterhaushalte. Sie schreibt:

» Es ist Mittagszeit. In der freundlichen, sauberen Küche steht ein blanker gescheuerter Küchenherd, auf dem in einer Pfanne 5 Setzeier (Spiegeleier) gebacken werden. Zwei für den Vater, eins für die Mutter und zwei für die drei Kinder von 5, 6 und 8 Jahren. Dazu gibt es Spinat, der im Garten selbst gezogen wird. (...) So traf ich bei einer anderen Familie, wo ich gerade um die Mittagszeit einkehrte, die Mutter mit ihren 4 Kindern auf der Erde sitzend, wie sie alle aus einem schwarzen Topf die soeben gekochten Kartoffeln als Mittagsmahl ohne irgendwelche Beigaben verzehrte. Die Kinder waren im Alter von 14 Monaten, 2, 4 und 6 Jahren. «

T 2 Dunkle Arbeiterwohnungen

Die Städte waren auf den großen Zuzug der Arbeitsuchenden nicht eingerichtet. Die meisten Arbeiterfamilien lebten deshalb in vier- bis sechsgeschossigen Mietskasernen. Viele Familien hatten nur einen Raum, in dem sie kochten, aßen und schliefen. Die Kinder spielten auf den Straßen oder in den Hinterhöfen.

M 5 Diese Werkswohnungen der Firma Krupp wurden ab 1872 im Westen der Gusstahlfabrik errichtet.
Etwa 1500 Familien wohnten damals dort. (Stich aus der Leipziger Illustrierten vom November 1890)

4. Eine Familie mit vier Kindern lebt in einer Mietskaserne. Wo können eigentlich die Kinder spielen?

5. Schildere mit eigenen Worten die Unterschiede, die Frau Fischer-Eckert bei den Arbeiterhaushalten erlebte. (M 3)

* **6.** Beschreibe das Bild der Krupp'schen Wohnungen. Bewerte die Motive des Fabrikherrn.

Für alles gab es Vorschriften

Die Frauen und Männer, die in den Fabriken und Bergwerken arbeiteten, hatten es nicht immer leicht. Doch sie gaben nie auf.

T1 Arbeitszeit bestimmte den Tagesablauf

Die wöchentliche Arbeitszeit betrug zwischen 1840 und 1870 über 70 Wochenarbeitsstunden. Da es aber viele Arbeitskräfte gab, war außerdem noch der Lohn entsprechend niedrig.

M1 Tägliche Arbeitszeit im Handwerk und in der Industrie

1800 – 1820	10 – 13 Stunden
1820 – 1840	11 – 15 Stunden
1840 – 1860	12 – 16 Stunden
1860 – 1870	12 – 14 Stunden
1870 – 1890	11 – 13 Stunden
1890 – 1910	10 – 11 Stunden
1910 – 1914	10 Stunden

M2 In einer Fabrik in Würzburg begann man 1835 mit der Führung eines Buches. Es wurde eingetragen, welche Geldstrafen die Beschäftigten zahlen mussten. Gleichzeitig notierte man ihr Vergehen. (Auszug)

» Funk, weil er den Weg zur Kirche über Gras gegangen ist 16 Pfg.
P. Eisenmann, weil er zerbrochenes Werkzeug versteckt, und beleidigende Reden gehalten hat 14 Groschen
M. Will, weil er nach dem Leichenbegräbnis einen Rausch hatte 3 Groschen
P. Funk, weil er Beckers Zirkel ungefragt genommen und verdorben hat 24 Pfg.
G. Germann, weil er Ohrfeigen gegeben hat 8 Pfg.
Fl. Schneider 16 Pfg.
M. Lutz, weil er wegen seiner Heirat 12 Stunden gefehlt hat 10 Groschen
J. Klingler, weil er kindische Streiche gespielt hat 8 Pfg.
Marg. Schwabin, weil sie unfolgsam war 8 Pfg. «

M3 Arbeiter beim „Stempeln" an einer „Stechuhr" (Foto um 1940). Die Arbeitszeit wurde sehr genau festgehalten.

T2 Vorschriften bestimmten den Arbeitsablauf

In den Fabriken und Bergwerken war alles genau geregelt. Jeder Arbeiter musste eine Fabrikordnung unterschreiben, bevor er beschäftigt wurde. Jede Firma hatte eine eigene Ordnung, in der alles genau aufgeschrieben war. Wer die Vorschriften nicht einhielt, wurde bestraft.

1. Sieh dir M1 genau an. In welchen Jahren war die durchschnittliche Wochenarbeitszeit am höchsten? Finde heraus, wie viele Wochenstunden ein Arbeiter heute arbeitet.

2. Die Fabrikordnung regelte den Arbeitsablauf. Was wurde nicht aufgenommen? (T3)

3. Nicht nur für die Arbeiter galten Vorschriften, sondern auch für die Tiere, die „beschäftigt" wurden. Nimm Stellung zu M5. Was passiert eigentlich mit dem Grubenpferd Zulo?

M 4 In der Arbeiter-Ordnung von 1892 der Firma Franz Haniel & Co aus Duisburg Ruhrort heißt es (Auszug):

» Die Arbeiter der Firma Franz Haniel & Co sind neben den gesetzlichen Bestimmungen der nachfolgenden Arbeiter-Ordnung unterworfen:

§ 1 Jeder Arbeiter, welcher bei der Firma Franz Haniel & Co in Arbeit treten will, ist gehalten, seine Ausweispapiere, sein Arbeitsbuch und die Quittungskarte über die zur Invaliden- und Altersversicherung gezahlten Beiträge vorzulegen, sowie sich einer ärztlichen Untersuchung zu unterziehen. (...)

§ 6 Wer bei der Annahme seiner Verhältnisse (Alter, Gesundheitszustand usw.) falsche Angaben macht, kann ohne vorherige Kündigung entlassen werden. (...)

§ 8 Alle Arbeiter sind ihren Vorgesetzten im Dienst unbedingten Gehorsam schuldig; Ungehorsam und Widersetzlichkeit gegen dieselben berechtigen zu sofortiger Kündigung. (...)

§ 10 Die regelmäßige Arbeitszeit dauert: vom 1. März bis 30. September von 6 Uhr morgens bis 6 Uhr abends, vom 1. Oktober bis 1. März von 6 ½ Uhr morgens bis 6 Uhr abends. (...)

§ 12 Die Arbeiter sind verpflichtet, in dringenden Fällen auf Verlangen der Vorgesetzten auch nach Beendigung der Schicht weiterzuarbeiten. (...)

§ 33 Die Zuwiderhandlung gegen diese Arbeitsordnung und etwaige Ergänzungen können mit Geldstrafen bestraft werden. (...) «

M 5 Denkmal zur Erinnerung an die Grubenpferde, aufgestellt am 4.12.1982 in Bochum.

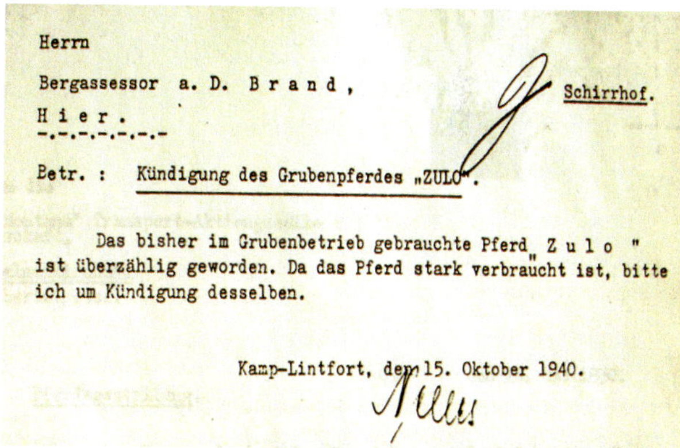

Herrn

Bergassessor a. D. B r a n d , Schirrhof.

H i e r .

Betr. : Kündigung des Grubenpferdes „ZULO".

Das bisher im Grubenbetrieb gebrauchte Pferd „ Z u l o " ist überzählig geworden. Da das Pferd stark verbraucht ist, bitte ich um Kündigung desselben.

Kamp-Lintfort, den 15. Oktober 1940.

M 6 Aber nicht nur für Bergmänner, auch für die Grubenpferde, gab es besondere Vorschriften.

T3 Arbeitsschutz?

Vergeblich suchte man in den einzelnen Fabrikordnungen Maßnahmen über den Arbeitsschutz. Staub, Rauch, Lärm und Hitze beeinträchtigten in zunehmendem Maße die Arbeitskraft. Häufig kam es zu Krankheiten. Da die Arbeit sehr schwer war, versuchten viele Arbeiter, besonders im Bergbau und in der Stahlindustrie, einen anderen Arbeitsplatz zu bekommen.

4. Nimm Stellung zu M 2.
Was würdest du dem Fabrikbesitzer aus Würzburg sagen?

*
5. Setze dich mit M 4 auseinander. Liste genau auf, welche Aufgaben der Arbeiter hatte und was der Fabrikherr für den Arbeiter leistete. Sieh dir auch M 2 auf Seite 167 an. Nimm ausführlich Stellung dazu.

*
6. Auch heute werden über Arbeitszeiten, Lohn und die Einhaltung von Sicherheitsbestimmungen Festlegungen und „Strafen" für die Nichteinhaltung vereinbart.
Erkundige dich, wer solche Bestimmungen festlegt.

Schwere Kindheit und Jugend

Jungen und Mädchen mussten schon immer auf Bauernhöfen und in Werkstätten ihrer Eltern mitarbeiten. Aber wie war ihre Situation im Zeitalter der Industrialisierung?

M1 Kinder und Jugendliche bei der Arbeit in einer Buntpapierfabrik in Aschaffenburg. (1858)
Als man feststellte, dass Jugendliche durch ihre Arbeit oft für den Militärdienst untauglich waren, erließ der Staat Gesetze. Ab 1891 wurde festgelegt, dass Kinder das 14. Lebensjahr vollendet haben mussten, um in Fabriken zu arbeiten.

T1 Kinder arbeiteten wie Erwachsene

Die Fabrikbesitzer stellten gerne Kinder ein. Sie mussten die Maschinen bedienen und arbeiteten genau so lange wie Erwachsene. Jedoch war ihr Lohn viel geringer. Tausende von Mädchen und Jungen arbeiteten zwölf Stunden am Tag und mehr. Einige der Kinder waren kaum älter als zehn Jahre. Besonders hart war die Arbeit im Bergbau. Die Kinder sahen oft wochenlang nicht die Sonne. Sie wurden krank und viele starben sehr früh.

T2 Kinderarbeit nur in der Vergangenheit?

Im Juni 2006 fand in Genf ein Aktionstag gegen Kinderarbeit statt. Die Kinderhilfswerke „terre des hommes" und „UNICEF" beklagten wieder, dass immer noch etwa 200 Millionen Kinder unter 15 Jahren arbeiteten. Einige Experten waren aber der Meinung, dass man Kinderarbeit auch heute nicht so einfach „abschaffen" kann. Die wirtschaftliche Not in manchen Ländern ist immer noch zu groß. Viele Familien sind so arm, dass sie ohne den Verdienst der Kinder nicht überleben könnten.

1. Erkläre, warum Kinder von Fabrikbesitzern eingestellt wurden. (T1)

2. Beschreibe M3 und erläutere, warum oft nur Kinder und nicht Erwachsene im Bergwerk arbeiteten.

3. Beschreibe M1 und erkläre, warum ein Gesetz die Kinderarbeit einschränkte.

M 2 Adelheid Popp (geb. 1869, gestorben 1939) berichtet über Erlebnisse, die sie im Alter von etwa 12 Jahren hatte:

„Wir zogen in die Stadt zu einem alten Ehepaar in eine kleine Kammer, wo in einem Bett das Ehepaar, im andern meine Mutter und ich schliefen. Ich wurde in einer Werkstätte aufgenommen, wo ich Tücher häkeln lernte; bei zwölfstündiger fleißiger Arbeit verdiente ich 20 bis 25 Kreuzer im Tage. Wenn ich noch Arbeit für die Nacht nach Hause mitnahm, so wurden es einige Kreuzer mehr. Wenn ich frühmorgens um 6 Uhr in die Arbeit laufen musste, dann schliefen andere Kinder meines Alters noch. Und wenn ich um 8 Uhr abends nach Hause eilte, dann gingen die anderen gut genährt und gepflegt zu Bette. Während ich gebückt bei meiner Arbeit saß und Masche an Masche reihte, spielten sie, gingen spazieren oder sie saßen in der Schule.“

M 3 Kinder arbeiten in einem Kohlebergwerk in England.
(Ausschnitt einer Zeichnung um 1844)

M 4 Der Bürgermeister von Ratingen erklärt 1824:

„Die Kinder arbeiten 12 Stunden. Die nicht in den Fabriken arbeiten, betteln. Die meist gehend oder stehend verrichtete Arbeit in luftigen Gebäuden erhält die Kinder gesund. Die nicht darin Arbeitenden sind krank vor Elend.“

M 5 Fotoaufnahme des Fotografen Akash aus dem Jahre 2005

M 6 Der Fotograf Akash aus Bangladesch hat schockierende Bilder zum Thema Kinderarbeit aufgenommen. In Bangladesch wollte keiner das Foto veröffentlichen. Der Fotograf erzählt:

„Ich sah jemanden mit einem Knüppel auf einen Jungen einschlagen, der an einer Nähmaschine saß. Das Gesicht des Jungen war um die Augen herum schon von vorherigen Schlägen blutunterlaufen und dick angeschwollen. Der Junge war geschlagen worden, weil er zu langsam nähte. Ich trat in den Raum und sagte dem Mann mit dem Knüppel: „Wenn du den Jungen nochmals schlägst, bringe ich dich ins Gefängnis.“

4. Was sagt der Bürgermeister von Ratingen über Kinderarbeit? Was würdest du ihm entgegnen? (M 4)

5. Die zwölfjährige Adelheid hat ein schweres Los. Sie möchte das Leben der Nachbarkinder führen. Warum? (M 2)

*
6. Vergleiche M 5 mit dem dazugehörenden Bericht und beschreibe deine Gefühle. Erkläre außerdem, warum der Fotograf großen Mut bewiesen hat.

Das Ruhrgebiet boomt

Zahlen zeigen uns, wie sich ein ländliches Gebiet innerhalb weniger Jahrzehnte in eine große Industrielandschaft verwandelte.

T1 Kohle und Stahl von der Ruhr

Mit der Industrialisierung entstanden in Deutschland große Fabriken. Für sie waren Kohle und Stahl von der Ruhr lebensnotwendig. Deshalb wurde das Ruhrgebiet schnell zum wichtigsten Industriezentrum Deutschlands. Jahr für Jahr wurde im Ruhrgebiet mehr Kohle gefördert und mehr Stahl gekocht.

T2 Mehr Arbeit – mehr Menschen

Deshalb gab es dort auch gute Chancen, Arbeit zu finden. So zogen viele Menschen aus ganz Deutschland und sogar aus Europa ins Ruhrgebiet. Während 1818 nur 158 000 Menschen in dem Gebiet zwischen Ruhr und Lippe lebten, waren es um 1900 schon über 1,6 Millionen.

M1 Das können Tabellen und Diagramme:

Zahlentabellen
bieten die größte Genauigkeit, da sie exakte Zahlenangaben liefern.

Säulendiagramme
eignen sich besonders zum Vergleich von Mengenangaben zu einem ganz bestimmten Zeitpunkt.

Kurvendiagramme
verschaffen einen raschen Überblick; Entwicklungen lassen sich gut und schnell ablesen.

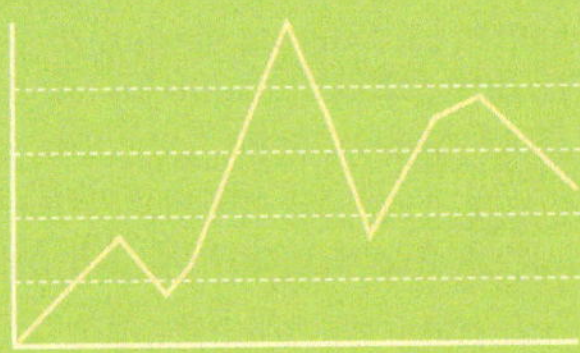

Kreisdiagramme („Tortendiagramme")
eignen sich besonders gut, um Prozentwerte darzustellen.

M2 Einwohner im Ruhrgebiet 1818 – 1905

	1818	1871	1885	1905
Bochum	2 107	21 192	40 767	118 467
Dortmund	4 289	44 420	78 435	175 577
Duisburg	5 364	30 533	47 517	192 346
Essen	4 496	51 513	65 064	231 360
Gelsenkirchen	505	7 625	20 289	147 005

»

1. Ordne die Begriffe den Materialien M 2 – M 4 zu:
- Kurvendiagramm
- Zahlentabelle
- Säulendiagramm

2. Betrachte die Entwicklung der Einwohnerzahl im Ruhrgebiet. Was sind die Gründe für diese Veränderung? (M 2)

3. Wähle eine Stadt aus M 2 aus. Veranschauliche die Entwicklung der Einwohnerzahl in dieser Stadt durch Säulendiagramm und Kurve. An welchem Diagramm kannst du die Entwicklung besser ablesen?

T3 Statistiken geben Auskunft ...

Wie sich das Ruhrgebiet entwickelte, können uns auch Zahlen zeigen. In der zweiten Hälfte des 19. Jahrhunderts begann man damit, Zahlen über die verschiedensten Lebensbereiche zu sammeln: Produktionsergebnisse, Preise und Löhne, Familiengrößen und anderes mehr. Solche Zahlenreihen nennen wir Statistiken.

T4 ... wenn man sich auskennt

Wer aus den Zahlenangaben die gewünschten Informationen erhalten will, muss die Tabellen und Schaubilder (Diagramme) allerdings richtig „lesen". Um statistische Angaben richtig auszuwerten, solltest du die methodischen Arbeitsschritte auf dieser Doppelseite beachten.

M3 Steinkohleförderung 1840–1910 (in Mio. t)

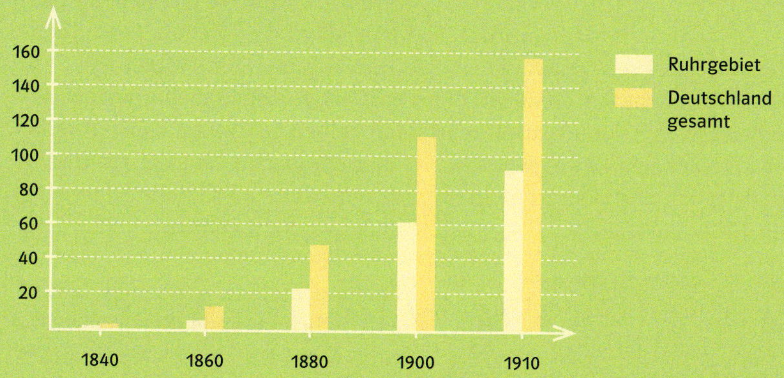

M4 Eisenerzförderung im Ruhrgebiet 1854–1869 (in 1000 t)

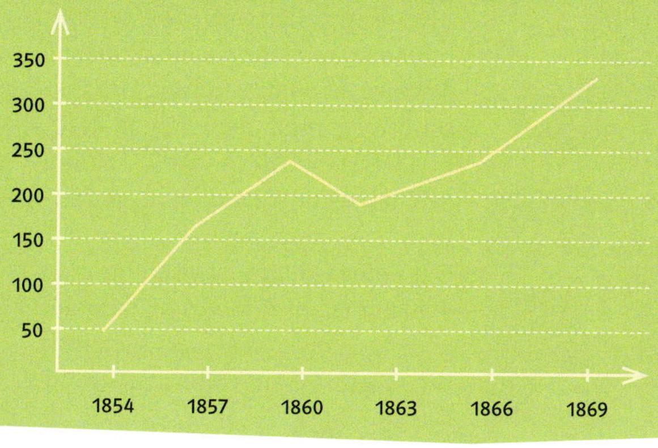

Methode: Statistiken auswerten

1. Thema erkennen:
- Worum geht es in der Statistik? (Meistens steht es in der Überschrift oder in der Legende.)
- Welchen Zeitraum umfassen die Zahlenangaben?

2. Statistik beschreiben:
- Wie wird das statistische Material dargestellt: als Tabelle oder als Diagramm?
- Enthält die Statistik absolute Zahlen oder Prozentangaben?

3. Statistik auswerten:
- Was sagen die angegebenen Daten genau aus?
- Lassen sich Entwicklungen ablesen?

4. Werte die Statistiken M 2 – M 4 mithilfe der methodischen Arbeitsschritte aus.

*
5. Welchen Eindruck vermittelt die Statistik zur Eisenerzförderung im Ruhrgebiet?
Inwiefern verändert sich der gewonnene Eindruck, wenn man die Abstände zwischen den Jahreszahlen verdoppelt bzw. halbiert? (M 4)

500 Meter unter der Erde

Von November 1922 bis Dezember 1923 arbeitete ein verarmter Graf aus Riga als Bergmann im Ruhrgebiet. Seine Erlebnisse und Erfahrungen schilderte er in einem Buch.

T1 Ein adeliger Kohlenschlepper

Geldnot und „eine gewisse Abenteuerlust" trieben den baltischen Grafen Alexander Stenbock-Fermor 1922 ins Ruhrgebiet. Der Student nahm bei der Zeche „Gewerkschaft Deutscher Kaiser" in Hamborn eine Anstellung als Kohlenschlepper an. 1928 veröffentlichte er das Buch „Meine Erlebnisse als Bergarbeiter". Damit wollte er auf die „in schwerer Arbeit und dumpfer Not lebenden Bergarbeiter" aufmerksam machen.

M1 Bergarbeiter der Zeche „Gewerkschaft Deutscher Kaiser" (um 1890)

M2 Ankunft:

„Gegen Abgabe meines Passes und eines ärztlichen Gesundheitsattestes erhielt ich im Büro der Zeche einen besonderen Zechenausweis, wurde als Schlepper zu Revier 12 eingeschrieben und erhielt den Bescheid, am nächsten Morgen sechs Uhr zur ersten Einfahrt bereit zu sein. Als Wohnung wurde mir das „Ledigenheim" – so wurden die Holzbaracken genannt, in denen die unverheirateten Arbeiter zusammen lebten – zu Schacht IV angewiesen. Nun schlug ich den Weg zu meiner neuen Wohnstätte ein. (...)

Ein gewaltig-grausiger Anblick bot sich meinen staunenden Augen. Wohin der Blick schweifte, rechts, links, hinten, vorne: ein Wald von Fabrikschornsteinen, Fördermaschinen, Maschinenhäusern, Kokereien, Hochöfen, Mietskasernen, gespensterhaft schwarz sich abhebend von dem schmutzig-grauen, feucht-nebligen Himmel. Ein Wolkenmeer von schwarzem Rauch und geballten gelben Schwaden lag drückend über der ganzen Landschaft, und es schien, als ob hier die Sonne nie durchstrahlen könne! (...)

Bald tauchten die großen grauen, entsetzlich gleichmäßigen Mietskasernen von Hamborn vor mir auf. Den ersten Arbeitern begegnete ich: müden Gestalten, mit bleich-gelben, eingefallenen Gesichtern ohne bestimmtes Alter, die glanzlosen Augen zu Boden gesenkt. Tief erschütterte mich der Anblick der Arbeiterfrauen. Hohlwangig, stumpf, reizlos, nicht jung und alt, müde, verhärmt, verbraucht. (...)
Das Ledigenheim lag dicht am Schacht IV: drei niedrige, lang gezogene Holzbaracken, in gleichmäßigen Abständen voneinander entfernt (...)"

1. Wo befinden sich die fünf farblich unterlegten Einrichtungen, die der Graf schildert, auf dem Lageplan der Zeche. (M2, M3)

2. In M2, M4, M5 sind acht Fachwörter des Bergbaus unterstrichen. Erkläre ihre Bedeutung. Tipp: Du kannst dazu auch ein Bergbau-Lexikon im Internet nutzen: www.lungau.de/erzweg/frame.htm

3. Die so genannte „Staublunge" ist eine typische Berufskrankheit von Bergleuten. Erkläre mithilfe von M4, wie es zu dieser Erkrankung kommt.

M 3 Lageplan der Hamborner Zeche „Gewerkschaft Deutscher Kaiser“, 1921

M 5 500 Meter unter der Erde:

„Knatternd sausten die Gitterfalltüren nieder – ein scharfer Glockenschlag, und mit einer Geschwindigkeit von acht Metern in der Sekunde stürzten wir in den Abgrund, dass mir die Sinne schwanden. Die 2., 3. und 4. Sohle zischte vorüber – ein mächtiger Ruck, wir standen am Ziel: 5. Sohle – 500 Meter unter der Erde! Ähnlich wie ein Haus durch Stockwerke in verschiedene Abteilungen zerlegt wird, geschah das im Bergwerk durch die Sohlenbildung. Durchschnittlich lagen die Sohlen 100 Meter untereinander. (…)“

M 4 Unter den Kohlenhauern:

„Im Gegensatz zu den Schichtlöhnen, die zum Beispiel die Schachtarbeiter, Bremser, Maschinisten usw. bezogen, erhalten die Hauer Akkordlohn, d. h. sie werden für die Anzahl der Wagen bezahlt, die während der Schicht geladen werden. (…)

Da der Lohn an sich schon sehr gering war, die Hauer meist eine zahlreiche Familie zu ernähren hatten (…), war es naturgemäß, dass die Arbeiter möglichst jede Nebenarbeit, die nicht unbedingt sofort der Kohlengewinnung diente, ausschalteten, d. h. in anderen Worten: gar keine oder nur sehr mangelhafte Schutzmaßnahmen trafen, schlecht ihre Strecke ausbauten, um nur ja das notwendige Pensum zu schaffen. Die Folge dieses Arbeitsprinzips waren fast täglich Quetschungen, Arm- und Beinbrüche, Verschüttungen und Ähnliches. (…)

Nun konnte ich meinen Arbeitsplatz genau in Augenschein nehmen. Die Decke lag so tief, dass ich nicht mal im Hocken, sondern nur im Liegen arbeiten konnte. (…) Ich legte mich auf den Rücken und beklopfte abwechselnd mit der Spitzhacke, Keil und Fäustel die Kohlenwand, die so dicht über mir schwebte, dass ich sie mit der Hand greifen konnte. Bei jedem Hieb staubte eine Kohlenwolke nach allen Seiten, kleine Stücke fielen auf das Gesicht und den nackten Oberkörper. Staub drang in Nase, Mund und Augen, vollkommene Nacht umgab mich, da die Lampe den Dunst nicht zu durchdringen vermochte. (…)

Gewaltig strengte diese Arbeit an, die dampfende, unerträgliche Hitze legte sich schwer auf den Körper, die dunstige, von erstickenden Kohlengasen durchschwängerte Luft drang in die Lungen; in den nackten Rücken, der fest am Boden lag, stachen kleine Steine und Kohlensplitter.“

*
4. Schreibe einen Bericht über das Leben und die Arbeit von Bergleuten am Anfang des 20. Jahrhunderts.
Verwende dazu die Informationen aus dem Buch des Grafen Stenbock-Fermor. (M 2, M 4, M 5)

*
5. Begib dich im Internet (www.dsk.de) auf eine virtuelle Grubenfahrt.
Erläutere anschließend in einem kurzen Referat, wie Steinkohle heutzutage abgebaut, gefördert und weiterverarbeitet wird.

Arbeiter kämpfen für ihre Rechte

Wer alleine ist, findet oft kein Gehör für seine Probleme. Wer sich mit anderen zusammentut, wird viel mehr beachtet. Das erkannten auch die Arbeiter in den Fabriken.

M1 Proletarier (Arbeiter) aller Länder vereinigt euch! Dieses Flugblatt zum 1. Mai 1896 hat Otto Marcus gestaltet. Der 1. Mai wurde 1889 zum „Kampftag der Arbeit" erklärt. 1890 wurde er erstmals mit Massendemonstrationen auf den Straßen gefeiert.

T1 Angst vor der Entlassung
Die meisten Fabrikbesitzer kümmerten sich wenig um ihre Arbeiter. Schließlich warteten genügend Menschen vor den Fabriktoren, die Arbeit suchten. So konnten die Unternehmer die Löhne, die ohnehin kaum zum Leben reichten, noch weiter senken. Wer krank wurde, wer zu alt war, wer die langen Arbeitszeiten nicht durchhielt, musste gehen. Wer sich den Anordnungen der Vorarbeiter widersetzte oder aufgrund neuer Maschinen überflüssig war, wurde einfach entlassen.

T2 Aufstände und Streiks
Das Elend und die Not der Arbeiterfamilien führte an manchen Orten zu gewalttätigen Aktionen. Viele Arbeiter und Handwerker machten die Maschinen für ihre Lage verantwortlich. In England stürmten sie deshalb häufig Fabriken und zerstörten die Einrichtungen. Solche Aufstände blieben in Deutschland aber die Ausnahme. Vielmehr setzten die Arbeiter gewaltlose Streiks ein, um höhere Löhne und bessere Arbeitsbedingungen zu erkämpfen.

T3 Arbeiter organisieren sich ...
Allmählich erkannten die Arbeiter, dass sie die gleichen Probleme und Interessen hatten: Tagsüber schufteten sie unter ähnlichen Bedingungen in den Fabriken und Bergwerken. Nachts hausten sie in den gleichen elenden Wohnungen. Immer mehr Arbeiter schlossen sich in Vereinen zusammen. Sie tauschten Erfahrungen aus, bereiteten Aktionen vor und richteten Notkassen ein. Auf Druck der Arbeitervereine mussten die Behörden 1869 sogar das Streikverbot aufheben und Gewerkschaften zulassen.

T4 ... und gründen Parteien
In Leipzig gründeten Arbeitervertreter aus ganz Deutschland 1863 den „Allgemeinen Deutschen Arbeiterverein" (ADAV). Zum Präsidenten wählten sie den Journalisten Ferdinand Lassalle. Er kämpfte unter anderem für das allgemeine Wahlrecht – allerdings nur für Männer. Sechs Jahre später riefen August Bebel und Wilhelm Liebknecht in Eisenach die „Sozialdemokratische Arbeiterpartei" ins Leben. Sie ver-

»

1. Beschreibe, wie sich die Arbeiter nach und nach immer besser organisierten. (T3, T4)

2. Wie reagierten die Unternehmer auf die politischen Aktivitäten ihrer Arbeiter? (M4)

3. Mit welchen Mitteln sollen sich die Arbeiter laut Flugblatt und Lied gegen die Unterdrückung durch die Unternehmer wehren? (M1, M2) einigte sich 1875 mit dem ADAV. Seit 1890 heißt diese Partei „Sozialdemokratische Partei Deutschlands“ oder kurz: SPD.

T5 Verdächtige Sozialdemokratie
Viele Politiker und Unternehmer misstrauten den Sozialdemokraten zutiefst. 1878 setzte Reichskanzler Bismarck das „Gesetz gegen die gemeingefährlichen Bestrebungen der Sozialdemokratie“ durch. Den Sozialdemokraten war nun jede öffentliche Arbeit verwehrt, Versammlungen und Zeitungen wurden verboten, ihre Anhänger überwacht. Diese Maßnahmen sollten die SPD schwächen, doch das Gegenteil war der Fall: Viele Arbeiter hielten nun noch stärker zur Sozialdemokratie. 1890 musste das „Sozialistengesetz“ wieder aufgehoben werden.

M2 Zur Gründung des „Allgemeinen Deutschen Arbeitervereins“ 1863 schrieb der Dichter Georg Herwegh:

„Mann der Arbeit, aufgewacht!
Und erkenne deine Macht!
Alle Räder stehen still,
wenn dein starker Arm es will.“

Extra

M3 „Der Streik“ (Gemälde von Robert Koehler, 1886)
Arbeiter und ihre Familien strömen zur Villa des Fabrikanten. Vielleicht hat dieser den Lohn gekürzt oder die Arbeitszeiten verlängert. Ein Streik bahnt sich an, aber nicht alle Versammelten sind damit einverstanden.

M4 Aus einer Bekanntmachung der Direktion des Märkisch-Westfälischen Bergwerk-Vereins (1878):

„An unsere Arbeiter.
Wir erklären hiermit, dass wir fortan jedem sofort kündigen werden, der sich an sozial-demokratischen (…) Bestrebungen beteiligt, sei es durch Besuch ihrer Versammlungen, oder von Lokalen, wo solche Blätter ausliegen, oder durch Halten und Verbreiten solcher Blätter, Geldunterstützung oder andere Handlungen ähnlicher Art. Fleiß, Ordnung, Nüchternheit und Sparsamkeit sind die einzigen Mittel, um zu einer gesicherten Existenz zu gelangen und seine Lage zu verbessern.“

4. Beschreibe das Verhalten der einzelnen Figuren auf dem Bild M3. Wer ist wohl für den Streik, wer dagegen?

Bildquellen betrachten

*
5. Lies dir die Legende zu M3 nochmals durch. Worauf hoffen die Befürworter des Streiks wohl? Wovor könnten die Streikgegner Angst haben?

*
6. Steht der Maler des Bildes M3 auf der Seite des Fabrikanten oder auf der Seite der Arbeiter? Begründe deine Meinung.

G wie Gewerkschaften

Kennst du diese Situation? Man hat ein Wort zwar schon mal gehört, weiß aber trotzdem nicht so genau, was es bedeutet. In so einem Fall hilft dir ein Lexikon.

T1 Lexikon = Nachschlagewerk

In Lexika (so heißt die Mehrzahl) findest du zu jedem Stichwort, nach dem du suchst, einen kurzen Text (Artikel). Darin wird die Bedeutung des Wortes erklärt. Darüber hinaus beantwortet der Lexikonartikel weitere Fragen rund um das Stichwort, wie du in dem Beispiel auf dieser Seite erkennen kannst.

M1 Auszug aus einem Lexikonartikel zum Stichwort

„**Gewerkschaften**, Organisationen, in denen sich Arbeitnehmer (Arbeiter, Angestellte, Beamte) zur Durchsetzung v. a. wirtschaftlicher und sozialer Interessen zusammenschließen. Ihre Ziele sind u. a. gerechte Entlohnung, Verminderung der Arbeitszeit, ausreichender Schutz am Arbeitsplatz gegen Unfälle und Krankheit, Sicherung gegen Arbeitslosigkeit, Mitbestimmung im Betrieb, Humanisierung der Arbeitswelt. (...)
Die meisten Ziele (wie z. B. Lohn- und Gehaltsforderungen) versuchen die G. heute beim Abschluss eines neuen Tarifvertrages durchzusetzen. Gelingt dies nicht, so ist der ↑ Streik ein gesetzlich erlaubtes Druckmittel. Eine wesentliche Rolle spielen die G. bei der Bildung von Betriebsräten und bei der innerbetrieblichen ↑ Mitbestimmung. (...)
Geschichte: Im Zuge der Industrialisierung des 19. Jh. entstanden G. im Protest gegen die unzumutbaren Arbeitsbedingungen (z. B. 12- bis 17-Stunden-Tag) und die schlechten sozialen Verhältnisse zuerst in Großbritannien (Trade Unions). (...)
Die größte gewerkschaftliche Organisation ist heute der Deutsche Gewerkschaftsbund (DGB), der acht Einzelgewerkschaften mit insgesamt rund 8 Mio. Mitgliedern umfasst.“

Was sind Gewerkschaften?

Welche Ziele haben Gewerkschaften?

Mit welchen Mitteln versuchen Gewerkschaften, ihre Ziele durchzusetzen?

Wie können Gewerkschaften auf die Arbeitsverhältnisse in einem Betrieb Einfluss nehmen?

Wann und warum entstanden die ersten Gewerkschaften?

Was ist der DGB?

»

1. Was unterscheidet ein Jugendlexikon von einem Lexikon für Erwachsene? (Tipp)

2. Suche zu den fünf Punkten in der Methodenbox jeweils ein Beispiel in den Lexikonartikeln M 1 und M 2.

3. Auf den Seiten 176/177 findest du in diesem Buch wichtige Begriffe zum Thema „Fortschritt im 19. Jahrhundert“. Schlage ihre Bedeutung nach und erstelle dann auf Karteikärtchen ein kleines Fachlexikon zu diesem Thema.

4. Schlage die Begriffe „Lexikon“ und „Wörterbuch“ nach. Erkläre anschließend, was ein Lexikon von einem Wörterbuch unterscheidet.

Tipp

Jugendlexikon
Es gibt Lexika, die extra für Jugendliche geschrieben wurden. In ihnen sind die Artikel meist nicht so umfangreich und einfacher zu verstehen.

M 2 Auszug aus einem Lexikonartikel zum Stichwort

»**Streik** (engl.) der, die gemeinsame, planmäßige Einstellung der Arbeit durch eine Gruppe von Arbeitnehmern, um den Arbeitgeber zu veranlassen, bestimmten Forderungen (z. B. nach mehr Lohn oder kürzerer Arbeitszeit) nachzugeben. Die Arbeitgeber können ihrerseits als äußerstes Mittel die Aussperrung einsetzen, indem sie den Zugang zum Betrieb vorübergehend schließen.
Die Gewerkschaften organisieren einen S., wenn vorangegangene Verhandlungen ergebnislos geblieben sind und sich in einer Abstimmung der Gewerkschaftsmitglieder (↑ Urabstimmung) ein bestimmter Teil für den S. ausgesprochen hat.
Die Arbeitsniederlegung ohne gewerkschaftliche Leitung wird als wilder Streik bezeichnet. Ohne Urabstimmung kann nur ein Warnstreik (in der Regel) erfolgen. Der Schwerpunktstreik beschränkt sich nur auf ausgesuchte Betriebe. Beim Bummelstreik werden die Dienstvorschriften so genau befolgt, dass die Arbeit nur schleppend vorangeht. (...)«

Aus welcher Sprache stammt ...?

Heißt es der, die oder das ...?

Wer beteiligt sich ...?

Wofür streiken ...?

Mit welchen Mitteln ...?

Unter welchen Voraussetzungen ...?

Wie nennt man ...?

Was für unterschiedliche Arten ...?

Methode: Ein Lexikon benutzen

1. Die Stichwörter sind fett gedruckt und nach dem Alphabet geordnet.
2. Bei Fremdwörtern wird nach dem Stichwort der Artikel angegeben: der (männlich), die (weiblich), das (sächlich).
3. Bei Fremdwörtern wird angegeben, aus welcher Sprache das Wort stammt (z. B. engl. = englisch, frz. = französisch, lat. = lateinisch).
4. Der Pfeil ↑ steht vor Begriffen, zu denen es im Lexikon einen eigenen Artikel gibt.
5. Häufig werden Zeichen und Abkürzungen verwendet. In der Anleitung zur Benutzung des Lexikons steht, was sie bedeuten.

*
5. Partnerarbeit: Lest den Lexikonartikel M 1 zwei- bis dreimal durch. Stellt euch danach abwechselnd die sechs Fragen, die ihr am Rande des Artikels findet.

*
6. Vervollständige in deinem Heft die Fragen am Rande des Lexikonartikels M 2.
Notiere auch die richtigen Antworten.

Auf dem Weg zur Gleichberechtigung

Gleicher Lohn für gleiche Arbeit – diese Forderung der Frauen blieb lange unerfüllt. Und wie sieht es heute aus?

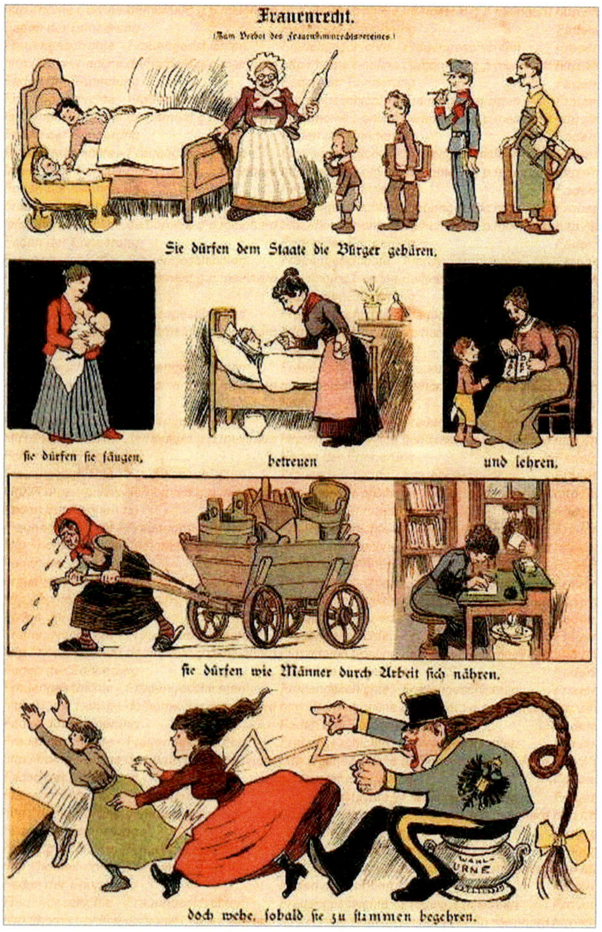

M1 Frauenrecht (zeitgenössische Karikatur)
Die Bildunterschriften lauten: Sie dürfen dem Staat die Bürger gebären, sie dürfen sie säugen, betreuen und lehren, sie dürfen wie Männer durch Arbeit sich nähren, doch wehe, sobald sie zu stimmen begehren.

T1 Frauen in den Fabriken

Viele Mädchen und Frauen waren gezwungen, in den Fabriken zu arbeiten. Der Verdienst der Männer reichte nicht aus, um die Familien zu ernähren. Dabei lagen die Löhne der weiblichen Arbeiterinnen erheblich unter denen der Männer. Die Arbeitszeit der Mädchen und Frauen betrug 11 bis 14 Stunden. Viele Arbeiterinnen schlossen sich der Frauenbewegung an. Sie kämpften für einen 10-Stunden-Tag, für besseren Arbeitsschutz, für gute Bildung sowie für das Frauenwahlrecht.

M2 Löhne der Frauen und Männer 1888 in Mark

Industriezweig	Männer	Frauen
Walzwerk	2,46	0,98
Stahlwerk	2,54	1,33
Zuckerfabrik	1,73	0,53
Porzellanfabrik	1,32	0,34
Wollwarenfabrik	1,65	0,98
Baumwollspinnerei	1,34	0,63
Tabak- und Zigarrenfabrik	2,08	1,06
Pulverfabrik	1,86	0,61

T2 Internationaler Frauentag

Der erste Internationale Frauentag fand am 19. März 1911 statt. Millionen von Frauen in Dänemark, Deutschland, Österreich, der Schweiz und den USA beteiligten sich. Sie stellten die Forderung nach neuen Arbeitsschutzgesetzen auf. Sie verlangten einen 8-Stunden-Tag, gleichen Lohn für gleiche Arbeit, ausreichenden Mutter- und Kinderschutz, die Festsetzung von Mindestlöhnen und ein Wahl- und Stimmrecht für Frauen. Diese Forderungen von 1911 sind teilweise auch heute noch aktuell.

»

1. Erkläre mit eigenen Worten, warum Mädchen und Frauen in den Fabriken arbeiten mussten (T1).

2. Beschreibe die einzelnen Bilder der Karikatur (M1). Welche Meinung hat wohl der Zeichner zu den Forderungen der Frauen?

3. Die Löhne für Männer und Frauen waren sehr unterschiedlich. Sieh dir M2 an. Fertige eine Tabelle an, die den jeweiligen Unterschied deutlich macht, z. B. verdienten die Frauen im Walzwerk 1,48 Mark weniger als die Männer.

4. Ist die Forderung der Frauen „gleicher Lohn für gleiche Arbeit“ verständlich? Fertigt Plakate und Protestbriefe an, die die Forderung der Frauen unterstützen.

M 3 Zigarrenmacher (Gemälde von J. Marx, 1889)

M 4 Diesen Bericht einer Fabrikarbeiterin druckte die Zeitung im Jahre 1909:

» Wenn der Morgen grau heraufdämmert, so eilen wir (...) mit unseren kleinen Kindern in Scharen durch die Gassen, um die Kleinen tagsüber unterzubringen. (...) Sind die Kinder versorgt, so laufen die Mütter hastig zur Fabrik, um an surrenden Maschinen ein Stück Brot zu verdienen. (...) Um ½ 12 Uhr mittags geht es im Laufschritt (...) nach Hause, um das berühmte Proletarieressen, Kartoffeln und Hering, zu richten. (...) Um 1 Uhr geht es dann wieder im Trab in die Fabrik, wo wir müde und gehetzt bis halb 6 oder halb 7 schanzen. (...) Sobald wir gegessen haben und die Kinder zu Bett gebracht sind, beginnt für uns Frauen die Quälerei von neuem. (...) Wir hasten an den Bach, um zu waschen. Gar manchmal wird es 12 Uhr und noch später, bis wir damit fertig sind. «

M 5 Am 8. März 1975 feierte der Frauentag seinen 75. Geburtstag. Seit dieser Zeit ist es üblich, Frauen an diesem Tag eine Rose zu schenken. Auf einer Frauenkonferenz im Jahr 1921 hatte man festgelegt, den Internationalen Frauentag immer am 8. März eines Jahres zu feiern.

‹ Extra ›

M 6 DGB-Aufruf zum Internationalen Frauentag 2007 – Auszug:

» Frauen sehen jedes Jahr den Internationalen Frauentag als Gelegenheit, ihre Anliegen öffentlich darzustellen. Sie weisen immer wieder darauf hin, dass die Themen nicht nur für einen Tag bestimmt sind. Am 8. März 2007 fordern die Frauen u. a.

- den gleichen Zugang zu Karriere- und Weiterbildungschancen
- gleichen Lohn für gleiche Arbeit
- sicheres Einkommen statt Dumpinglohn, Dauerpraktikum und Minijob
- einen Mindestlohn, der deutlich über der Armutsgrenze liegt
- Bildungs- und Betreuungseinrichtungen für Kinder aller Altersstufen «

5. Aus Berichten wissen wir, dass die schwer arbeitenden Menschen mit etwa 45 Jahren aussahen wie alte Greise. Lies M 4 genau. Kannst du begründen, warum Frauen so schnell alterten?

6. Beschreibe M 3. Beachte auch den Arbeitsplatz bzw. Raum. Kannst du erklären, warum der Maler nur von Zigarrenmachern spricht?

* **7.** Beschreibe den Aufruf des Deutschen Gewerkschaftsbundes zum Frauentag mit eigenen Worten. Kannst du das Motto erklären? Vergleiche dann die Forderungen von 1911 (T 2) mit denen von 2007.

Kirchen und Staat

In wirtschaftlich schweren Zeiten kümmerten sich einzelne Männer und Frauen, aber auch Institutionen, um die Arbeiter und deren Familien.

T1 Christliche Nächstenliebe

Den Arbeitern und ihren Familien ging es sehr schlecht. Die beiden christlichen Kirchen sahen dies Elend und forderten Verbesserungen: die Verkürzung der täglichen Arbeitszeit, einen gerechten Arbeitslohn, das Verbot der Kinderarbeit.

Um in den Arbeiterfamilien unmittelbar helfen zu können, gründeten die Kirchen eigene Organisationen: 1848 die evangelische „Innere Mission" und 1897 die katholische „Caritas".

T2 Auch Unternehmer wurden aktiv

Manche Unternehmer sahen ein, dass die Vergrößerung des Gewinns nicht das einzige Ziel ihrer Tätigkeit sein konnte. Sie hatten erkannt, dass ein Betrieb ein besseres Ergebnis erwirtschaftet, wenn die Menschen, die darin arbeiten, zufrieden sind.

So gründete beispielsweise der Essener Fabrikant Alfred Krupp eine Betriebskrankenkasse und ließ Werkswohnungen für Arbeiterfamilien bauen. Er erwartete dafür Betriebstreue und politisches Wohlverhalten.

M1 Der Pfarrer Johann Hinrich Wichern richtete für verwahrloste und verwaiste Kinder das „Raue Haus" ein. Hier wohnten die Kinder in Gruppen zusammen. Sie lernten lesen und schreiben und konnten in Lehrbetrieben eine Ausbildung erlernen. (zeitgenössischer Stich)

»

1. Welche Organisationen gründeten die christlichen Kirchen, um den Arbeitern und ihren Familien zu helfen? (T1)

2. Unternehmer wurden aktiv. Beschreibe deren Maßnahmen. Versuche anschließend mithilfe von T2 und M4 ihre Motive herauszufinden.

3. Auch der Staat reagierte. Wie sahen seine Maßnahmen aus? (T3, M3) Hatte der Staat einen besonderen Grund für sein Handeln?

T3 Staatliche Sozialpolitik

Die Regierung fürchtete, dass sich die Arbeiter noch stärker den Sozialdemokraten zuwenden würden. Deshalb erließ Reichskanzler Otto von Bismarck Sozialgesetze. 1883 trat die Krankenversicherung, 1884 die Unfallversicherung und 1889 die Invaliditäts- und Altersversicherung in Kraft.

M 4 Karikatur aus dem Jahre 1905
Die Unterschrift lautete: „Der Kapitalist: So! Der läuft mir nicht mehr davon !"

M 2 Auszug aus einem Zeitungsartikel vom 12. 1. 1866:

„Gestern wurde uns ein Schreiben eines Arbeiters überbracht, in welchem mehrere Fälle zusammengestellt sind, die beweisen, wie schlecht bis jetzt für die Invaliden der Arbeit gesorgt wird.

1. Ein Arbeiter, welcher in einer Fabrik eine Reihe von Jahren gearbeitet hat, ist jetzt über ein halbes Jahr krank. Dieser erhält aus der städtischen Unterstützungskasse kein Geld mehr, seine Kameraden legen wöchentlich einen Betrag zusammen, damit er nicht vor Hunger und Elend umkommt.

2. Ein Arbeiter, der über ein Brett muss, gleitet aus und fällt mit einem Bein in heiße Lauge. Er kommt ins Krankenhaus und die Kosten, welche dadurch erwachsen, werden ihm später monatlich von seinem verdienten Lohne abgehalten.

Es ist in neuerer Zeit mehrfach ausgesprochen worden, dass die Fabrikanten durch ein Gesetz gezwungen werden müssten, für ihre Invaliden ausreichend zu sorgen. Andere haben gemeint, der Staat müsste dies tun."

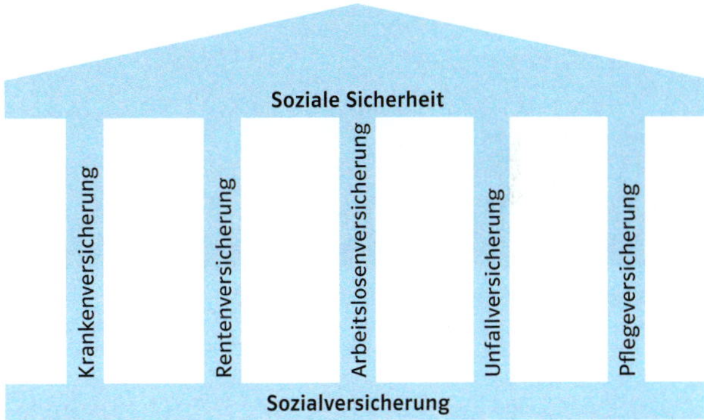

M 5 Soziale Sicherheit heute. Nach dem Grundgesetz ist die Bundesrepublik Deutschland ein „demokratischer und sozialer Bundesstaat". Ein wichtiger Eckfeiler des Sozialstaates ist die gesetzliche Sozialversicherung.

M 3 Sozialversicherung im deutschen Kaiserreich

Versicherungsart	Leistungen
Krankenversicherung 1883 für gewerbliche Arbeiter und (freiwillig ab 1882) Angehörige	ärztliche Behandlung und Medizin, Krankenhauskosten; nach zweitägiger Wartezeit Krankengeld (50 % des Durchschnittslohns, max. 2 Mark/Tag)
Unfallversicherung 1884 für gewerbliche Arbeiter	Heilungskosten; bei Erwerbsunfähigkeit 2/3 des Einkommens, 1/3 für Witwen
Invaliden- und Altersversicherung 1889 für Gewerbe- und Landarbeiter (ab 1911 auch für Familienangehörige)	Invalidenrente bei Erwerbsunfähigkeit (1911): 1,1 Mio. Rentenbezieher von durchschnittlich 187 Mark/Jahr; Altersrente ab 70. Lebensjahr und nach 30 Beitragsjahren (ab 1900: 24 Beitragsjahre)

4. Erkläre mit eigenen Worten, warum eine Invalidenversicherung im Industriezeitalter dringend nötig war. (M 3)

5. Die christlichen Kirchen kümmerten sich auch um Kinder und Jugendliche. Beschreibe mithilfe von M 1 ihre Maßnahmen und bewerte sie. Frage deinen Religionslehrer nach weiteren Frauen und Männern, die sich für die Arbeiter und deren Familien einsetzten.

* **6.** „Die deutsche Sozialversicherung steht in der ganzen Welt vorbildlich und unerreicht da", so heißt es in einer Schrift von 1913. Finde Argumente für diese Behauptung. Vergleiche anschließend M 3 mit M 5. Was stellst du fest?

Umwelt im Industriezeitalter

Die Industrie boomte. Es änderte sich viel. Aber wie ging es den Menschen? Und wie sah ihre Umwelt aus?

M1 Essen 1829 (zeitgenössisches Gemälde)

M2 Essen um 1900 (Foto)

T1 Rauchende Fabrikschlote – Zeichen für Arbeit und Wohlstand?
Fabriken, Stahlwerke und Bergbauzechen brachten Fortschritt und Wohlstand. Aber was brachten sie den Menschen und der Umwelt noch? Die Industrialisierung bereitete den Menschen auch Probleme. Es gab Unfälle in den Fabriken, Explosionen in den Bergwerken. Kohle und Koks setzten Ruß, Rauch und giftige Abgase frei. Darunter litten nicht nur die Arbeiter und deren Familien, sondern vor allem die Armen. Ihre Wohnungen lagen meist in unmittelbarer Nähe der Fabriken und Zechen. Die Abwässer aus den Fabriken, sogar aus den Chemiebetrieben, wurden direkt in die Flüsse geleitet. Die Gewässer waren noch lange Zeit „natürliche" Entsorgungswege.

1. Erkläre mit eigenen Worten, warum rauchende Fabrikschlote nicht nur Zeichen für Arbeit und Wohlstand waren. (T1)

2. Beschreibe mithilfe von M3 und M6, welchen Gefahren die Menschen während ihrer täglichen Arbeit ausgesetzt waren.

3. Vergleiche die Bilder M1 und M2 miteinander.

Bilder verstehen

M 3 Helga Jungblut aus Oberhausen lebte von 1924 bis 1999. Sie erinnert sich an die Schilderungen ihrer Großmutter. Diese erzählte:

„Ich hatte immer Angst, die Angst wird man nicht los. Meine Brüder und ich waren Bergmannskinder. Mein Vater und auch dessen Brüder arbeiteten auf der Zeche Radbod in Hamm. Wenn sie zur Schicht gingen, wünschten wir ihnen immer „Glück auf" und hofften, dass sie gesund wiederkommen. Ich weiß noch ganz genau, dass ich oft aus dem Fenster schaute, wenn ihre Schicht beendet war und sie nach Hause kommen mussten. Aber im November 1908 passierte ein Unglück. Es gab eine Explosion und Feuer breitete sich in den Untertageanlagen der Zeche aus. Über 340 Bergleute starben, darunter auch mein Onkel. Als Brandursache vermutete man eine defekte Benzinsicherheitslampe. Als eine Folge dieser Katastrophe wurden elektrische Sicherheitslampen vorgeschrieben. Jedoch die Angst blieb."

M 4 Unfall in einer Maschinenfabrik. (Gemälde von J. Bahr, 1889)

M 5 In einem Zeitungsbericht von 1905 heißt es:

„Ein widerlicher Anblick bot sich am Himmelfahrtstage den zahlreichen Spaziergängern dar, die ihre Schritte nach den jenseits der Nahe gelegenen Waldanlagen gelenkt hatten, um dort Ruhe und Erholung zu suchen. In kalkmilchartiger Färbung floss das Wasser der Nahe langsam dahin – die lange Dürre hat das Nahebett an manchen Stellen trockengelegt – Tausende und Abertausende toter und sterbender Fische, darunter Hechte und Forellen trieben in der Flut. (...) Die Angelegenheit ist der Staatsanwaltschaft zur näheren Untersuchung übergeben worden. Hoffentlich gelingt es dieser, hier endlich einmal einen Wandel zu schaffen."

M 6 Stark demolierte Benzin-Grubenlampe, die nach dem Unglück auf der Zeche Radbod gefunden wurde. (Foto von 1908)

4. Es war schon damals schwer, die Verursacher für Umweltzerstörungen herauszufinden. Gib den Bericht M 5 mit eigenen Worten wieder. Sind dir ähnliche Berichte von heute bekannt?

*
5. Betrachte M 4 genau. Was ist passiert? Wie verhalten sich die verschiedenen Personen? Welche Gedanken könnten ihnen durch den Kopf gehen?

Auswanderung im 19. Jahrhundert

Wanderungen von Menschen in andere Länder sind keine Ausnahme. Eine große Wanderbewegung gab es im 19. Jahrhundert, als tausende Europäer ihren Kontinent verließen.

T1 Von der Landwirtschaft zur Industrie
Das 19. Jahrhundert war das Zeitalter der großen industriellen Entwicklungen. Das wirtschaftliche Leben in Europa veränderte sich. Die Industrie wurde immer wichtiger. Die Landwirtschaft verlor an Bedeutung.

T2 Die veränderte Gesellschaft
Der Wandel von einer landwirtschaftlich geprägten Gesellschaft (Agrargesellschaft) zu einer Industriegesellschaft hatte Folgen. Er führte in vielen Gebieten Europas zu einer Bevölkerungsexplosion. Für diese vielen Menschen gab es aber nicht genug Arbeit, es kam zur Arbeitslosigkeit. Als auch noch schlechte Ernten und in Folge davon Hungersnöte dazukamen, beschlossen viele Menschen auszuwandern: in die USA, nach Brasilien und nach Argentinien.

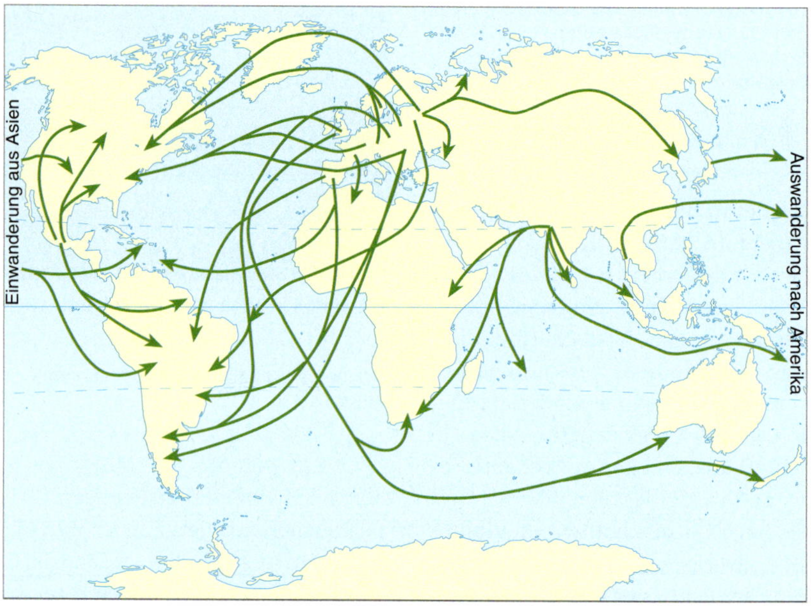

M1 Migrationsströme: Auswanderung 1815 – 1914

T3 Die Reise
Die Überfahrt von Europa nach Amerika war im 19. Jahrhundert beschwerlich. Die Reise von Hamburg nach New York dauerte mit dem Schiff etwa drei bis vier Wochen. Auf viele Auswanderer machte dabei das offene Meer mit seinem Wellengang großen Eindruck. Doch das tägliche Leben an Bord war für die Reisenden der einfachen Klassen hart. Viele Menschen verbrachten deshalb viel Zeit im Freien.

T4 Das neue Land
Was man im neuen Land suchte, fand man jedoch nicht sofort. Viele Einwanderer mussten noch härter arbeiten als in der Heimat. Einen Unterschied gab es aber. Sie spürten, dass ein gesellschaftlicher Aufstieg möglich war. Diese Hoffnung erfüllte sich bei einigen sehr schnell. Nur wenige kehrten wieder zurück.

»

1. Warum verändert sich Europa im 19. Jahrhundert stark? (T1)

2. Welche Probleme entstehen durch diese Veränderungen? (T2)

3. Beschreibe anhand der Quelle M3 und des Bildes M2, was man über den Zustand auf den Schiffen erfahren kann.

M 2 Reisende des Zwischendecks auf dem Weg in die USA (Foto, 1890)

M 3 Willi Zimmermann schreibt 1859 an seine Frau in Deutschland über die Schiffsreise nach Amerika:

» fragst (…) welche Sachen Du (…) zu kaufen hast, z. B. Blecherne Teller und Esnapf so wie Blecherne Trinkgeschirr (…) sey überhaupt vorsichtig mit den Kindern das sie nicht zu Waghalsig sind und durch unvorsichtigkeit über Bord fallen oder von einer schlagwelle fortgespült werden dan sind sie verloren sehr gerne hätte ich gehabt Ihr hättet in der 2ten Cajütte sein können den in Zwischen-Deck ist erstens der Schiffsgeruch und der gestank von all den Menschen die da zusammen gedrängt sind kaum auszuhalten, und 2ten das Rohe benehmen der gewöhnlichen Menschen und die Sauerei das einer bei der größten Vorsicht und Reinlickeit voller läuse wird. «

4. Arbeite mit Karte M 1 und notiere deine Beobachtungen:
a) Was zeigt sie?
b) Was fällt besonders auf?
c) Wohin wandern die meisten Auswanderer hin?

* **5.** Versetze dich in die Lage einer Person auf dem Bild M 2. Schreibe einen Brief zu deinen Verwandten nach Hause, wie die Schiffsreise war. Unterstreiche im Brief die Teile rot, die du mithilfe des Bildes erzählst.

* **6.** Der Brief M 3 gibt Ratschläge für die Überfahrt. Welche Fragen bleiben offen? Welche Fragen könnte seine Frau noch gehabt haben? Wie könnten wir heute Antworten auf diese Fragen finden?

Warum wanderten die Menschen aus?

Es gibt viele Gründe, warum Menschen ihre Heimat verlassen. Neben den wirtschaftlichen Gründen spielen auch ganz persönliche Überlegungen und Ängste eine Rolle.

T1 Die deutsche Situation

Die deutsche Auswanderung nach Amerika fand vor allem zwischen 1850 und 1880 statt. Es waren pro Jahr etwa 200 000 Deutsche, die den Atlantik überquerten. Sie wollten ein neues Leben beginnen.

T2 Verschiedene Gründe

Die Gründe für die Auswanderung waren ganz unterschiedlich. Neben schlechtem Verdienst oder Arbeitslosigkeit gab es eine Vielzahl an persönlichen Gründen, um das Heimatland zu verlassen.

T3 Auslöser

Wer auswandern wollte, wurde meist durch ein persönliches Ereignis dazu gebracht. Dieser Auslöser konnte der Verlust der Arbeit sein, aber auch ein familiäres Problem (z. B. Tod der Eltern). Erst durch solche Ereignisse wollten viele die Heimat verlassen.

M1 Europäische Auswanderer auf einem Schiff (Holzstich, 1874)

T4 Informationen

Für die tatsächliche Auswanderung waren auch die Informationen über das Zielland wichtig. Nur wenige gingen von zu Hause weg, ohne etwas über das neue Land zu wissen. Viele Bundesstaaten der USA machten Werbung in Europa. In Werbeschriften wurde das Land gepriesen und mit den niedrigen Preisen für Ackerland geworben.

T5 Briefen und Berichte

Die stärkste Wirkung ging aber von Briefen und Berichten aus, die Auswanderer in die Heimat schickten. In den Briefen wurde von der Überfahrt erzählt, man erfuhr die aktuellen Preise und erhielt Tipps für die Reise. Die Erfahrungen in den USA waren jedoch sehr unterschiedlich. Meist dominierte aber die Hoffnung auf ein besseres Leben.

»

1. Wann wanderten im 19. Jahrhundert die meisten Menschen aus den deutschen Gebieten aus? (T1)

2. Sprecht über die Übersicht M3. Warum können die Punkte für eine Auswanderung von Bedeutung sein?

3. Diskutiert darüber, warum die Menschen, die schon über eine Auswanderung nachgedacht haben, einen Auslöser für die endgültige Entscheidung benötigten. Warum sind sie nicht schon früher gegangen? (T3)

4. Lest den Brief M2 und versetzt euch in die Lage der Eltern oder der Geschwister. Was erfahren sie über die USA? Welchen Eindruck werden sie von diesem Land erhalten haben?

M 2 Brief von Joseph Ignaz Scheuermann, der im Frühjahr 1872 von Deutschland in die USA auswanderte. Im Oktober schreibt er aus Maysville (Kentucky) nach Hause:

„Liebe Eltern und Geschwister Gott zum Gruß, die Liebe macht, daß ich schreiben muß. Theuere Eltern, Euren Brief vom 27 (September) habe ich erhalten und beym lesen desselben entquollen Thränen aus meinen Augen weil ich sah daß Eure Liebe zu mihr noch nicht erloschen ist (...)
Ich bin Gott sey Dank recht Gesund und verdien vieles Geld, Ich bin 2 M bey einem deutschen Bauer gewesen erhielt den Monat 15 Dollar seyd dem 12 August bin ich in einer Bierbrauerei und erhalt den Monat 20 Dollar, Dollar ist 2 fl 30
Es ist sehr schön in diesem Land jeden Monat kann mann seinen Dienst wechseln wenn es einem nicht gefallt. Ein Handwerk zu lernen, kostet kein Lehrgeld wie in Deutschland, sondern es wird ein jeder nach seiner Arbeit bezahlt, hat einer sehr gute Kost 3 x Fleisch Wurst u viele gute Sachen auf dem Tisch; Ich habe schon gute fortschritte in diesem Geschäft gemacht, ich kann heute schon ein gutes Bier machen, und trinke auch manches Glas (...)
Es gefällt mir recht gut ihn diesen Lande Ich hätte keinen Kummer wenn ich nur jeden Monat Euch einmal sprechen könnte (...) Eueren theuren Sohn u Bruder
J Ignaz Scheuermann“

Sprache
Ängste/Mut
Familie/Freunde
Liebe
Kontakte ins Zielland
Aus- und Einreisebestimmungen
Kosten für die Reise
Träume/Wünsche

M 3 Übersicht über die Punkte, die eine Rolle spielen, wenn Menschen über eine Auswanderung nachdenken

Extra

M 4 Migration – ein globales Phänomen:

„Migration ist heute ein „globales Phänomen“. Es handelt sich also um Entwicklungen, von denen die ganze Welt betroffen ist. Dies können wir aber nur schwer überblicken. Wir sprechen daher meist in Zahlen. Es heißt dann: 2005 gab es weltweit etwa 191 Millionen Migranten. Hinter den Zahlen verstecken sich aber Menschen und ihr Leben. Diese Menschen leben nicht auf einer „globalen Ebene“. Sie leben an bestimmten Orten (lokale Ebene). Daher muss man, wenn man globale Phänomene verstehen will, die lokale Ebene beachten. Dort leben die Menschen. Über sie können wir versuchen, weltweite Zusammenhänge zu verstehen.
Denken wir noch einmal an die deutschen Auswanderer, die nach Amerika gingen. Sie bleiben teilweise mit ihrer Familie und mit Freunden in Kontakt. Sie schreiben Briefe nach Hause und berichten über das neue Leben. Manchmal wandern so auch Freunde oder Familienangehörige nach.
Obwohl es sich hier um ein „globales Phänomen“ handelt, spielen ganz konkrete Orte auf der Welt eine wichtige Rolle. In diesem Fall werden diese zwei Orte durch die Informationen aus den Briefen und durch persönlichen Kontakt verbunden. Ein Netzwerk entsteht.
Wenn es sehr viele Kontakte auf der Welt gibt (Informationsaustausch, Handel, Reisen, ...), ensteht ein dichtes Spinnennetz. Je dichter solche Netze auf der Welt sind, desto spürbarer sind die „globalen Phänomene“.“

5. Kann man aus dem Brief M 2 auch erfahren, was in den USA anders ist als in Deutschland? Wen könnte dies zur Auswanderung bewegen?

* **6.** Überlegt anhand der Übersicht M 3, ob die Einwanderer, die heute zu uns kommen, auch über diese Dinge nachdenken. Begründet eure Überlegungen.

* **7.** Überlege dir, in welchen Bereichen du heute derartige Netze in deinem Leben wahrnimmst. Welche Auswirkungen haben sie auf dich? (M 4)

Von der „Maloche“ zur Dienstleistung

1950 gab es 177 Bergwerke in Deutschland, 2007 waren es nur noch acht. Und im Jahre 2018 soll auch die letzte Zeche schließen. Was sind die Gründe für diese Entwicklung?

M1 Oberhausen früher: Gutehoffnungshütte mit Gasometer

M2 Oberhausen heute: An der Stelle des Hüttenwerkes steht das CentrO, eines der größten Einkaufszentren des Ruhrgebietes. Der Gasometer dient als Aussichtsturm und Ausstellungsraum.

T1 Stahl und Kohle in der Krise

Rund 150 Jahre lang war das Ruhrgebiet der Motor der deutschen Industrie. Stahl und Kohle hatten dem Revier großen Wohlstand gebracht. Fast jeder dritte Arbeitnehmer „malochte“ unter Tage oder im Stahlwerk. Als es in den 1960er-Jahren mit den Bergbauzechen und Hüttenwerken „bergab“ ging, bedeutete das den Niedergang einer ganzen Region. Mehr und mehr Zechen wurden geschlossen, Hochöfen stillgelegt und Arbeitsplätze vernichtet.

T2 Neue Energien

Wie war es zum „Zechensterben“ gekommen? Zum einen ersetzten Erdöl und Erdgas allmählich die Kohle als Energieträger. Zum anderen wurden immer leistungsfähigere Hochöfen gebaut: Hatte man zum Schmelzen von einer Tonne Roheisen lange Zeit eine Tonne Koks benötigt, brauchten die neueren Öfen nur noch 540 kg Koks. Auch brauchte man immer weniger Stahl. Viele Werke waren deshalb nicht mehr ausgelastet und mussten schließen.

T3 Das Ruhrgebiet verändert sich

Langsam reifte in den Köpfen der Menschen die schmerzhafte Erkenntnis, dass die Dauerkrise nur zu überwinden war, wenn man sich neuen Wirtschaftsbereichen zuwandte. Medientechnik, Computer und Elektronik sollten die Zukunft des Ruhrgebiets sichern.
In der Kohle- und Stahlindustrie arbeiten heute nur noch knapp 9 % der Erwerbstätigen. Dafür entstanden ab Mitte der 1980er-Jahre über 200 000 neue Arbeitsplätze vor allem im Dienstleistungsbereich. Industrieanlagen sind großen Einkaufs- und Technologiezentren gewichen, ehemalige Zechen sind neue High-Tech-Unternehmen.

»

1. „Malochen“ ist Ruhrgebietssprache und bedeutet …
(T1)

2. Erkläre, warum in Deutschland immer mehr Bergwerke schließen müssen. (T2, T3)

3. Werte die Statistik M4 aus.

Statistiken auswerten

M 5 **Die stillgelegte Zeche „Zollverein" im Essener Norden**
Im alten Kesselhaus befindet sich das Design-Zentrum NRW. Die ehemalige Lesebandhalle wird als Konzertsaal genutzt. Ein Ruhrmuseum ist in Planung.

M 3 NRW-Ministerpräsident Jürgen Rüttgers über die Veränderungen im Ruhrgebiet (Recklinghausen 1999):

„In 140 Zechen wurde früher im Ruhrgebiet Kohle gemacht. Im größten Industriegebiet Europas ist die Arbeit immer noch zu Hause, aber in Kohle und Stahl ist nur noch ein Bruchteil der Menschen beschäftigt. Ruhrgebiet, das bedeutet heute nicht mehr nur Zeche und Hochofen, Duisburg-Rheinhausen, Zollverein, Brieftauben, Ruhrschnellweg und Schalke, sondern mittlerweile auch: High Tech und Dienstleistung, Musical und Shopping, Kunst und Kultur. All die Veränderungen und Entwicklungen sind an den Menschen nicht spurlos vorübergegangen. Viele mussten sich beruflich und wirtschaftlich völlig neu orientieren. Sie erlebten persönliche Umbrüche, die in Deutschland höchstens noch von denen in den neuen Ländern nach der Wende übertroffen werden."

T 4 Noch ein langer Weg

Doch der Weg von Stahl und Kohle zum Dienstleistungsbereich ist langwierig und schwierig. Längst nicht alle ehemaligen Bergarbeiter fanden einen neuen Arbeitsplatz. Arbeitslosigkeit und Unsicherheit bestimmen deshalb das Leben von vielen Menschen in der Region. Der Wandel ist zwar eingeleitet, aber noch längst nicht abgeschlossen.

M 4 Der deutsche Steinkohlenbergbau (1950 – 2006)

Jahr	Zahl der fördernden Bergwerke	Förderung (in 1000 Tonnen)	Zahl der Belegschaft insgesamt
1950	177	125 739	538 076
1960	146	142 287	490190
1970	69	111 271	252 742
1980	39	86 574	186 822
1990	27	69 762	130 255
2000	12	33 309	58 082
2006	8	20 673	35 415

*
4. Vergleiche M 1 und M 2 miteinander. Kannst du die Veränderungen erklären?

*
5. Welche Folgen haben die Veränderungen in der Arbeitswelt für die Menschen im Ruhrgebiet? (T 3, T 4, M 3)

*
6. Erläutere, inwiefern die Zeche „Zollverein" ein Beispiel für den Wandel im Ruhrgebiet ist. (M 5)

Ein Rückblick auf den Fortschritt

1. Eine Antwort auswählen

Entscheide, welche der drei Antwortmöglichkeiten stimmt.

1. Die erste deutsche Eisenbahn fuhr von ...
a) ... Dortmund nach Köln.
b) ... Nürnberg nach Fürth.
c) ... Rostock nach Rügen.

2. „Adler" hieß ...
a) ... die erste deutsche Lokomotive.
b) ... das erste deutsche Segelflugzeug.
c) ... das erste deutsche Dampfschiff.

3. „Caritas" und „Innere Mission" sind ...
a) ... staatliche Hilfsorganisationen.
b) ... gewerkschaftliche Hilfsorganisationen.
c) ... kirchliche Hilfsorganisationen.

4. Die „Spinning Jenny" war ...
a) ... eine berühmte Erfinderin.
b) ... eine handbetriebene Spinnmaschine.
c) ... ein mechanischer Webstuhl.

5. James Watt erfand 1769 ...
a) ... die Glühlampe.
b) ... die Dampfmaschine.
c) ... das Bügeleisen.

2. Wörter finden

a) Hier lebten viele Arbeiterfamilien.
b) Bergmann, der Bodenschätze und Gestein abtransportiert.
c) Typische Berufskrankheit von Bergleuten.
d) Benötigt man zur Herstellung von Stahl.
e) Bergleute nennen sie auch „Grubengold" oder „Schwarzes Gold".
f) Ein anderes Wort für ein Bergwerk/eine Zeche.
g) Schwere Arbeit.
h) Anlage zur Erzeugung von Eisen und/oder Stahl.

H	Ü	T	T	E	N	W	E	R	K	A	H
V	Ö	S	T	Z	P	J	L	U	C	G	K
B	M	C	I	E	I	S	E	N	H	B	O
U	F	H	S	S	B	U	G	A	C	K	H
A	G	L	B	M	W	M	R	S	Y	A	L
M	I	E	T	S	K	A	S	E	R	N	E
Y	U	P	H	C	Ä	L	Ü	M	J	B	F
I	R	P	S	O	J	O	M	S	K	A	M
S	O	E	I	S	L	C	P	P	Ü	T	T
B	D	R	H	W	G	H	L	J	H	U	J
C	K	F	S	R	B	E	U	G	S	W	C
K	R	S	T	A	U	B	L	U	N	G	E

Wichtige Begriffe:

Erfindungen

Kinderarbeit

Weberaufstand

Industrielle Revolution

Dampfmaschine

Gewerkschaften

3. Begriffe einsetzen

Setze die Begriffe an der richtigen Stelle ein.

a) ... bieten die größte Genauigkeit, da sie genaue Zahlenangaben liefern.
b) ... eignen sich besonders dazu, Mengenangaben zu einem ganz bestimmten Zeitpunkt miteinander zu vergleichen.
c) ... verschaffen einen schnellen Überblick. Entwicklungen lassen sich besonders gut ablesen.
d) ... eignen sich besonders dazu, Prozentwerte darzustellen.

KURVENDIAGRAMME

SÄULENDIAGRAMME

KREISDIAGRAMME

ZAHLENTABELLEN

4. Sätze vervollständigen

Schreibe die Satzanfänge ab und vervollständige sie.

a) Viele unverheiratete Arbeiter konnten sich keine eigene Wohnung leisten und lebten bei Familien als ....
b) Die Gründer der „Sozialdemokratischen Arbeiterpartei" hießen ....
c) Gewerkschaften haben die Aufgabe, ...
d) Bismarcks Sozialgesetze umfassten folgende drei Versicherungsarten: ....
e) Ein Lexikon kann hilfreich sein, wenn ....

5. Begriffe zuordnen

Ordne den drei Versicherungsarten aus dem deutschen Kaiserreich die richtigen Leistungen zu.

1. Krankenversicherung (1883)
2. Unfallversicherung (1884)
3. Invaliden- und Altersversicherung (1889)

a) Diese Versicherung übernahm die Heilungskosten nach einem Unfall. Wenn der Arbeitnehmer nach einem Unfall erwerbsunfähig wurde, zahlte sie 2/3 des vorherigen Einkommens.
b) Diese Versicherung zahlte die ärztliche Behandlung sowie die Medizin und übernahm die Kosten für einen Krankenhausaufenthalt. Sie zahlte auch nach zweitägiger Wartezeit Krankengeld.
c) Diese Versicherung zahlte eine Invalidenrente bei Erwerbsunfähigkeit und eine Altersrente ab dem 70. Lebensjahr. Voraussetzung für die Altersrente war aber, dass der Arbeitnehmer 30 Jahre (ab 1900: 24 Jahre) Beiträge in die Versicherung eingezahlt hatte.

Streik

Lexikon

Sozialversicherung

Statistik

Frauentag

Sozialgesetze

Migrant/Migrantin

6 Imperialismus und Erster Weltkrieg

Nach 1870 teilten die europäischen Industriestaaten, später auch die USA und Japan, die Welt unter sich auf. Der Wettlauf um Kolonien in der Welt, an dem sich auch Deutschland beteiligte, war um die Jahrhundertwende beendet. Mit dem Wettrüsten der europäischen Großmächte wuchs die Gefahr militärischer Auseinandersetzungen. Im Jahre 1914 begann eine Katastrophe für die europäischen Völker. Der Erste Weltkrieg brach aus.

Bezug zu heute

Denkmal für die Gefallenen im Ersten Weltkrieg der Stadt Hildesheim

Afrikanische Kunst: weibliche Gesichtsmaske aus bemaltem Holz, Fundort Nigeria

Geschichte erleben

Bekanntmachung

Gemäß § 9 der Verordnung über die Anmeldung des Speisefettbezuges vom 20. Dezember 1916 wird für den Bezirk der Fettstelle Groß Berlin bestimmt:

Die Wochenmenge an Butter und Margarine beträgt vom 29. Jan. 1917 ab

für Butter 50 Gramm und
für Margarine 30 Gramm

Berlin, den 24. Januar 1917.

Fettstelle Groß Berlin

Chronologie

ab 1875
Die europäischen Staaten beginnen den Wettlauf um Kolonien in Afrika.

1904
Die Herero in Deutsch-Südwestafrika erheben sich gegen die deutsche Kolonialherrschaft.

Eisernes Kreuz:
Für Tapferkeit erhielten deutsche Soldaten im Ersten Weltkrieg diese Auszeichnung.

Gratis. Extra-Blatt. Gratis.

Vossische Zeitung

Der österreichische Thronfolger und seine Gattin ermordet.

1914

Das Attentat von Sarajevo (Bosnien) am 28. Juni löst den Ersten Weltkrieg aus.

1918

Mit der Unterzeichnung des Waffenstillstandes von Compiegne endet der Erste Weltkrieg.

Die Europäer verteilen die Welt

Im Jahr 1914 sahen die Landkarten Asiens und Afrikas ganz anders aus als 1870. Was war geschehen?

T1 Europäische Kolonialmächte
Nachdem die Europäer in Amerika angekommen waren, begannen sie damit, Gebiete außerhalb Europas von sich abhängig zu machen. Diese Gebiete wurden Kolonien der europäischen Mutterländer. Kaufleute aus Europa errichteten in den Kolonien Handelsniederlassungen. Missionare bauten Kirchen und Missionsstationen, um die Einheimischen zum christlichen Glauben zu bekehren. Mitte des 19. Jahrhunderts gab es drei große Kolonialreiche: Großbritannien, Frankreich und Russland.

T2 Aufteilung der Welt
Nach 1870 begann ein Wettlauf zwischen einigen Staaten um die Kolonien in Afrika und Asien. Neben den bisherigen Ländern beteiligten sich nun auch die USA, Japan, Deutschland, Italien und Belgien daran. Das Zeitalter des Imperialismus hatte begonnen.

1. Was ist eine Kolonie? (T1, Lexikon)

2. Wie entstanden Kolonien? (T1)

3. Was ist mit dem Wettlauf zwischen europäischen Staaten nach 1870 gemeint? (T2)

Lexikon

Kolonie
Darunter versteht man ein Gebiet außerhalb Europas, in dem eine fremde Macht die Herrschaft über die einheimische Bevölkerung ausübt. Im 19. Jahrhundert waren große Gebiete außerhalb Europas Kolonien.

Imperialismus
Der Begriff ist vom lateinischen Wort Imperium abgeleitet, das auf Deutsch Herrschaftsbereich heißt. Imperialismus ist das Streben von Staaten, andere Länder in der Welt von sich abhängig zu machen. Sie wollen ihre wirtschaftliche und politische Macht auf große Teile der Erde ausdehnen.

M1 Kolonialmächte im Jahre 1914

4. Vervollständige folgende Sätze:
Imperialismus heißt auf Deutsch … .
Darunter versteht man … .

5. Arbeite mit Karte M1:

Arbeit mit historischen Karten

a) In welchen Erdteilen gab es Kolonien?
b) Welche Staaten besaßen Kolonien?

6. Betrachte den Erdteil Afrika genauer (M1) und vervollständige folgende Tabelle im Heft:

Kolonialmacht	Zwei Kolonien
Großbritannien	Nigeria, Rhodesien
…	…

Europäer wollen Kolonien

Was versprachen sich die Europäer vom Besitz vieler Kolonien?

T1 Wirtschaftliche Interessen ...

Ende des 19. Jahrhunderts waren Länder wie Großbritannien, Frankreich und Deutschland durch die Industrialisierung wirtschaftlich und politisch stark geworden. Ihre Regierungen waren der Ansicht, dass der Besitz von Kolonien für ihre Staaten wichtig sei. Unterstützt wurden sie von Fabrikanten und Unternehmern. Diese wollten dringend benötigte Rohstoffe billig aus den Kolonien einführen. Ihre eigenen Erzeugnisse, wie z. B. Stahl und Baustoffe, Gleisanlagen und Lokomotiven, konnten sie in die Kolonien ausführen, denn diese wurden dort gebraucht. Auch Plantagenbesitzer, Kaufleute und Reeder konnten durch den Anbau, Transport und Verkauf von Südfrüchten, Kaffee, Kakao, Baumwolle und Tee große Gewinne erzielen.

M1 Eisenbahnbau in der deutschen Kolonie Togo
Das Geld für den Bau kam von deutschen Banken.
Die Schienen lieferten deutsche Unternehmen. (Foto von 1905)

1. Warum strebten die europäischen Staaten nach Kolonien? Nenne zuerst die wirtschaftlichen, anschließend die politischen Gründe. (T1, T2)

2. Beschreibe das Bild M1.

3. Warum haben deutsche Banken und Unternehmen den Eisenbahnbau in Togo wohl finanziert? (T1, T2)

M2 Der französische Politiker Georges Clemenceau in einer Rede 1885 zum Rassenproblem:

„Überlegene Rassen! Minderwertige Rassen! Das ist leicht gesagt! Ich für meinen Teil bin da vorsichtig, seit ich erlebt habe, wie deutsche Gelehrte wissenschaftlich nachgewiesen haben, dass Frankreich den Krieg gegen Deutschland (1870/1871) verlieren musste, weil die Franzosen gegenüber den Deutschen eine minderwertige Rasse seien. Die Hindus (in Indien) eine minderwertige Rasse? (…) Die Chinesen? (…) Nein! Nein, es gibt kein Recht für so genannte überlegene Nationen gegenüber unterlegenen Nationen.“

M3 Der „Rhodes-Koloss“ über Afrika, 1892. Die englische Karikatur verdeutlicht die Ziele des englischen Politikers Cecil Rhodes.

M4 Der englische Politiker Cecil Rhodes erläuterte die Aufgaben der „englischen Rasse“ in Afrika, 1877:

„Ich behaupte, dass wir die erste Rasse der Welt sind und dass es für die Menschheit umso besser ist, je größere Teile der Welt wir bewohnen. (…) Da (Gott) sich die Englisch sprechende Rasse offensichtlich zu einem ausgewählten Werkzeug geformt hat, (…) muss es auch seinem Wunsch entsprechen, dass ich alles in meiner Macht Stehende tue, um jener Rasse so viel Spielraum und Macht wie möglich zu verschaffen. Wenn es einen Gott gibt, denke ich, so will er daher eines gern von mir getan haben: nämlich so viel von der Karte Afrikas britisch-rot zu malen. (…)“

T2 … und politische Gründe

Europäische Politiker und Wissenschaftler meinten, dass der Besitz vieler Kolonien die Macht und das Ansehen ihrer Staaten in der Welt erhöhen würde. Auch sei die „weiße Rasse“ den Menschen anderer Hautfarbe überlegen. Deshalb sei es Aufgabe der Europäer, die Völker in Asien, Afrika und Amerika zu zwingen, ihre Lebensweise, Kultur und Religion zu übernehmen. Wenn das nicht auf friedlichem Wege möglich sei, müsse man auch Gewalt anwenden. Solche Vorstellungen nennt man Rassismus.

Lexikon

Rassismus
Rassisten leiten aus der unterschiedlichen Hautfarbe, Religion und Kultur der Menschen bestimmte Eigenschaften ab. Angeblich sollen sie den Wert eines Menschen ausmachen. So behaupten Rassisten, dass die „weiße Rasse“ den anderen Rassen überlegen sei. Das ist falsch.

4. Arbeite mit Karikatur M3.
a) Beschreibe die Einzelheiten.
b) Leite aus der Zeichnung die Ziele Großbritanniens in Afrika ab.

* **5.** Welche Meinung hat Rhodes zu den Aufgaben der „englischen Rasse“ gegenüber den Kolonialvölkern? (M4)

* **6.** Quellenarbeit:
a) Wie sieht Clemenceau die Beziehungen der menschlichen Rassen zueinander? (M2)
b) Wie begründet er seine Meinung?
c) Wessen Ansicht schließt du dich an: der von Rhodes oder Clemenceau? Begründe deine Meinung.

Indien unter britischer Herrschaft

Die Kolonie Indien war der „strahlendste Edelstein in der englischen Krone". Warum wohl?

M1 Zur Minderung der Hungersnot weist die englische Königin Victoria an, die verarmten indischen Bauern zu unterstützen. (Karikatur aus den „Lustigen Blättern", 1897)
In den Hungersnöten 1876 und 1896 waren Millionen Inder verhungert.

T1 Britische Kronkolonie Indien

Am 1. Januar 1877 wurde die englische Königin Victoria in der Hauptstadt Delhi feierlich zur Kaiserin von Indien gekrönt. Von nun an war Indien britische Kronkolonie. Die Königin wurde Oberhaupt eines riesigen Gebietes, das seit Beginn des 17. Jahrhunderts von Kaufleuten der englischen Ostindien-Kompanie verwaltet worden war.

T2 Spannungen in der indischen Gesellschaft

In Indien kam es immer wieder zu Konflikten. Das hatte Ursachen. Hier gab es seit jeher drei Weltreligionen: Hinduismus, Buddhismus und Islam. Zwischen den Gläubigen entfachten immer wieder heftige Auseinandersetzungen. Auch war Indien damals kein einheitliches Land, sondern bestand aus vielen Einzelstaaten und Fürstentümern. Groß waren die sozialen Gegensätze: Eine kleine Oberschicht besaß riesige Ländereien und war sehr reich. Die Mehrheit dagegen war rechtlos.

T3 Zusammenarbeit und Ausbeutung

Die Briten nutzten die Gegensätze in der indischen Gesellschaft aus. Sie arbeiteten eng mit den wohlhabenden Indern zusammen. Diese erhielten Ämter in der Verwaltung. Ihre Kinder durften englische Schulen besuchen. Die große Mehrheit aber lebte in unsagbarem Elend. Jedes Jahr verhungerten Millionen Inder. Aufstände gegen die Kolonialherren wurden vom Militär blutig niedergeschlagen.

M2 Dadabhai Naoroji, der als erster Inder ins britische Parlament gewählt wurde, schrieb 1902:

„Ungefähr 2000 Millionen Rupien (indische Währung) werden zurzeit pro Jahr dem indischen Volk genommen, um die Gehälter und Pensionen europäischer Beamter innerhalb und außerhalb Indiens zu bezahlen. (…) Was in Indien ausgegeben wird, trägt zum Verbrauch der Ausländer bei, lässt aber die Landeskinder weiterhin darben. Ein Teil des Geldes, das nach England abfließt, (…) kommt wieder nach Indien zurück und dient dort der weiteren Ausbeutung der Arbeitskräfte und des Landes. (…) Es kann wohl keinen klareren Fall finanzieller Ungerechtigkeit geben als den, dass man die Inder mit den gesamten britischen Zivil- und Militärausgaben belastet. (…)"

»

1. Welches Ereignis machte Indien zur britischen Kronkolonie? (T1)

2. Was erleichterte es den Briten, Indien zu beherrschen? (T2)

3. Beschreibe die Kolonialherrschaft der Briten in Indien:
a) Mit wem arbeiteten sie zusammen?
b) Wie sah die Zusammenarbeit aus?
c) Welche Vorteile hatten sie dabei? (T3, M3)

M 3 Indische Soldaten der britischen Indienarmee (Gemälde, um 1850)
Die Armee war eine wichtige Stütze für die britische Kolonialherrschaft.
Die europäisch ausgerüstete und ausgebildete Truppe wurde bis 1917 ausschließlich von britischen Offizieren befehligt, obwohl die meisten Soldaten Inder waren.

M 4 Eine Touristin fotografiert hungernde Inder.
(Zeichnung um die Wende vom 19. zum 20. Jh.)

*
4. Welche Folgen hatte die Kolonialherrschaft für die indische Bevölkerung? (T 3, M 1, M 2, M 4)

*
5. Arbeit mit Karikaturen:
a) Beschreibe die Karikatur M 1.
b) Steht der Künstler
   – auf der Seite der Kolonialmacht,
   – auf der Seite der Inder?
Begründe deine Meinung.

*
6. Was denkst du über die Karikatur M 4?

In Afrika wird vieles anders

Die Europäer behaupteten, den Afrikanern helfen zu wollen. Wie sah ihre Hilfe aus?

M1 „Da muss Ordnung rein. Deutsche Tüchtigkeit in den Kolonien“ (Karikatur aus der Zeitschrift „Jugend“, 1896) – Die Bilder zeigen Afrika vor und nach der Ankunft der Deutschen.

T1 Wie die Afrikaner lebten

Im 15./16. Jahrhundert hatten Portugiesen und Spanier an den Küsten Afrikas Stützpunkte und Handelsniederlassungen errichtet. Erst viel später unternahmen Forscher und Kaufleute Reisen in das Innere des Kontinents. Sie berichteten, dass die Afrikaner überwiegend in Stammesgemeinschaften lebten. Einige Völker gingen auf Jagd oder waren als Nomaden auf ständiger Suche nach neuen Weideplätzen für ihre Tiere. Andere waren Bauern, Handwerker und Händler. Die Afrikaner hatten ihre eigene Religion und Kultur. Sie lebten in Dörfern, aber auch in alten Städten, die an Handelswegen lagen.

T2 Ausbeutung statt Hilfe

Als die Europäer im 19. Jahrhundert Afrika unter sich aufteilten, nahmen sie auf das Leben der Einheimischen wenig Rücksicht. Ihnen ging es oft nur darum, schnell reich zu werden. Die Einheimischen mussten auf Plantagen, in Bergwerken oder beim Bau von Straßen und Eisenbahnlinien oft unter unerträglichen Bedingungen arbeiten.

»

1. Beschreibe die Lebensweise und Kultur der Afrikaner, bevor die Europäer kamen. (T1, M3, M5)

2. Wie verhielten sich die Europäer gegenüber den Einheimischen? (T2)

3. Was änderte sich in der Lebensweise der Afrikaner? (T3)

T3 Vieles wird anders

Die Großfamilie, die bisher den Stammesmitgliedern Schutz und Geborgenheit bot, verlor immer mehr an Bedeutung. Alte Bräuche und Gewohnheiten wurden kaum noch gepflegt.

Missionare verbreiteten den christlichen Glauben. Sie bauten Kirchen und Krankenstationen. Einige Missionare und Schwestern halfen als Ärzte den Einheimischen.

M3 Afrikanische Kunst, Detail eines Kopfaufsatzes. (Holz, bemalt, mit Haut überzogen. Fundort: Nigeria)

M5 Salzfassdeckel aus Elfenbein in der Form eines Schiffes (Fundort: Nigeria, 16. Jh.)

M2 Ein Afrikaner beschreibt die Arbeit beim Bau von Verkehrswegen:

›› Die Deutschen begannen die Leute zu quälen, indem sie sie zwangen, sehr hart zu arbeiten. Sie mussten sehr schwere Baumstämme von den Matimira-Wäldern bis zur Boma tragen, um dort Bauholz daraus zu machen. Das ist eine Strecke von ungefähr 32 Kilometern. Das Ergebnis war, dass viele von ihnen umkamen, bevor sie mit ihren Traglasten das Ziel erreicht hatten. Jeder Versuch, von der harten Arbeit zu entkommen, wurde sehr schwer bestraft: oft mit dem Tod. ‹‹

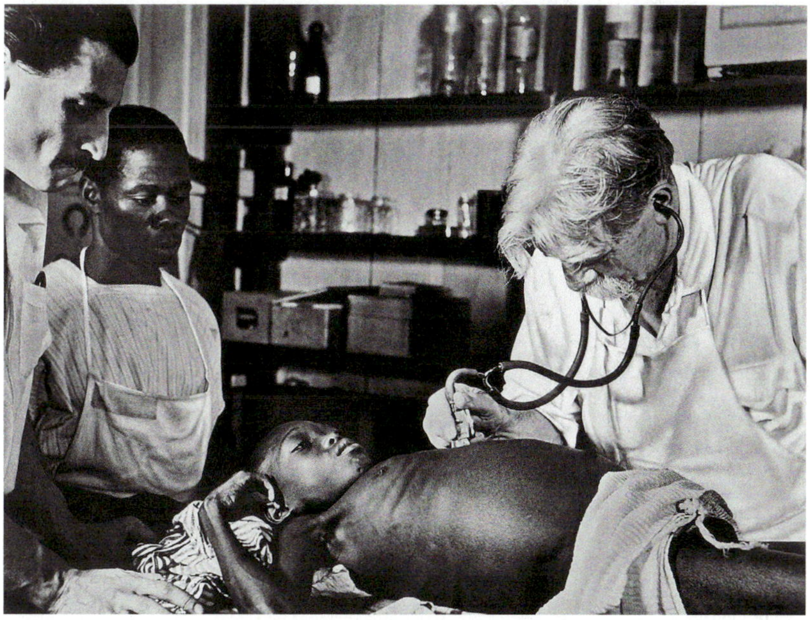

M4 Albert Schweitzer im Hospital in Lambarene im Staat Gabun
Der Arzt war ein großer Freund der Afrikaner und setzte sich selbstlos für sie ein.

4. Vergleiche das Bild auf Seite 182 mit den Aussagen des Afrikaners in M2. Nenne Unterschiede.

5. Beschreibe, wie der Karikaturist die Veränderungen im Leben der Afrikaner durch die deutsche Herrschaft sieht. (M1)

* **6.** Vergleiche das Verhalten der Europäer in M2 mit dem von Albert Schweitzer. (M2, M4)

Andere Kulturen wahrnehmen

Andere Kulturen verstehen wir nicht immer sofort. Gerade bei der ersten Begegnung wirken die anderen oft seltsam, weil wir sie mit uns vergleichen. Unterschiede springen uns schnell ins Auge. Schauen wir uns ein historisches Beispiel genauer an.

T1 Anders, aber nicht schlechter

Die militärische Überlegenheit der Europäer über außereuropäische Völker wurde durch Erzählungen über die Dummheit und die Hilfsbedürftigkeit ergänzt. Alles wurde nur an der europäischen Lebensart gemessen und den Menschen in den außereuropäischen Ländern wurde ihre Kultur abgesprochen. Um die eigene Macht und Stärke zu sichern, waren diese Vorstellungen günstig.

T2 Vorstellungen verbreiten sich

Zur Verbreitung eines gewissen Bildes von den fremden Kulturen wurden in Europa unterschiedliche Medien genutzt (Jugendbücher, Comics, Reiseberichte, ...). So wurde rassistisches Denken verbreitet. Es verfestigten sich die negativen Vorstellungen über außereuropäische Völker. Bis heute wirken einige Vorstellungen und Vorurteile aus der Zeit des Kolonialismus nach.

M1 In Ausstellungen in Deutschland um 1900 wurden – oft in Zoos – „exotische Menschen" gezeigt. Die Historikerin Anne Dreesbach schreibt dazu 2005:

» Die Plakate für Zurschaustellung von Menschen aus Afrika betonten vor allem die Wildheit dieser Menschen. (...) Auf diesen Plakten dargestellte ‚Afrikaner' zeichneten sich nicht nur durch ihre Wildheit und ihre Kampfbereitschaft aus, auch ihre Nähe zu den Tieren des afrikanischen Kontinents ist bezeichnend. (...) Die Afrikaner teilen sich mit den Tieren aber nicht nur den Lebensraum, sie scheinen auch gleiche Chraktereigenschaften zu haben. Ungezügelte Wildheit und der Stolz eines Löwens sprechen aus mancher Darstellung von ‚Afrikanern' auf Völkerausstellungsplakaten. «

T3 Andere Sichtweise

Versuchen wir, die Begegnung zwischen den europäischen und den außereuropäischen Völkern aus anderer Sicht zu betrachten: Wie haben wohl die europäischen Menschen auf die Menschen in Afrika gewirkt? Wie die afrikanischen Menschen auf die Europäer? Wenn man versucht, fremde Kulturen zu verstehen, sollte man nicht nur die „Fremden" beobachten, sondern auch die eigene Kultur. Nur so kann man Besonderheiten erkennen und Missverständnisse ausräumen. Eine Möglichkeit dabei ist, sich in die Rolle des anderen zu versetzen.

M2 „Ui schau – was de auf'm Kopf ham ..." (Karikatur, 2003)

»

1. Warum fühlen sich die Kolonialherren den Einheimischen überlegen? (T1)

2. Wie verbreiten sich die Vorstellungen über die Kolonien? (T2, M1)

3. Arbeite mit der Karikatur M2 und beschreibe deine Beobachtungen:
   a) Was denken die Süddeutschen über die Inder?
   b) Was die Inder über die Deutschen?
   Auf was möchte die Karikatur aufmerksam machen?

4. Arbeite mit M3:
   a) Hier begegnen sich ranghohe Vertreter zweier Kulturen. Versuche möglichst genau zu beschreiben, wie der Deutsche und wie der Ruander gekleidet sind. Was fällt euch noch an den beiden auf?

M 3 **Das Foto zeigt die Begegnung** zwischen dem Deutsch-Ostafrika-Kommandeur der Schutztruppe Oberstleutnant v. Schleinitz mit Jubi Mzinga König von Ruanda. (Foto, 1912)

b) Wie wird sich der Deutsche bzw. der Ruander selbst gesehen haben?

c) Wie könnte der Deutsche den König wahrgenommen haben? Wie sieht der Ruander den Kommandeur?

Bilder betrachten

*

5. Wo bist du schon einmal als „Fremder"/„Fremde" angesehen worden? Warum? Berichte, wenn du möchtest, von deiner persönlichen Erfahrung.

*

6. Beachte die Alltagsmedien (Werbung, Zeitungen, Zeitschriften, Reisekataloge, Fernsehen, ...). Wie werden andere Kulturen dargestellt? Erstellt Plakate und diskutiert die Ergebnisse.

Der Hereroaufstand

Historiker bezeichnen die Niederschlagung des Hereroaufstandes als den ersten Völkermord des 20. Jahrhunderts.

T1 Unerträgliche Lage für die Herero

Die 1884 gegründete Kolonie Deutsch-Südwestafrika (heute Namibia) war etwa doppelt so groß wie Deutschland. Der Volksstamm der Herero lebte am Rande der Wüste. Die Herero waren Viehzüchter, die mit ihren Herden ständig auf der Suche nach neuen Weideplätzen waren.

Im Jahre 1903 wies die Kolonialverwaltung den Herero ein unfruchtbares Gebiet zu, in dem es keine Weideplätze gab. Die Lage für die Herero wurde unerträglich, als eine Eisenbahnlinie von der Küste in das Landesinnere gebaut wurde. Jetzt waren sie auch von den lebensnotwendigen Wasserlöchern abgeschnitten.

M1 Vor den deutschen Truppen geflüchtete Herero nach ihrer Rückkehr aus der Omaheke-Wüste

»

1. Wer waren die Herero und wo lebten sie? (T1, M4)

2. Warum waren die Hereo auf Weideland angewiesen? (T1, M4)

3. Nenne Gründe für den Aufstand der Herero. (T1, M4)

T2 Völkermord

Im Januar 1904 erhoben sich die Herero. Die Krieger überfielen Farmen, Handelsniederlassungen und Militärstationen. Sie töteten 123 Siedler – Frauen und Kinder verschonten sie. Die deutschen Soldaten gingen mit Maschinengewehren und Kanonen gegen die Aufständischen vor. Sie trieben diese in die Omaheke-Wüste und riegelten das Gebiet ab. Etwa 60 000 Herero, darunter viele Frauen und Kinder, starben an Durst und Hunger oder wurden erschossen. Am 16. März 1904 druckte die deutsche Zeitung „Vorwärts" den Brief eines deutschen Soldaten ab. Er schrieb: „Wir dürfen keine Gefangenen machen, alles, was lebend ist und schwarze Farbe hat, wird niedergeschossen."

M2 Ein Farmer schrieb nach einem Überfall der Hererokrieger:

❞ Für solch unbarmherziges Rauben, Morden und Schänden kann es nur eine Strafe geben: den Tod (...). Wer da von Schonung spricht, ist ein Verräter an seiner Rasse. (...) Von den überlebenden Mördern müssen für jeden erschlagenen Weißen mindestens fünf Stück aufgehängt werden. (...) Für die Überlebenden: Frondienst, bis diese sich (...) bewusst sind, der Weiße, und ganz speziell der Deutsche, ist Herr und nicht gesonnen, seine Herrschaft abzutreten. ❝

M3 Der Afrikaner Jan Omaruru, der in der deutschen Schutztruppe kämpfte, sagte unter Eid aus:

❞ Ich war dabei, als die Herero bei Hamakiri, in der Nähe des Waterberges, in einer Schlacht besiegt wurden. Nach der Schlacht wurden alle Männer, Frauen und Kinder ohne Gnade getötet, die, ob verwundet oder nicht, den Deutschen in die Hände fielen. ❝

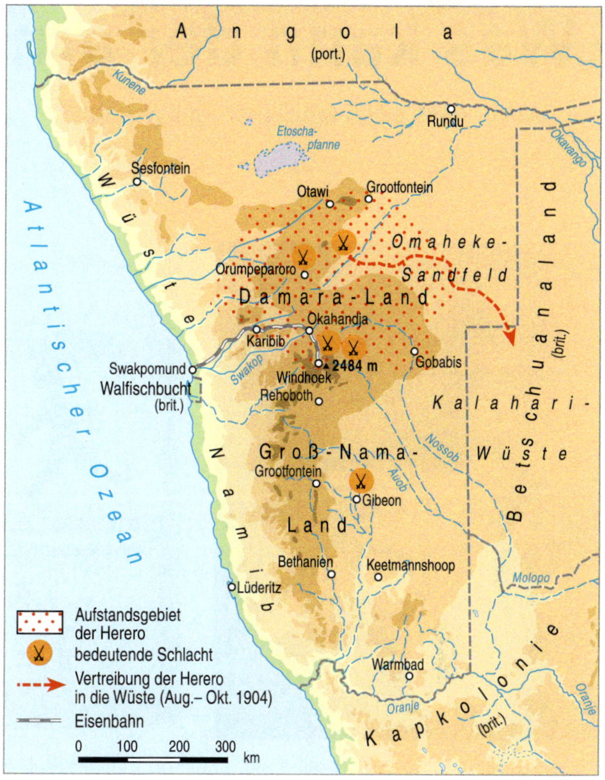

M4 Deutsch-Südwestafrika und der Aufstand der Herero, 1904/1905

Lexikon

Völkermord

Darunter versteht man die vollständige oder teilweise Vernichtung von Menschen, die einer nationalen, religiösen oder sozialen Gruppe angehören. In der Bundesrepublik Deutschland steht auf Völkermord eine lebenslange Freiheitsstrafe, die nicht verjährt.

4. Beschreibe das Vorgehen der deutschen Truppen gegen die Herero.
(T2, M1, M3, M4)

*
5. Sage deine Meinung zum Brief des deutschen Farmers. (M2)
a) Welche Strafen fordert er für die Herero?
b) Wie begründet er die Strafen?
c) Welche Einstellung hat er zu den Afrikanern?

*
6. War die Niederschlagung des Hereroaufstandes durch die deutschen Kolonialtruppen Völkermord? Begründe deine Meinung.
(T2, Lexikon)

„Was kann der arme Mohr ..."

„... dafür, dass er so weiß nicht ist wie ihr?"

M1 Auch ein „Mohr": Caspar, einer der Heiligen Drei Könige (Gemälde um etwa 1650)

M2 Bild und Überschrift sind aus dem „Struwwelpeter", einem deutschen Kinderbuch, das im 19. und 20. Jh. sehr verbreitet war. Darin verspotten Kinder einen „Mohren" wegen seiner Hautfarbe. Zur Strafe werden sie in Tinte getaucht. Obwohl sie nun „schwärzer" sind als der „Mohr", verspotten sie ihn weiter.

T1 Heiden, Christen oder Sklaven?
Die Entdecker und Eroberer trafen in den fremden Kontinenten auf Menschen, deren Sprache, Aussehen und Verhalten ihnen fremdartig erschienen. Als Christen fühlten sich die Europäer den „Eingeborenen" überlegen, zumal sie über höher entwickelte Waffen verfügten. Manchmal bewunderten sie aber auch die hohe Kultur einiger der fremden Völker. Die Eroberer hatten ein Problem: Als Christen war es ihre Pflicht, diese Menschen zu bekehren und zu taufen, damit aus „Heiden" freie Christenmenschen wurden. Andererseits wollten sie als Eroberer und Kolonialherren die fremden Völker unterwerfen, ausbeuten, beherrschen – sogar versklaven. Das Bild, das sich die Europäer von den Fremden machten, wandelte sich dementsprechend.

T2 Schwarz, weiß, rot und gelb
Menschen mit dunkler Haut waren in Europa schon lange bekannt. Wichtiger als die Hautfarbe war die Religion, also die Frage, ob jemand Christ oder Heide war. Erst im 18. und 19. Jahrhundert wurde es üblich, die nichteuropäischen Völker entsprechend ihrer angeblichen Hautfarbe in „Rassen" einzuteilen. Indianer wurden als Rote (Rothäute), Afrikaner als Schwarze (Neger) und Asiaten (besonders Chinesen) als Gelbe bezeichnet. Der „weißen Rasse", zu der man die Europäer zählte, wurden die höchsten Fähigkeiten zugeschrieben und damit das Recht, die anderen zu beherrschen. Diese Einteilung ist absolut unsinnig. Sie hält keiner wissenschaftlichen Prüfung stand.

»

1. Mit welchen Mitteln wurde bei M 6 versucht, den Eindruck von Wildheit und Gewalt hervorzurufen? Welche Gefühle wollte man bei den Betrachtern wecken? Was fällt dir an den anderen Menschendarstellungen auf?

2. Beschreibe die Darstellung der Figuren auf M 7. Welche Eigenschaften werden den Abgebildeten jeweils zugeschrieben?

3. Wie denkt der Autor des Kinderbuches über Menschen dunkler Hautfarbe? (M 2)

M 3 Ein Mitglied der Kommission zur Untersuchung der „Indianerfrage“ schrieb 1512 in Spanien:

❞ (…) eine Tyrannenherrschaft sei dann gerechtfertigt, wenn sie sich auf solche erstreckt, die von Natur Sklaven und Barbaren sind, d. h. denen Urteil und Einsicht fehlen, wie es bei diesen Indianern der Fall ist, die nach allgemeiner Aussage sprechenden Tieren gleichen (…) ❝

M 4 Über die afrikanischen Sklaven in Südamerika schrieb 1560 der Erzbischof von Mexiko:

❞ (…) Wir wissen nicht, welchen Grund es gibt, dass die Neger mehr Sklaven seien als die Indianer. ❝

M 5 Über die Eindrücke der Portugiesen in Westafrika im 15. Jahrhundert schrieb später ein Wissenschaftler:

❞ (…) Sorgfältig angelegte Straßen, (…) eine Überfülle von Menschen, die in Samt und Seide gekleidet waren, eine (…) Ordnung großer, wohlgegliederter Staaten, machtvolle Herrscher (…) das neue Land Amerika brauchte Sklaven; Afrika bot Sklaven (…) schiffladungsweise. Der Menschenhandel war jedoch niemals ein leicht zu verantwortendes Geschäft. Es erforderte eine Rechtfertigung (…) Die Vorstellung vom barbarischen Neger ist eine Schöpfung Europas. ❝

M 6 Werbeplakat von 1885 für eine Zurschaustellung australischer Ureinwohner (Aborigines) im Frankfurter Zoo

M 7 Reklameplakat für Zigarettenpapier von 1910

Lexikon

Mohr
„Mohr“ war ursprünglich der Herkunftsbegriff für Menschen, die aus Mauretanien stammten, später nannte man alle Menschen dunkler Hautfarbe so; seit dem 16. Jahrhundert nur noch Schwarzafrikaner. Im 17. Jahrhundert kommt auch die Bezeichnung „Neger“ auf (von spanisch: „negro“ = schwarz) als Bezeichnung für afrikanische Sklaven.

*
4. Auch heute noch werden manchmal bestimmten Gruppen von Menschen zu Unrecht negative Eigenschaften zugeschrieben. Nenne Beispiele.

*
5. Versuche, Gründe für solche Zuschreibungen zu finden.

*
6. Welche Ansichten über Indianer, Afrikaner und Europäer werden in M 3 – M 5 geäußert? Wie denkst du selbst darüber?

Deutschland über alle(s)

Es ist nicht richtig, wenn Menschen meinen, ihr eigenes Volk sei besser als andere Völker. Doch schon vor hundert Jahren glaubten das viele.

T1 Nationale Überheblichkeit
Nach dem Sieg über Frankreich im Krieg 1870/1871 und der Reichseinigung schlug in Deutschland die nationale Begeisterung in Überheblichkeit um. Viele Deutsche fühlten sich anderen Völkern überlegen. Sie meinten, Deutschland müsse nun endlich einen führenden Platz unter den Nationen erhalten.

M1 Gedenkblatt zum deutsch-französischen Krieg 1870/1871

Unter der Krone:
Die drei deutschen Kaiser nach 1871

Unter dem Reichsadler:
Reichskanzler Bismarck und General von Moltke

Darunter:
Die deutschen Fürsten

Daneben und darunter:
Bilder: Abschied nehmende Soldaten und Kampfszenen.
Solche Darstellungen hingen nach 1870 in vielen deutschen Wohnungen. Sie zeigen, was viele Deutsche unter „Größe der deutschen Nation" verstanden.

»

1. Wie sahen vor hundert Jahren viele Deutsche den Platz Deutschlands unter den anderen Völkern? (T1)

2. Was verstand man im Kaiserreich unter „nationaler Erziehung"? (T2, M1, M2, M4)

3. Auf dem Bild M1 wird dargestellt, was damals viele Menschen unter der„Größe Deutschlands" verstanden:

Bilder betrachten

a) Was gehörte alles zur „nationalen Größe Deutschlands"?
b) Welche Personen waren demnach „große Deutsche"?
c) Welche Rolle spielten Kriege und Schlachten, wenn es darum ging, die „nationale Größe Deutschlands" aufzuzeigen?

T2 „Nationale Erziehung“

Die Deutschen wurden immer wieder an „große Ereignisse der deutschen Geschichte“ erinnert. Dazu gehörten siegreiche Schlachten und Kriege und die Geburts- und Todestage der Kaiser, Könige und Heerführer. Auf Friedhöfen und Plätzen setzte man den Gefallenen der Kriege Denkmäler. Hunderte „Vaterländische Vereine“ entstanden. An Gedenktagen, wie am 2. September, fanden Paraden und Feiern zur Erinnerung an die Schlacht von Sedan 1870 statt. In Kasernen und Schulen wurden die Soldaten und Schüler erzogen, für Gott, Kaiser und Vaterland einzutreten und dafür auch zu kämpfen.

M3 Aus einem Lied, das nach 1870 verboten war:

„Ich bin Soldat, doch nur mit Widerstreben; ich lieb' ihn nicht, den blauen Königsrock, ich lieb es nicht, das blut'ge Waffenleben, mich zu verteidigen, wär' genug ein Stock. O sagt mir an, wozu braucht ihr Soldaten? Ein jedes Volk liebt Ruhm und Frieden nur. Allein aus Herrschsucht und dem Volke zum Schaden, lasst ihr zertreten, ach die gold'ne Flur.“

M2 Sedanfeier am 2.9.1895 in Berlin (zeitgenössisches Foto)
Am 2. September feierten die Deutschen jedes Jahr die Einnahme der französischen Festung Sedan im Krieg 1870/1871.

M4 „Staatsbürgerkunde“ (Karikatur von Th. Th. Heine, 1910/1911)

d) Welche Ereignisse und Personen fehlen auf dem Bild, auf die die Deutschen stolz sein konnten?

4. Warum gedachten die Deutschen jedes Jahr der Schlacht von Sedan? (M2)

5. Wie wird im Lied das Leben beim Militär beschrieben? (M3)

*
6. Nenne drei deutsche Männer und Frauen, die in deinen Augen „große Deutsche“ sind. Begründe kurz deine Meinung.

Die Kriegsgefahr wächst

Anfang des 20. Jahrhunderts beherrschten Misstrauen und Angst die Beziehungen zwischen den europäischen Völkern.

T1 Bismarcks Bündnispolitik

Das Deutsche Reich war eine starke Militärmacht, die ständig weiter aufrüstete. Daher fürchteten sich die europäischen Völker vor einem möglichen neuen Krieg zwischen Frankreich und Deutschland. Reichskanzler Bismarck gelang es, das Ausland vom Friedenswillen Deutschlands zu überzeugen. Die deutsche Regierung schloss mit Österreich-Ungarn, Italien und Russland Bündnisse ab. Nur Frankreich hatte keinen Bündnispartner.

T2 Wachsendes Misstrauen

1890 trat Reichkanzler Bismarck zurück. Kaiser Wilhelm II. hatte wenig Interesse daran, den Frieden durch Bündnisse zu sichern. Er trieb die militärische Aufrüstung voran. Der Deutsche Reichstag beschloss 1900 den Ausbau der Kriegsflotte auf 36 Großkampfschiffe. Großbritannien und Frankreich beobachteten dies mit Misstrauen und Sorge. Großbritannien sah zudem seine Vormachtstellung auf den Weltmeeren schwinden. Frankreich befürchtete, den Einfluss in Europa zu verlieren.

T3 Neue Bündnisse

1904 schlossen Frankreich und Großbritannien ein Bündniss, das sie „Entente" nannten. Jetzt standen sich in Europa zwei Bündnisse feindlich gegenüber:
- der 1882 gegründete „Dreibund" mit Deutschland, Österreich-Ungarn und Italien,
- die „Entente" mit Großbritannien und Frankreich unter Einbindung Russlands.

Das Deutsche Reich sah sich nun vom Westen und vom Osten her bedroht. Die Spannungen zwischen den Großmächten nahmen zu. Ein Krieg war nicht mehr ausgeschlossen.

M1 Kaiser Wilhelm II. in Admiralsuniform
(Ausschnitt einer Ansichtskarte, um 1900)
Im Hintergrund sind deutsche Kriegsschiffe zu sehen.

»

1. Mit welchen Staaten schloss Bismarck Bündnisse? (T1)

2. Was erreichte er damit in Europa? (T1)

3. Arbeite mit der Karikatur M4.
a) Was wird dargestellt?
b) Sage in einem Satz, wie der Zeichner die Politik Bismarcks einschätzt.

4. Welche Folgen hatte der Rücktritt Bismarcks für die deutsche Außenpolitik? (T2)
Was sagt M1 über die Ziele Wilhelms II. aus?

M4 Europäische Balance (Karikatur im „Kladderadatsch", 8. Juli 1888)
In der Mitte Reichskanzler Bismarck, links ein Franzose, rechts ein Russe.

M2 Ansichten zur deutschen Flottenaufrüstung

a) Admiral von Tirpitz, Chef des deutschen Marineamtes, erklärte im Jahre 1900:

„Deutschland muss eine Flotte von solcher Stärke haben, dass selbst für die größte Flotte (gemeint ist die englische) ein Krieg mit ihm ein solches Risiko in sich schließen würde, dass ihre eigene Überlegenheit gefährdet wäre. Für diesen Zweck ist es nicht absolut notwendig, dass die deutsche Flotte ebenso groß ist wie die der größten Seemacht, weil in der Regel eine große Seemacht nicht in der Lage sein wird, ihre ganze Kraft gegen uns zu konzentrieren. (…)“

b) Der SPD-Abgeordnete Karl Liebknecht sagte im Juni 1900 vor dem Deutschen Reichstag:

„Es ist keine Flottenbegeisterung, es ist ein Flottenschwindel (…). 5000 Millionen werfen wir ins Wasser für die Flotte, nach diesem Gespenst von Weltmachtpolitik und Weltherrschaft, aber für das Elend vor unseren Türen haben wir kein Geld.“

M3 Der Bau schwerer Kampfschiffe

	1889 bis 1900	1900 bis 1910	1910 bis 1913
England	38	36	20
Deutschland	12	25	13
Frankreich	15	11	11
Russland	15	6	4

M5 Rüstungsausgaben (in Millionen Mark)

	1905	1910	1913
Frankreich	991	1177	1327
Russland	1069	1435	2050
England	1263	1367	1491
Deutschland	1064	1377	2111
Österreich-Ungarn	460	660	720

5. Nenne die beiden Bündnisse und deren Mitgliedsstaaten, die sich seit 1904 gegenüberstanden. (T3)

* **6.** Flottenaufrüstung: ja oder nein? (M2)
a) Warum ist Admiral von Tirpitz dafür?
b) Warum ist Karl Liebknecht dagegen?

* **7.** Berechne den Zuwachs der Rüstungsausgaben der Staaten von 1905 bis 1913 und des Baus schwerer Kampfschiffe von 1900 – 1910 gegenüber 1889 – 1900 in Prozent. (M3, M5)

Die ersten Schüsse fielen in Sarajevo

Ein Attentat löst einen Krieg aus, an dem viele Staaten beteiligt sind.

T1 Attentat in Sarajevo

Der Balkanstaat Bosnien wurde seit 1908 von Österreich-Ungarn regiert. Am 28. Juni 1914 geschah in der bosnischen Hauptstadt Sarajevo etwas, was weitreichende Folgen haben sollte. Ein serbischer Student erschoss den österreichisch-ungarischen Thronfolger und dessen Frau auf offener Straße. Der Attentäter begründete seine Tat mit der Unterdrückung der Serben in Österreich-Ungarn.

M1 Deutsche Soldaten fahren an die Westfront (Foto, August 1914)

»

1. Was geschah am 28. Juni 1914 in Sarajevo? (T1)

2. Erkläre, warum das Attentat von Sarajevo einen Weltkrieg auslöste. (T2)

3. Sage mit eigenen Worten, wie der Student Walter Wimmer den Einberufungsbefehl aufnahm. (M2)

T 2 Der Krieg bricht aus

Vielen war klar: Das Attentat konnte schnell einen Krieg auslösen, der große Teile Europas erfassen würde. Das lag daran, dass die europäischen Großmächte zwei gegnerischen Bündnissen, Dreibund und Entente, angehörten. Diese wiederum hatten auch Verträge mit anderen Staaten. Im Kriegsfall waren alle Bündnispartner verpflichtet, sich gegenseitig zu unterstützen. Am 28. Juli 1914 erklärte Österreich-Ungarn Serbien den Krieg. Daraufhin stellte sich Russland, das mit Frankreich und Großbritannien verbündet war, an die Seite Serbiens. Nun erklärte Deutschland am 1. August 1914 Russland und zwei Tage später Frankreich den Krieg. Der Erste Weltkrieg war ausgebrochen.

T 3 Kriegsbegeisterung überall

In Deutschland, Frankreich, Großbritannien und Russland jubelten viele Menschen bei Kriegsausbruch. Junge Männer meldeten sich freiwillig zur Front. Frauen und Kinder verabschiedeten stolz ihre Männer und Söhne an die Front. Die meisten Soldaten waren davon überzeugt, für eine gerechte Sache zu kämpfen. Sie glaubten, Weihnachten als Sieger wieder zu Hause zu sein. Die Politiker und Heerführer ließen sich weniger von ihren Gefühlen leiten. Ihnen ging es um Eroberungen und um die Erweiterung der Macht.

M 2 Der 24-jährige Jura-Student Walter Limmer schrieb 1914 an seine Eltern:*

„Leipzig (leider immer noch!), 3. August 1914
Hurra!
Endlich habe ich meine Beorderung (=Einrufungsbefehl): morgen Vormittag 11 Uhr in einem hiesigen Lokal. Stunde um Stunde habe ich auf meinen Befehl gewartet (…). Auch Ihr, meine guten Eltern, werdet mir Recht geben: Ich gehöre nicht mehr ins friedliche Leipzig (…). Denken wir an unser Volk, ans Vaterland, an Gott, an alles Unfassbare, so werden wir mutig und stark."

*Am 24. September 1914 starb W. Limmer nach einer Verwundung in Frankreich.

M 3 „Die fünf Kontinente sind …" (Französische Propagandapostkarte, 1914) Die deutschen Kriegsziele werden gezeigt.

M 4 „Europäischer Dreschplatz". (Deutsche Propagandapostkarte, 1914, Altonaer Museum Hamburg) Ein deutscher und ein österreichischer Soldat „bearbeiten" gemeinsam ihre Gegner.

4. Wie reagierten die Menschen in den Ländern auf den Ausbruch des Krieges? (T 3)

* **5.** Arbeite mit M 1:
a) Beschreibe die Stimmung der Soldaten auf dem Foto.
b) Sieh dir die Schriftbilder an dem Waggon an. Was sagen sie aus über die Erwartungen und Hoffnungen der Soldaten?

* **6.** Gruppenarbeit
Gruppe 1: M 3, Gruppe 2: M 4
a) Beschreibe die Karikatur.
b) Welche Meinung hat der Karikaturist darüber, wer einen gerechten und wer einen ungerechten Krieg führt?

Kriegspropaganda

Nicht nur die Soldaten an der Front, sondern das ganze Volk sollte für den Krieg begeistert werden.

T1 Unterstützung des Krieges
Der Krieg hatte begonnen. Die Regierungen der Krieg führenden Länder versuchten ihre Bevölkerung davon zu überzeugen, dass der Krieg gerecht sei. Deshalb müsse jeder Opfer bringen und den Krieg unterstützen.

T2 Kriegspropaganda
In allen Staaten lief die Kriegspropaganda auf Hochtouren: Die Zeitungen veröffentlichten täglich den Heeresbericht. Er enthielt Angaben über den Gefechtsverlauf: wie viele Waffen erbeutet, welche Gebiete erobert und wie viele Kriegsgefangene gemacht wurden. Oft entsprachen die Angaben nicht der Wahrheit, denn es kam darauf an, im Volk den Glauben an den Sieg zu stärken. Auf vorgedruckten Feldpostkarten und Propagandaplakaten wurden die Kriegsgegner als gefährliche Ungeheuer dargestellt, die aber trotzdem gegen die eigenen Soldaten chancenlos sind. Der Hass auf andere Völker wurde geschürt.

T3 Erziehung für den Krieg
In den Schulen fanden Gedenkveranstaltungen statt, wenn Lehrer oder ehemalige Schüler an der Front gefallen waren. Kriegsspielzeug, vor allem Bleisoldaten, war ein beliebter Geschenkartikel. Die Kinder nahmen sich die Soldaten zum Vorbild und „spielten Krieg".

M1 Aufruf zum Eintritt in die Jugendkompanie:

„Wohlan, Ihr deutschen Jünglinge von 16 bis 22 Jahren! Ihr habt vernommen, mit welchem Löwenmut Eure kriegsfreiwilligen Kameraden die feindlichen Reihen gestürmt haben, das Triumphlied „Deutschland, Deutschland über alles"! auf den Lippen. (...) Ihr werdet Euren Brüdern nicht zurückstehen und in gleichem Geiste kämpfen, wenn Euch das Vaterland ruft. (...) Tretet ein, Mann für Mann in die Jugendkompanien! Stählt Eure Kraft. Schärft Eure Sinne! Übt Euren Mut! Überwindet Euch selbst! Große Scharen sind dem Rufe schon gefolgt."

M2 Die deutschen Soldaten und ihre harmlosen Feinde (Postkarte, 1914)

1. Welches Ziel hatte die Propaganda für den Krieg? (T1)

2. Was wurde getan, damit die Menschen in der Heimat den Krieg unterstützen? (T2, M1–M5)

3. Welche Einstellung hat die Mutter zum Krieg? Belege deine Meinung an Stellen aus dem Text. (M4)

Der Weltkrieg im Kleinen

Wir tragen unſer Schießgewehr
Wie richtige Soldaten.
Weithin ſchallt unſer Kriegsgeſchrei
Und kündet unſre Taten.
Die Mädchen aber müſſen ſtricken
Und den Soldaten Strümpfe ſchicken!

M 3 **Kinderspiele** (deutsche Postkarte, 1916)

M 4 Eine Zeitung veröffentlichte am 8. August 1914 den Leserbrief einer Mutter:

„Deutsche Frauen, auf zur Königstreue, zum Krieg gegen die weiche Stimmung in Euch selbst, womit ihr den von Gott erwählten Kämpfern für König und Vaterland, für unser liebes blühendes Deutschland, den Gang zur größten heiligsten Pflicht so schwer macht. (…)
Wir wollen sie anspornen, begeistern, die jetzt unseres so großen, allseitig so hochverehrten Kaisers und Herzogs Rock tragen dürfen, um Brust an Brust dem verhassten Feind zu zeigen, was es heißt, deutschen Zorn und Feuer zu entfachen.“

M 5 Schüler demonstrieren für Kriegsanleihen. Da die Kriegskosten sehr hoch waren, sollten die Deutschen ihre Ersparnisse in Kriegsanleihen anlegen. Nach dem Sieg sollte alles mit hohen Zinsen zurückgezahlt werden.

*
4. Beschreibe M 2.
a) Welche deutschen Kriegsgegner sind zu sehen?
b) Wie werden sie im Einzelnen dargestellt?
c) Was will der Zeichner aussagen? Vervollständige dazu den Satz: Die Deutschen sollen davon überzeugt werden, dass …

*
5. Auf dem Bild M 3 siehst du verschiedene Gruppen von Kindern.
a) Was „spielen“ die einzelnen Gruppen?
b) Was könnte der Grund dafür sein, warum der Maler das Bild nennt: „Der Weltkrieg im kleinen“?
c) Was denkst du darüber, wenn Kinder „Krieg spielen“?

Ist der Krieg noch zu gewinnen?

Schon bald war klar:
Die Militärführung hatte die Kampfkraft des deutschen Heeres und ihrer Verbündeten überschätzt.

T1 Stellungskrieg im Westen

Im August 1914 eroberten die deutschen Truppen in wenigen Wochen Belgien und drangen nach Nordfrankreich vor. Eine Gegenoffensive der französischen und englischen Truppen brachte den Einmarsch zum Stehen. Auf einer Länge von 700 Kilometern gruben sich die deutschen Soldaten und ihre Gegner in Schützengräben ein. Der Stellungskrieg begann.

Beide Seiten versuchten, mit Artilleriegeschützen und Maschinengewehren die Stellungen des Gegners zu erobern, ohne dass der Frontverlauf sich wesentlich veränderte. Im Jahre 1916 kam es zu gewaltigen Schlachten bei der französischen Stadt Verdun und am Fluss Somme. Über Monate hinweg tobten die Kämpfe. Mehr als eine Million deutsche, französische und englische Soldaten fielen.

M1 Grabenkrieg an der Westfront

M2 Der Soldat Friedel Oehme schreibt am 21. August 1916 von der Westfront:

» Am 17. abends erhielten wir Befehl, die vierte Stellung zu besetzen. Bald wurden wir in die dritte und schließlich in die zweite Stellung vorgezogen. Der Weg dahin ist schon unbeschreiblich. (...) Der ganze Himmel ist ein unaufhörliches Zucken und Leuchten. Die Luft ist erfüllt vom Krachen und Donnern der Abschüsse, vom Platzen berstender Granaten, vom Heulen und Pfeifen der Geschosse, die hin- und herfliegen. (...)
Endlich sind wir genügend weit vor, und jetzt heißt´s eingraben. Von einem Granatloch zum anderen wird nach der Seite gearbeitet, bis ein zusammenhängender Graben entsteht. (...) In Regen und Kälte, ohne Mantel und Decke, ohne etwas Warmes zu trinken, (...) haben wir dann drei Tage vorn zugebracht. «

»

1. Beschreibe M3. Welche Vorstellungen hat der Zeichner zu Kriegsbeginn über den Krieg?

2. Verfolge den Kriegsverlauf in der Karte M4. Nimm einen Atlas zu Hilfe. (T1, T2).

3. Welche Auswirkungen hatten für das Kriegsgeschehen
a) die Revolutionen in Russland,
b) der Eintritt der USA in den Krieg?
(T2, T3)

M 3 „Das Sprungbrett".
(12. Kriegsnummer der „Lustige(n) Blätter", Oktober 1914)

T 3 Die USA treten in den Krieg ein

Auch der Seekrieg gegen England scheiterte. Trotz anfänglicher Erfolge war die deutsche U-Boot-Flotte den Engländern unterlegen. Im April 1917 traten die USA als Gegner Deutschlands in den Krieg ein. Dadurch verschlechterte sich die Kriegslage Deutschlands und der verbündeten Mittelmächte weiter. Der Krieg war für die Deutschen nicht mehr zu gewinnen.

Lexikon

Stellungskrieg
Das ist ein Krieg, der an einer starren Frontlinie stattfindet. Die Gegner liegen sich in Schützengräben gegenüber. Sie versuchen, durch Geländegewinn „ihre Stellung" auszubauen. Um wenige Meter zu erobern, sterben oft Tausende Soldaten.

T 2 Der Krieg im Osten

Im Osten besiegten die deutschen Truppen 1914 zwei russische Armeen in Ostpreußen und drangen weiter nach Russland vor. Aber auch hier kam der Vormarsch zum Stehen und es begann, wie an der Westfront, der Stellungskrieg. Das änderte sich erst 1917: Im März wurde der russische Zar durch eine Revolution gestürzt.
Im November übernahmen die Kommunisten unter Führung Lenins durch eine zweite Revolution die Macht. Sie beendeten den Krieg mit Deutschland durch den Abschluss eines Friedensvertrages.

M 4 Frontenverlauf des Ersten Weltkrieges

*
4. Stellungskrieg an der Westfront (T 1, M 1, M 2, Lexikon)
a) Gib mit eigenen Worten wieder, wie der Soldat Oehme in M 2 den Stellungskrieg erlebt.
b) Beschreibe seine Gefühle.

*
5. Vergleiche die Vorstellungen in M 3 mit dem Kriegsverlauf.
Bewerte die Kriegslage 1917/1918 für das deutsche Heer und die Verbündeten.
Ist der Krieg noch zu gewinnen?
(T 1 – T 3, M 3, M 4)

Das Gesicht des Krieges

**Kriege gab es vorher schon viele.
In den Jahren 1914 bis 1918 bekam der Krieg jedoch ein neues Gesicht ...**

T1 Technik im Dienste des Krieges
Im Ersten Weltkrieg war vieles anders als in den Kriegen zuvor. Wissenschaftler und Ingenieure hatten modernste Erkenntnisse der Naturwissenschaften und Technik genutzt, um neue todbringende Waffen zu entwickeln. Diese wurden nun erstmalig eingesetzt: Maschinengewehre, Flammenwerfer, Handgranaten, weitreichende Geschütze und Tanks (Vorläufer der Panzer). Mit dem Einsatz von Jagd- und Bombenflugzeugen nahm der Luftkrieg seinen Anfang. Neu war auch der Einsatz von Unterseebooten im Seekrieg.

T2 Materialschlachten
Im Ersten Weltkrieg wurden ungeheure Mengen an Waffen, Munition und „Menschenmaterial" benötigt. Der Krieg wurde immer mehr zu einer Materialschlacht. Die gewaltige Zerstörungskraft der neuen Waffen führte dazu, dass Millionen Soldaten getötet oder verwundet wurden. Städte und Dörfer wurden in Schutt und Asche gelegt, Landschaften verwüstet.

T3 Einsatz von Giftgas
Am 22. April 1915 setzte das deutsche Heer erstmalig Giftgas ein. An der Westfront bei Ypern in Flandern wurden um 17 Uhr auf sechs Kilometer Frontlänge 146 Tonnen Chlor aus Gasflaschen abgeblasen. 5000 englische und französische Soldaten starben unter entsetzlichen Schmerzen an verätzten Lungen. Auch die französische und die englische Armee setzten von nun an Giftgas als Kampfmittel ein.

M1 Schlachtfeld bei Arras in Nordfrankreich (Foto, 1917)

»

1. Zähle auf, welche neuen Waffen im Ersten Weltkrieg eingesetzt wurden. (T1, T3, M4)

2. Was unterschied die neuen von den bisherigen Waffen? (T1, T3)

*
3. Sage deine Meinung zum Giftgaseinsatz im Ersten Weltkrieg. Analysiere dazu M2 nach folgenden Fragen:

Schriftliche Quellen auswerten

M 2 Der französische General Mordacq berichtet, was er am 22. April 1915 nach dem Giftgaseinsatz in Flandern (Belgien) sah:

„Ich stieg sofort zu Pferde und galoppierte in die Gräben. (...) Man konnte am Ufer des Kanals nur noch einige gelbliche Rauchschwaden erkennen. Als wir uns aber Boesinghe auf 300 oder 400 Meter genähert hatten, fühlten wir heftiges Prickeln in der Nase und Kehle; in den Ohren sauste es; das Atmen fiel schwer, ein unerträglicher Chlorgeruch umgab uns. (...)
In der Nähe des Dorfes war das Bild, das sich uns bot, mehr als bedauernswert – es war tragisch. Überall Flüchtende: (...) ohne Waffe – verstört, mit ausgezogenen oder weit geöffneten Röcken und abgenommener Halsbinde – liefen wie Wahnsinnige ins Ungewisse, verlangten laut schreiend nach Wasser, spuckten Blut, einige wälzten sich sogar am Boden und versuchten vergeblich, Luft zu schöpfen. (...)
Seit Kriegsbeginn war ich leider in Lothringen und bei Arras Zeuge vieler Paniken, aber nie musste ich ein ähnliches Schauspiel einer so vollkommenden Auflösung mit ansehen. Der Versuch, die Flüchtenden aufzuhalten, war vergebliche Mühe. (...)“

M 3 Gefallener Soldat des Ersten Weltkrieges (Foto aus dem Ersten Weltkrieg)
Der deutsche Generalfeldmarschall Hindenburg sagte einmal: „Mit Sentimentalitäten (Gefühlen) kann man keinen Krieg führen. Je unerbittlicher die Kriegsführung ist, umso menschlicher ist sie in Wirklichkeit.“

M 4 Englische Soldaten mit Gasmasken und Maschinengewehren (Foto, 1916)

a) Was sah General Mordacq bei der Besichtigung des Schlachtfeldes nach dem Gasangriff?
b) Welche Folgen hatte das Einatmen des Giftgases für die Soldaten?
c) Was empfand der General, als er die Soldaten sah?

*
4. Sieh dir M 3 an und sage deine Meinung zum Ausspruch von Generalfeldmarschall Hindenburg unter dem Bild.

*
5. Sieh dir zunächst die Bilder M 1, M 3 und M 4 genau an.
Schreibe anschließend einen Bericht zum Thema „Das Gesicht des Ersten Weltkrieges“. Beschreibe, wie der Krieg das Leben der Soldaten veränderte.

„Es war die Hölle!“ – Feldpostbriefe

Wie haben die Soldaten den Krieg erlebt?
Was haben sie gedacht und gefühlt?
Ihre Briefe von der Front sagen es uns.

T1 Feldpostbriefe

Eine wichtige Verbindung der Soldaten an der Front zu ihren Angehörigen und Freunden in der Heimat war die Feldpost. Auf Feldpostkarten und in Feldpostbriefen beschrieben sie das Leben an der Front – wie sie kämpften, wie stark der Feind war, ob das Essen schmeckte oder wie das Verhältnis zu den Vorgesetzten war. Die Soldaten schrieben über ihre Zuversicht an einen endgültigen Sieg, wenn sie den Gegner bei einer Schlacht besiegt hatten. Sie schrieben aber auch über ihre Trauer, wenn Kameraden im Kampf gefallen waren. Und viele Soldaten machten sich auch Gedanken darüber, ob es sich lohnen würde, in diesem Krieg sein Leben zu opfern.

T2 War alles wirklich so?

Die Briefe der Soldaten vermitteln ein persönliches Bild über den Kriegsalltag. Nicht alles, was nach Hause geschrieben wurde, entsprach der Wahrheit. Das hatte seinen Grund: Manchmal wurden Feldpostbriefe kontrolliert. Und oft erlebten die Soldaten viel Grausames, das sie verschwiegen, um die Angehörigen nicht zu beunruhigen.

< Extra >

M1 Ein Offizier schreibt von der Ostfront in Galizien am 25. April 1915 seinen Eltern:

„Lieber Vater!
Auf den Zusammenstoß mit dem Feinde freue ich mich, das darf ich dir ohne Übertreibung wirklich sagen. Und es übertrifft meine kühnsten Erwartungen, dass ich eine Truppe führen darf. – Gott gebe, dass ich es zum Nutzen unseres Vaterlandes tun werde. (...) Ich bin in meinem ganzen Leben nie so glücklich gewesen wie jetzt, und ich danke dir, lieber Vater, und ich danke es auch Mutter, dass ich vor allem an eurem Beispiel gelernt habe, dass eure Erziehung mich doch letzten Endes dazu befähigt hat, ein preußischer Soldat und Offizier zu werden.“

M2 Der Maler August Macke schreibt am 21. September 1914 an seine Frau von der Westfront. Tage später fällt er in einem Gefecht:

„Vorgestern hatten wir ein Gefecht. (...) Einer nach dem anderen schrie auf und fiel. Ich führte die Kompanie sofort aus diesem Loch, und wir kratzten uns mit Händen, Kochgeschirren und Spaten Deckungen, die allmählich größer wurden, sodass wir bis an die Knie eingegraben waren. Da lagen wir den ganzen Tag, schossen vorsichtig. Manch einer, der leichtsinnig sich zu hoch aufrichtete, fiel hinten über. Dabei schlugen die Granaten ein, dass die Tornister, die dicht hinter den Gräben lagen, haushoch emporflogen. Wir sahen das, wussten nicht, welcher von uns lieben Kameraden jetzt wieder getroffen war, und so ging es fort bis zum Abend. (...)“

»

1. Worüber berichteten die Soldaten von der Front in den Feldpostbriefen? (T1)

2. Warum schrieben die Soldaten nicht immer die Wahrheit?

*
3. Lest zunächst alle die Briefe M1, M2, M4.

Schriftliche Quellen auswerten

Bildet anschließend drei Gruppen. Jede Gruppe befasst sich mit einem Feldpostbrief.

Extra

M 3 Ein deutscher Soldat schreibt nach Hause.

M 4 Der Offizier Eugen Johann Müller aus Forst an der Weinstraße schreibt an seine Eltern:

„Schützengraben,
den 25. Februar 1915
Liebe Eltern!
(...) Hier auf dem Berg sind große Massengräber. (...) Jetzt weiß ich, was Krieg ist. Es ist trauriges Elend. Heute Nacht hat unsere Artillerie ein Dorf zusammengeschossen, da brennen viele Häuser, und so nachts ist das arg, so etwas anzusehen. Die Granaten pfeifen einem über den Kopf und brausen. Jetzt sitzen wir schon 8 Tage hier im Schützengraben, und es ist so kalt. Ich friere arg und bin doch dick angezogen. Etwas Warmes haben wir schon zehn Tage nicht mehr gegessen, nichts als Zwieback und Büchsenfleisch, denn die Feldküche kann nicht herfahren. (...) Mein einziger Wunsch ist, ich wollte der Krieg ist vorbei! Aber wie lange wird er noch dauern! (...)“

Ein Schüler der Gruppe liest zunächst den Brief vor.
Arbeit mit den Texten:
a) Worüber schreibt der Soldat?
b) Was schreibt er darüber?
c) Wie ist seine Gefühlslage?
d) Welche Haltung hat er zum Krieg, an welchen Textstellen wird das deutlich?

*
4. In den Briefen stellen drei Soldaten unterschiedlich dar, was sie an der Front erlebten und wie sie darüber dachten.
Was findest du aus den Berichten richtig, was fragwürdig?

Schreibe eine Kurzreportage, in der du deine Vorstellungen erläuterst (etwa 15 Zeilen) unter dem Titel: Das Leben an der Front.

An der Heimatfront

Je länger der Krieg dauerte, desto mehr wirkte sich das auf das Leben der Deutschen in der Heimat aus.

T1 Hunger und Kriegsmüdigkeit

Zu Beginn des Krieges glaubten viele Deutsche an einen schnellen Sieg. Aber es kam anders. Der Krieg zog sich in die Länge, ein Ende war nicht in Sicht. Die englische Flotte blockierte die deutschen Häfen. Der Handel mit dem Ausland wurde immer schwieriger. Die Wirtschaft war nicht auf einen langen Krieg eingestellt. Die Waren wurden knapp. Brot und andere Lebensmittel konnten nur noch gegen Lebensmittelkarten gekauft werden. Zwischen 1914 und 1918 starben in Deutschland 800 000 Menschen an Hunger.

T2 Frauen im Arbeitsprozess

Die deutsche Wirtschaft produzierte fast nur noch für den Krieg. Es fehlte an Rohstoffen für Waffen, vor allem war Kupfer knapp. Deshalb wurden Gegenstände aus Kupfer eingeschmolzen, so auch Kirchenglocken, Fenstergriffe und Türklinken.
Da die Männer an der Front waren, fehlte es auch an Arbeitskräften. Die Lücke mussten die Frauen ausfüllen. Sie arbeiteten in der Rüstungsindustrie, in Lebensmittelbetrieben, als Postbotinnen, Straßenbahnschaffnerinnen, in der Verwaltung und auch in der Landwirtschaft.

M1 Hungernde Berliner schlachten einen Pferdekadaver aus.
Eine schlechte Ernte und der strenge Winter 1916 führten dazu, dass Kartoffeln und Fleisch kaum noch zu erhalten waren. Besonders hungerten die Menschen in den Städten. Kohlrüben wurden zum wichtigsten Nahrungsmittel. (Foto, 1918)

1. Beschreibe das Bild M1. Was sagt es über die Lebensmittelversorgung in Deutschland im Kriegsjahr 1918 aus?

2. Wie verändert der Krieg das Leben vieler Frauen in Deutschland? (T2, M2)

3. Sage deine Meinung zum Bild M2. Denke daran, dass mit dem Bild für die Frauenarbeit geworben wird.

M 2 Rüstungsbetriebe werben für Frauenarbeit

M 3 Eine sozialdemokratische Zeitung aus Hannover schreibt am 25. Dezember 1915 zur Arbeit der Frauen in den Kriegsjahren:

„Frauenarbeit war bei uns immer schon eine sehr begehrte Ware. Denn sie ist erheblich billiger als Männerarbeit; selbst bei gleichen Leistungen. (...) Viele der Arbeiten, die Frauen verrichten, galten bei uns unumstößlich als ausgesprochene Männerarbeiten, obschon sie jetzt von den Frauen ebenso gut, wenn nicht vollendeter, ausgeführt werden. (...)
Sobald der Krieg vorüber ist, muss die Nachtarbeit wieder abgeschafft werden. (...)“

T 3 Immer mehr sind gegen den Krieg

Je länger der Krieg dauerte, desto mehr verflog die Kriegsbegeisterung. Immer mehr Familien erhielten Briefe, dass der Mann oder Sohn an der Front gefallen sei. Viele Deutsche glaubten nicht mehr an den Sieg und hofften auf ein schnelles Kriegsende. 1916 kam es zu ersten Streiks und Demonstrationen gegen den Krieg und für Frieden. Diese nahmen in den folgenden Jahren zu.

M 4 Anna Kohns (1883–1977) aus Bonn schrieb ihre Erlebnisse in den Kriegsjahren in ein Schulheft, das sie als Tagebuch benutzte:

„14. September 1915
Jetzt werden die dauernd Untauglichen gemustert, das wird wohl das Ende sein, denn wen wollen sie dann holen. Ich glaube, wenn alle fort sind, ist der unselige Krieg von selbst zu Ende. Man könnte verzweifeln darüber (...)

21. März 1916
Die Soldaten sind missmutig – aber auch alle – und sind nahe dran, den Gehorsam zu verweigern. Und erst die Stimmung im Volk! Die ist nicht zu beschreiben. Es ist bald kein Haus, wo nicht ein Angehöriger gefallen ist, und dann die ungeheure Teuerung der Lebensmittel, wir sind von aller Welt abgeschnitten und müssen uns selbst ernähren. Wenn man bei Fett- und Butterverkauf die Menschenmenge sieht, die sich drängt, dann die Polizisten, die die Ordnung halten, dann weiß man, wie es mit uns steht. Ich glaube sicher, dass unser Heer den Sieg nicht herbeiführen kann, die können so viel siegen, wie sie wollen, der verdammte Engländer will keinen Frieden (...).“

4. Was erfährst du in M 3 über
a) die Arbeitsbedingungen und die Löhne der Frauen,
b) die Veränderungen, was das Ansehen der berufstätigen Frauen in der Gesellschaft betrifft?

*
5. Werte den Bericht von Anna Kohns aus Bonn aus. (M 4)
a) Wie beschreibt sie die Stimmung in der Bevölkerung?
b) Was hat sich 1918 gegenüber 1914 in der Einstellung vieler Deutscher zum Krieg geändert?
c) Was sind die Gründe für den Stimmungswandel?

Familien im Krieg

Während des Krieges wuchs die Not in vielen deutschen Familien. Die Nachrichten über gefallene Soldaten an der Front häuften sich.

T1 Soldatenfamilien

In vielen deutschen Familien waren der Mann und die erwachsenen Söhne an der Front. Die Frauen mussten arbeiten, um die Familie zu ernähren. In der Rüstungsindustrie, aber auch im Handwerk und im öffentlichen Dienst arbeiteten die Frauen oft mehr als elf Stunden am Tag. Wenn sie müde von der Arbeit nach Hause kamen, ging ihr Arbeitstag zu Hause weiter: Kochen, Waschen, Nähen und die Kinder versorgen.

T2 Die Not wächst

In vielen Familien waren die Lebensmittel knapp. Die Bäcker durften schon seit 1915 Brot nur gegen Brotkarten verkaufen. Seit März 1916 gab es auch Fleisch und Wurst nur noch auf Lebensmittelkarten. Oft waren in den Geschäften die Regale leer, sodass auch die sehr niedrigen Zuteilungen nicht zu erhalten waren. Viele Familien waren nicht mehr in der Lage, die Kosten für Nahrungsmittel, Kleidung, Heizung und Miete aufzubringen. Oft mussten die älteren Kinder mitverdienen.

‹ Extra ›

M1 Braunschweiger Pfadfinder (von einer Partei unabhängige Jugendorganisation) liefern gesammelte Kartoffelschalen für Viehfutter ab. (Foto, 1916)

T3 Leid in vielen Familien

Je länger der Krieg dauerte, desto mehr Soldaten fielen an der Front oder wurden verwundet. Immer mehr Familien erhielten Briefe über den Tod des Mannes oder des Sohnes. Zu der materiellen Not kam das Leid über den Verlust der Angehörigen. In Deutschland wuchs die Verbitterung über den nicht endenden Krieg und das sinnlose Sterben an der Front.

»

1. Was ist eine „Soldatenfamilie" und warum hatte sie es besonders schwer? (T1)

2. Welche Folgen hatte die Rationierung der Lebensmittel auf die Lebenslage der Menschen? (T2, M1–M3)

3. Warum haben die Kinder Kartoffelschalen gesammelt? (M1, M2)

Sammeldienst des Kreises Alsfeld

Schule: ……

Nr. …… Name des sammelnden Schülers:

Nichts, was das Vaterland bedarf, soll umkommen!

Sammle deshalb fleißig und regelmäßig:	Du bekommst je 1 Sammelmarke:
Papier Sorte I: Zeitungen, Hefte, Akten, Kataloge, Geschäftsbücher u. andere Drucksachen. Sorte II: Sauberes Stopf- u. Abfallpapier.	für 1 Kilo Sorte I oder 2 Kilo Sorte II
Flaschen Wein- u. Sektflaschen, Wasserflaschen u. sonstige Flaschen	für 1 ganze oder 2 halbe Wein- u. Sektfl., für 3 Wasser- od. 10 sonst. Fl.
Frauenhaar (nicht gewickelt!)	für 10 Gramm

Metalle Alle Gegenstände oder Abfälle aus Alfenide, Alpaka, Aluminium, Blei, Bronze, Christofle, Kupfer, Messing, Neusilber, Nickel, Platin, Tombak, Zinn, Zink usw.

Du bekommst je eine Sammelmarke

1. für 10 Gramm Gegenstände aus Reinnickel oder Aluminium,
2. für 25 Gramm Einrichtungsgegenstände aus Kupfer oder Kupferlegierungen oder für 25 Gramm Bierkrugdeckel aus Zinn oder Zinngegenstände aller Art, (außer Zinnlöffeln und Gabeln) und für 25 Gramm Dach- oder Blitzableiterkupfer,
3. für 50 Gramm Altaluminium, Altnickel oder Haushaltungsgegenstände aus Kupfer und Kupferlegierungen,
4. für 100 Gramm Altkupfer, Altmessing, Altrotguß, Alttombak, Altbronze, Altzinn (auch Zinnlöffeln und -Gabeln).
5. für je 1 Kilo Blei oder Zink und 6. für 15 Weißblechdosen.

M 2 Sammeldienst für Kinder, 1917
Auch Kinder sollen ihren Beitrag zum Krieg leisten.

M 3 Anna Kohns aus Bonn schrieb in ihr Tagebuch:

» 1. Oktober 1916
Ist das ein Jammer, Elend und Not! Wir haben nicht genug zum leben u(nd) zuviel zum sterben. Eier gibts alle 14 Tage, 1 Ei für die Person. Fleisch alle 8 Tage 100 – 150 gr., Fett gar keins mehr. Butter 30 gr. die Woche. Dazu schon mal 6 o(der) 8 Pfd. Kartoffeln und 1 Brod für die Woche, davon soll man leben. (…) Ich weiß wirklich nicht, wie wir im Winter leben sollen und wovon. Das ist mir ein Rätsel. Aber (…) die Reichen, die haben alles in Fülle und können auch dran kommen. Es ist eine Schande, wenn man die Ungerechtigkeit sieht. «

M 4 Im Regierungsbezirk Hildesheim wies der Minister für Unterrichtsangelegenheiten an:

» Es ist zu meiner Kenntnis gekommen, dass kürzlich Kindern einer Landschule von ihrem Lehrer verboten worden ist, barfuß zur Schule zu kommen. Ein derartiges Verbot mag in Friedenszeiten in Fällen, in denen eine besondere Veranlassung vorliegt, gerechtfertigt sein. Während der Kriegszeit ist (…) von einem solchen Verbot schon deshalb abzusehen, weil es den Eltern wegen der gesteigerten Preise nicht immer leicht fallen wird, ihre Kinder mit dem notwendigen Schuhwerk zu versorgen.
Der Minister der geistlichen und Unterrichts-Angelegenheiten v. Trott zu Solz «

M 5 Die 17-jährige Amalie Ebert, Tochter des SPD-Vorsitzenden Friedrich Ebert, schrieb in ihr Tagebuch:

» 10. Februar 1917:
Nach langer, langer Zeit habe ich in der Schule geweint. (…) Heinrich (der 19-jährige Bruder) ist am 26. (Januar) schwer verwundet worden. Ein Granatsplitter drang in den Rücken und verletzte die Lunge. Nun liegt er so mutterseelenallein in der weiten Ferne.

15. Februar 1917:
Heute Morgen erhielten wir ein Telegramm. Ich beachtete es gar nicht und legte es fort. Da stand meine Mutter auf. Plötzlich hörte ich einen Schrei; sie hat das Telegramm geöffnet. Unser guter Heinrich ist gestorben. (…) Schon lange Wochen freuten wir uns auf seine Wiederkehr. (…) «

M 6 Todesnachricht von der Front
(Lithographie von Käthe Kollwitz, 1921)

4. Wiege 100 – 150 g Fleisch und 30 g Fett ab.
a) Wie lange kommst du mit dieser Ration aus?
b) Zeige M 3 deinen Eltern. Frage sie, wie hoch der wöchentliche Verbrauch der genannten Lebensmittel bei euch ist.

* **5.** Die Bilder M 1 und M 6 und die Quellen M 2 – M 5 geben Auskunft über die Not und das Leid in deutschen Familien während des Krieges. Schau dir die Bilder nochmals genau an und lies die Quellen nochmals sorgfältig durch unter der Fragestellung:
Wie sah das Leben in vielen deutschen Familien damals aus?
Schreibe anschließend einen Bericht zum Thema:
Deutsche Familien in den Kriegsjahren 1916 – 1918.

Das Ende des Krieges

Die Niederlage des deutschen Heeres im Ersten Weltkrieg hatte weitreichende Folgen für den deutschen Staat.

T1 Der Krieg ist verloren

Im März 1918 scheiterte eine letzte Großoffensive des deutschen Heeres an der Westfront. Die erschöpften deutschen Truppen mussten vor dem Gegenangriff der französischen, englischen und amerikanischen Streitkräfte immer weiter zurückweichen. Nach schweren Niederlagen an den Fronten in Südosteuropa kapitulierten die deutschen Bündnispartner Bulgarien, Türkei und Österreich-Ungarn.

T2 Waffenstillstand und Revolution

Die Oberste Heeresleitung forderte am 29. September 1918 die deutsche Regierung auf, einen Waffenstillstand mit den Kriegsgegnern abzuschließen. Trotzdem befahl die deutsche Marineführung Anfang November 1918 den Matrosen der Kriegsflotte, gegen die überlegene englische Flotte auszulaufen. Die Matrosen meuterten. In Kiel und Wilhelmshaven kam es zum bewaffneten Aufstand. Die Revolution brach aus und breitete sich über ganz Deutschland aus. Am 9. November 1918 trat Kaiser Wilhelm II. zurück. Deutschland wurde eine Republik. Zwei Tage später unterzeichnete die neue Regierung mit den Siegermächten einen Waffenstillstand.

M2 Generalfeldmarschall von Hindenburg schreibt am 3. Oktober 1918 an Reichskanzler Prinz Max von Baden:

» (Es) besteht nach menschlichem Ermessen keine Aussicht mehr, dem Feinde den Frieden aufzuzwingen. Der Gegner seinerseits führt ständig neue frische Reserven in die Schlacht (…) Die Lage verschärft sich aber täglich, kann die OHL (Oberste Heeresleitung) zu schwerwiegenden Entschlüssen zwingen. Unter diesen Umständen ist es geboten, den Kampf abzubrechen, um dem deutschen Volke und seinen Verbündeten nutzlose Opfer zu ersparen. Jeder versäumte Tag kostet Tausenden von tapferen Soldaten das Leben. «

M1 Die deutsche Kommission mit weißen Fahnen an den Autos im französischen Ort Compiegne am 11. November 1918. Um 17 Uhr wurde der Waffenstillstand unterzeichnet.

»

1. Beschreibe die Lage für das deutsche Heer und seine Verbündeten im Sommer 1918. (T1)

2. Welche Meinung hat Soldat Falkenhain in M3 zum Krieg? Vervollständige die beiden Sätze:
a) Karl Falkenhain bezeichnet den Krieg …
b) Er hofft, dass der Krieg …

3. Wie beschreibt der Kronprinz in M5 den Zustand des deutschen Heeres? Nenne Einzelheiten.

4. Wie kennzeichnet Hindenburg die Lage für das deutsche Heer und was fordert er? (M2)

M 3 Von der Front schreibt am 16. September 1918 Karl Falkenhain an seine Frau und Kinder:

„Meine Lieben, der 16. September ist ein schwarzer Tag. Vor vier Jahren habe ich Euch und die Heimat verlassen müssen und bin seitdem in der weiten Welt. Muss einsam und verlassen von meinen Lieben leben. Keiner hätte damals geglaubt, dass der verfluchte, elende Krieg so lange dauern würde, und keiner weiß heute, wie lange der Schwindel noch gehen soll und wann wir wieder in Liebe und Frieden zusammenleben können. Gott soll helfen, dass es bald zum Schluss kommt und das Morden endlich aufhört. Das wünscht von ganzem Herzen Dein lieber Mann, Euer lieber Vater, und dass ich und unser lieber Sohn zusammen in die liebe Heimat zurückkehren können."

M 5 Kronprinz Ruprecht, Führer einer deutschen Heeresgruppe, schreibt am 18. Oktober 1918:

„Unsere Truppen sind übermüdet und in erschreckender Weise zusammengeschmolzen. Die Kopfzahl der kampffähigen Infanterie einer Division beträgt selten 3000 Mann, Sollstärke 12800. (…) Bei einzelnen Armeen sind 50 Prozent der Geschütze ohne Bespannung (Transportpferde). (…) Ausgebaute Stellungen haben wir nicht mehr, und es lassen sich auch keine mehr schaffen. Für die Lastwagen mangelt es an Betriebsstoff. (…) Ernsten feindlichen Angriffen können wir beim Fehlen von Reserven nicht mehr standhalten. (…) Unter allen Umständen müssen wir zum Frieden gelangen, ehe sich der Gegner den Weg nach Deutschland erzwingt."

M 4 Revolutionäre Matrosen der deutschen Kriegsflotte, November 1918

Lexikon

Waffenstillstand
Das ist eine Vereinbarung von Kriegsparteien, bewaffnete Feindseligkeiten zeitweilig oder dauernd zu beenden. Die Kriegsparteien sind verpflichtet, Zivilpersonen und Kriegsgefangene in ihre Länder zurückzuschicken. Meistens folgen einem Waffenstillstand Verhandlungen über einen Friedensvertrag.

M 6 Gefallene Soldaten im Ersten Weltkrieg

Russland	2 000 000
Deutschland	1 936 000
Großbritannien	1 184 000
Frankreich	1 140 000
Österreich-Ungarn	1 000 000
Italien	650 000
Serbien	360 000
Türkei	325 000
Rumänien	250 000
USA	125 000

5. Welches Ereignis führte zum Ausbruch der Revolution in Deutschland? (T 2, M 4)

6. Welche Folgen hatte die Revolution für Deutschland? (T 2)

* **7.** Beschreibe M 1: Was könnten in diesem Augenblick die auf die Autos schauenden Franzosen gedacht haben?

* **8.** Der Erste Weltkrieg war eine Katastrophe ungeheueren Ausmaßes: Wie viele Soldaten fielen allein aus den genannten Ländern? (M 6)

Kriegerdenkmäler

Was sagen uns Denkmäler für die gefallenen Soldaten noch heute?

T1 Denkmäler zur Erinnerung

In vielen deutschen Städten und Dörfern stehen Denkmäler, die an Gefallene der beiden Weltkriege erinnern. Du findest sie auf Friedhöfen und auf öffentlichen Plätzen. Nicht selten befindet sich auf dem Sockel des Denkmals eine Gedenkplatte mit den Namen der gefallenen Soldaten aus der Heimatgemeinde.

T2 Heldenverehrung oder Mahnung?

Nach dem Ersten Weltkrieg wurden in Deutschland viele Kriegerdenkmäler feierlich eingeweiht. Sie sahen sehr unterschiedlich aus. Das hing auch davon ab, was die Auftraggeber für den Bau des Denkmals und der Künstler, der es gestaltete, beabsichtigten: Wollten sie den Menschen sagen, dass hier Helden gefallen

M1 Schüler aus Osnabrück vor dem Kriegerdenkmal in Ibbenbüren (Nordrhein-Westfalen)

M2 Kriegerdenkmal in Hildesheim
Als die Einwohner an einem Morgen 1981 die Beschriftungen sahen, waren die meisten empört. Eine Tageszeitung berichtete darüber unter dem Titel: „Schmiererei oder sinnvolle Ergänzung?" In den nächsten Tagen wurde die Schrift entfernt.

»

1. Welche unterschiedliche Bedeutung können Kriegerdenkmäler für die Menschen haben? (T1, T2)

2. Findet heraus, welche Kriegerdenkmäler es in eurer Umgebung gibt. (T3, M1)

3. Zur Rede des Offiziers bei der Denkmalseinweihung 1931 in M4:
   a) Worin sieht er die Bedeutung des Denkmals für die „Alten und Jungen"?
   b) Sage deine Meinung dazu.

sind, deren Kampf für die Jugend vorbildlich ist? Oder wollten sie daran erinnern, dass die Gefallenen junge Männer waren, die das Leben noch vor sich hatten und einen sinnlosen Tod starben?

T3 Kriegerdenkmäler befragen

Der Besuch eines Kriegerdenkmals kann euch wichtige Informationen vermitteln. Ermittelt aus der Beschreibung des Denkmals und möglichen Zusatzinformationen, welche Absichten die Erbauer hatten. Wichtig ist dabei zu untersuchen, wie zu unterschiedlichen Zeiten in Festreden und Zeitungsartikeln den Gefallenen gedacht wurde. Hinweise hierüber findet ihr vielleicht im Archiv, Museum oder in der Ortschronik.

M4 Am 12. Juli 1931 wurde in Kaiserslautern ein Ehrenmal für gefallene deutsche Soldaten eingeweiht. Der ehemalige Kommandeur des 23. bayerischen Infanterieregiments sagte bei der Einweihung:

» Ich weihe Dich, unser Denkmal an dieser hervorragenden Stätte Kaiserslauterns, als Quelle der Kraft, nicht nur für Kaiserslautern, für Alte und namentlich Junge, für das ganze deutsche Volk. Möge es erzogen werden im gleichen Geist, der uns treibt in den Tod fürs Vaterland. «

M3 Opferdenkmal in Frankfurt/Main von B. Elkan
Als das Denkmal im Oktober 1920 eingeweiht wurde, waren viele Bewohner empört und protestierten.
Ein Zeitungsleser fragte, „ob eine nackte Frau den Schmerz der Mutter Deutschland' versinnbildlichen sollte".

Methode: Ein Kriegerdenkmal hinterfragen

1. Beschreiben
Was ist dargestellt? Was steht im Mittelpunkt des Denkmals? Werden Gefühle wie Trauer und Schmerz sichtbar? Was steht auf der Gedenktafel?

2. Zusätzliche Informationen beschaffen
Wer gab den Auftrag? Ist der Künstler bekannt? Welche Bedeutung hat das Denkmal für die Bewohner?

3. Gesamteindruck
Welchen Eindruck macht das Denkmal auf dich? Welche Aussage zum Krieg und zum Soldatentod wird vermittelt? Entspricht diese deinen Vorstellungen?

*
4. Worin unterscheiden sich die Denkmäler in M2 und M3?
a) Was wird dargestellt?
b) Was sagen sie zum Krieg und zum Soldatentod aus?
Wende dabei die Schritte „Ein Denkmal hinterfragen" an.

*
5. Setze dich mit der Beschriftung in M2 auseinander: Schmiererei oder sinnvolle Ergänzung? Sprecht darüber in der Klasse.

*
6. Wie sieht dein Denkmal für gefallene Soldaten aus? Beschreibe es in wenigen Sätzen.

Wer kennt sich aus?

1. Hier stimmt doch was nicht!

Verbessere die falschen Aussagen und schreibe sie richtig auf. Manchmal sind mehrere Fehler in einer Aussage:

- Rassisten treten für die Gleichberechtigung aller Völker ein.
- Neben Russland und Frankreich besaß die Schweiz viele Kolonien.
- Am 6. November 1724 wurde Indien spanische Kronkolonie.
- Die Engländer arbeiteten mit allen Indern eng zusammen.
- Die afrikanischen Völker standen auf einer niedrigen Kulturstufe.
- Der Volksstamm der Herero lebte in Deutsch-Ostafrika.
- Unternehmer waren nicht an Kolonien interessiert.
- Algerien war eine englische, Togo eine spanische Kolonie.
- Die Europäer halfen den Afrikanern, die Kolonien zu verwalten.
- Die militärisch überlegenen Herero besiegten die Soldaten der deutschen Schutztruppe.
- Die Europäer behandelten die Afrikaner menschlich.
- Unter der Herrschaft der Franzosen verbesserte sich das Leben vieler Juden.

2. Wie heißt doch gleich ...

Schreibe die gesuchten Begriffe auf:

- der englische Politiker, für den die „weiße Rasse" den Afrikanern überlegen war;
- der Deutsche, der große Gebiete in Ostafrika für das Kaiserreich erwarb;
- ein außereuropäisches Land, das von einem fremden Staat abhängig ist;
- die deutsche Bezeichnung von Imperialismus;
- ein Arzt, der sich selbstlos für die Afrikaner einsetzte;
- die Wüste, in der Tausende Herero 1904 umkamen;
- jemand, der behauptet, die „weiße Rasse" sei den farbigen Völkern überlegen;
- die englische Königin, die 1877 zur Kaiserin von Indien gekrönt wurde;
- jemand, der das Ziel hat, Menschen anderen Glaubens zum Christentum zu bekehren.

3. Alles über die Herero

Ergänze die Sätze in deinem Heft. Wähle unter folgenden Begriffen aus.

Eisenbahnlinie, Farmen, Herero, Kinder, Kolonialverwaltung, Überlebenschance, überlegen, unfruchtbar, verschonten, Viehzüchter, Waffen, Wasserlöchern, Weideplätze, Wüste, Wüste

- Der Volksstamm der ... lebte am Rande der ...
- Die Herero waren ..., die mit ihren Herden ständig neue ... suchten.
- 1903 wies die deutsche – den Herero neue Gebiete an, die ... waren.
- Durch den Bau einer ... wurden die Herero von den lebensnotwendigen ... abgeschnitten.
- Weil die Herero keine ... mehr hatten, griffen sie zu den ...
- Die Hererokrieger überfielen deutsche ...
- Deutsche Frauen und Kinder ... sie.
- Die deutschen Soldaten waren den Herero militärisch ...
- Sie trieben die Herero in die ...
- Tausende, auch Frauen und ..., verdursteten.

Wichtige Begriffe:

Dreibund

Rassismus

Herero

Heimatfront

Großfamilie

4. Experten zum Ersten Weltkrieg

Finde die folgenden Umschreibungen.
Die Buchstaben der markierten Spalte ergeben, von oben nach unten gelesen, eine Kriegsführung, die im Ersten Weltkrieg Bedeutung erlangte.

1. Tägliche Beschreibung der Kriegslage an den Fronten.
2. Chemischer Kampfstoff, im Ersten Weltkrieg an der Westfront eingesetzt.
3. Stadt in Bosnien, in der der österreichische Thronfolger ermordet wurde.
4. Deutsche Malerin, die in ihren Werken den Krieg verurteilt.
5. Dieses Ereignis führte in Deutschland im November 1918 zum Sturz der Monarchie.
6. Name des Bündnisses der Mittelmächte Deutschland, Österreich und Italien.
7. Führender Staat in der Entente, Hauptgegner Deutschlands.
8. Südosteuropäischer Staat, im Ersten Weltkrieg Verbündeter Deutschlands.
9. Briefe, die Soldaten von der Front den Angehörigen und Freunden in der Heimat schickten.
10. So etwas baute man in vielen Städten und Dörfern zur Erinnerung an die gefallenen Soldaten.
11. In der Nähe dieser französischen Stadt fand eine der größten Schlachten des Ersten Weltkrieges statt.
12. In dieses westeuropäische Land marschierten im August 1914 deutsche Soldaten ein.
13. Bekannter deutscher General des Ersten Weltkrieges.
14. In dieser französischen Stadt wurde am 11. November 1918 der Waffenstillstand unterzeichnet.

Imperialismus

Attentat

Feldpost

Kriegerdenkmal

Waffenstillstand

Entente

Methoden

1

Methode:
Eine Pro-Kontra-Diskussion führen, Seite 44/45

1. Wählt eine Diskussionsleiterin oder einen Diskussionsleiter.

2. Stellt zwei Gruppen zusammen mit jeweils 4 bis 5 Schülerinnen und Schülern, eine Gruppe für „Pro" und eine für „Kontra":

3. Gebt den Gruppen Zeit, für ihren Standpunkt Argumente zu sammeln und zu notieren.

4. Jede Gruppe trägt ihre Argumente vor. Die Zuhörer können Fragen stellen.

2

Methode:
Internetsuche, Seite 72/73

1. **Planung**
Überlege, was dich genau interessiert. Erstelle dazu eine Stichwortliste.

2. **Suchmaschinen und Links**
Suchmaschinen helfen, um sich im Internet zu orientieren.
Hat man gute Seiten gefunden, gibt es oft Links zu ähnlichen Seiten.

3. **Bewertung der Informationen**
Handelt es sich um eine öffentliche Seite (Museum, Archiv, ...) oder um eine Seite zur Unterhaltung (private Homepage, ...)?

4. **Sichern der Informationen**
Wichtige Informationen ausdrucken oder zur Bearbeitung kopieren. Die Adresse der Homepage (url) solltet ihr dabei immer angeben.

3

Methode: Eine Meinungsumfrage, Seite 96/97

1. Vorbereitung
- zu welchem Thema wird befragt
- wer soll befragt werden
- wo soll befragt werden

2. Fragen erarbeiten
- Fragen finden und auswählen
- durchführen, um herauszufinden, ob die Fragen verständlich sind
- Fragebogen entwickeln

3. Genehmigung einholen

4. Befragung durchführen
- höflich auf die Menschen zugehen und sie fragen, ob sie für eine kleine Meinungsumfrage Zeit hätten

5. Auswertung und Präsentation
- Strichlisten zu jeder Frage führen, Häufigkeiten finden und darstellen

5

Methode: Statistiken auswerten, Seite 156/157

1. Thema erkennen:
- Worum geht es in der Statistik? (Meistens steht es in der Überschrift oder in der Legende.)
- Welchen Zeitraum umfassen die Zahlenangaben?

2. Statistik beschreiben:
- Wie wird das statistische Material dargestellt: als Tabelle oder als Diagramm?
- Enthält die Statistik absolute Zahlen oder Prozentangaben?

3. Statistik auswerten:
- Was sagen die angegebenen Daten genau aus?
- Lassen sich Entwicklungen ablesen?

Methoden

5

Methode: Ein Lexikon benutzen, Seite 162/163

1. Die Stichwörter sind fett gedruckt und nach dem Alphabet geordnet.

2. Bei Fremdwörtern wird nach dem Stichwort der Artikel angegeben: der, die, das.

3. Bei Fremdwörtern wird angegeben, aus welcher Sprache das Wort stammt (z. B. engl. = englisch, frz. = französisch, lat. = lateinisch).

4. Der Pfeil ↑ steht vor Begriffen, zu denen es im Lexikon einen eigenen Artikel gibt.

5. Häufig werden Zeichen und Abkürzungen verwendet. In der Anleitung zur Benutzung des Lexikons steht, was sie bedeuten.

6

Methode: Ein Kriegerdenkmal hinterfragen, Seite 214/215

1. Beschreiben
Was ist dargestellt? Was steht im Mittelpunkt des Denkmals? Werden Gefühle wie Trauer und Schmerz sichtbar? Was steht auf der Gedenktafel?

2. Zusätzliche Informationen beschaffen
Wer gab den Auftrag? Ist der Künstler bekannt? Welche Bedeutung hat das Denkmal für die Bewohner?

3. Gesamteindruck
Welchen Eindruck macht das Denkmal auf dich? Welche Aussage zum Krieg und zum Soldatentod wird vermittelt? Entspricht diese deinen Vorstellungen?

Methoden aus mitmischen 1

1

Methode:
Lesen von geschichtlichen Erzählungen, Seite 18/19

Wenn du eine geschichtliche Erzählung (Text über die Vergangenheit) in einem Sachbuch oder im Schulbuch liest, dann solltest du folgende Schritte beachten:

1. Welche Wörter verstehst du nicht?
Versuche ihre Bedeutung herauszufinden (Lexikon, Wörterbuch, Nachfragen bei Mitschülerinnen und Mitschülern oder Lehrerinnen und Lehrern, Eltern etc.).

2. Überlege dir die wichtigsten Punkte der Erzählung.

3. Lies nun den Text erneut.
Versuche ihn mit eigenen Worten zusammenzufassen.

Methode:
Ein Gespräch führen, Seite 20/ 21

a) Bildet einen Sitzkreis.
Im Sitzkreis kann man gut diskutieren.

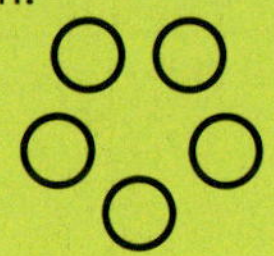

b) Legt gemeinsam Gesprächsregeln fest.

2

Methode:
Eine Geschichtskarte auswerten, Seite 28/29

1. Thema, Ort und Zeit
Kläre zunächst, um welches Thema es bei dieser Karte geht: Oft hat die Karte einen Namen, der weiter hilft. Stelle nun fest, welche Gebiete der Erde von der Karte erfasst werden. Die Frage nach der Zeit, um die es geht, ist oft in der Kartenerläuterung (Legende) angegeben.

2. Einzelheiten erfassen
Eine Karte bietet oft viele Informationen. Aus der Kartenlegende kannst du entnehmen, welche Bedeutung die Zeichen, Farben und andere Bezeichnungen haben.

3

Methode:
So kannst du Bilder betrachten und verstehen, Seite 66/67

1. Beschreiben:
Was wird dargestellt?
Wer oder was ist abgebildet?
Was geschieht auf dem Bild?

2. Untersuchen:
Wie wird das Geschehen dargestellt? Was steht im Mittelpunkt des Bildes? Was sind wichtige, was weniger wichtige Bildinhalte? Wird etwas besonders groß, hell oder farbig dargestellt? Welche Haltung nehmen die Personen ein?

3. Erklären:
Warum wird es so dargestellt? Wer hat das Bild in Auftrag gegeben? Wer sind die Betrachter? Was soll mit dem Bild erreicht werden?

4

Methode: Schriftliche Quellen auswerten, Seite 86/87

Fragen zum Text:

1. **Worum geht es in dem Text?**

2. **Welche Daten, Orte, Personen oder Gruppen werden genannt?**

3. **Gibt es Wörter die du nicht verstehst?** Schlage in einem Wörterbuch nach oder frage deine Lehrerin oder deinen Lehrer.

4. **Schreibt der Verfasser über Dinge, die er selbst erlebt hat? Woher hat er sonst seine Informationen?**

5. **Kannst du erkennen, an wen er sich mit seinem Text wendet?**

6. **Mit welcher Absicht hat der Verfasser den Text wohl geschrieben?**

* In Klammern gesetzt sind die Lebensdaten der jeweiligen Person.

Textquellen

S. 13, M 5: Abgedruckt in: Erinnern und Urteilen, Stuttgart 1978, Kap. 7, S. 7 - 27, Quelle 5, Berab.: Peter Furth
S. 13, M 6: Abgedruckt in: Ebenda, Kap. 7, S. 7 - 27, Quelle 3, Bearb.: Peter Furth
S. 16, M 1: Zusammengestellt vom Autor
S. 17, M 11: Zusammengestellt vom Autor
S. 19, M 4: Frei nacherzählt vom Autor nach: P. G. Heims: Kraken, Monster, Seemannsgarn, Leipzig 2006, S. 17
S. 23, M 3: Zit. nach: Franz Hümmerich, Vasco da Gama und die Entdeckung des Seewegs nach Ostindien. Beck, München 1898 (bearb. v. Verf.)
S. 25, M 4: Geschichte in Quellen. Bd. 3, BSV, München 1966, S. 46. Deutsche Übertragung von A. Zaliorsky, Zürich 1940, Bearb.: Fritz Dickmann
S. 26, M 2: vom Autor aus verschiedenen Berichten zusammengefasst
S. 29, M 3: Georg A. Narciss (Hg. u. Bearb.), Denkwürdigkeiten des Hauptmanns Bernal Diaz del Castillo, Stuttgart 1965, S. 261 ff.
S. 29, M 4: Codex Florentino, zit. nach: Miguel León-Portilla, Rückkehr der Götter. Middelhauve, Köln 1962, S. 57 f. Übers.: Renate Heuer
S. 31, M 4: Zit. nach: Louis Baudin, Der Sozialistische Staat der Inka, Bd. 16. Rowohlt, Hamburg 1956, S. 100, Übersetzer: Gerda von Uslar
S. 33, M 5: A. Bollinger, Spielball der Mächtigen, Stuttgart 1972, S. 34
S. 35, M 4: Geschichte in Quellen, Bd. 3, BSV, München 1976, Bearb.: Fritz Dickmann, (v. Verf. gekürzt und mit Fußnote versehen)
S. 37, M 5: Zit. nach Rainer Grießhammer, Claudia Burg, Wen macht die Banane krumm?, Reinbek 1989, S. 234
S. 41, M 5: Zit. nach: Herrscher und Untertanen, Museum für Völkerkunde, Frankfurt/M. 1974
S. 43, M 3: Eberhard Gloger, in: mitmischen 2 NRW, Leipzig 2000, S. 31
S. 43, M 4: zusammengefasst vom Autor
S. 55, M 2: Zit. nach: Penny Petrone, Narrative Literature in Canada, From the Oral Tradition to the Present, Toronto 1990, S. 10 f. (Übersetzung durch den Autor)
S. 61, M 2: Zit. nach: Geschichte in Quellen, Bd. 4, BSV, München 1981, S. 90, Bearb.: W. Lautemann und M. Schlenke
S. 65, M 2: H. J. Stammel, Indianer, Legende und Wirklichkeit von A - Z, Leben - Kampf - Untergang, Bertelsmann Lexikon-Verlag, Gütersloh 1977, S. 74
S. 65, M 3: H. J. Stammel, Indianer, Legende und Wirklichkeit von A - Z, Leben - Kampf - Untergang, Bertelsmann Lexikon-Verlag, Gütersloh 1977, S. 86
S. 79, M 3: Krebs, Der europäische Absolutismus, Stuttgart 1971, S. 23
S. 81 M 4: Th. Steudel, Der Fürstenstaat, Berlin 1933, S. 1 ff.
S. 84, M 1: Zit. in: Geschichte in Quellen, Bd. 3, BSV, München 1970, S. 460 ff., Übersetzer: Fritz Dickmann
S. 84, M 2: Zit. in: Ebenda, S. 460 ff., Übersetzer: Fritz Dickmann
S. 84, M 3: Fenelon, Ein Mahnwort an Ludwig XIV., um 1695, in: Quellen zur Geschichte der Neueren Zeit, S. 219 f., Übersetzer: Hans C. Huber und Gottfried Guggenbühl
S. 85, M 5: Zit. in: Funkkolleg Kunst, Studienbegleitbrief 6, Weinheim/Basel 1985, S. 122 (Text gekürzt)
S. 85, M 6: Die Briefe der Liselotte von der Pfalz, Verf. von Elisabeth Charlotte d´Orléans, Langewiesche-Brandt 1958, S. 123, neu bearb. und ergänzt: Margarethe Westphal
S. 87, M 3: Helmut Neuhaus (Hrsg.), Deutsche Geschichte in Quellen und Darstellung, Bd. 5, Zeitalter des Absolutismus, Stuttgart 1997, S. 209 f.
S. 88, M 1: aus: Berlinische Monatsschrift, Bd. 4, hg. v.: Johann Erich Biester und Friedrich Gedike, 1784, Dezemberstück 1784 als erster Beitrag, S. 481 - 494
S. 89, M 5: John Locke, Two Treaties on Gouvernment 1689, in: Geschichte in Quellen, Bd. 3, S. 496, zit. in: Geschichtliche Weltkunde, Bd. 2, S. 108, BSV, München, Übersetzer: Fritz Dickmann
S. 89, M 6: Montesquieu, Vom Geist der Gesetze, Buch 11, Kapitel 6, 1748, zit. nach der Goldmann-TB-Ausgabe, München 1968, S. 200 ff., Übersetzer: Ernst Forsthoff
S. 89, M 8: J.-J. Rousseau, Emile oder über die Erziehung, Schöningh, Paderborn 1978, S. 14, Übersetzer: Ludwig Schmidts
S. 95, M 2: I. und P. Hartig, Die Französische Revolution, Stuttgart 1985, S. 52 ff.
S. 95, M 3: Grundgesetz der Bundesrepublik Deutschland
S. 97, M 1: Kinderrechtskonventionen der Vereinten Nationen, entnommen aus: terre des hommes, „Kinderrechte. Mach mit!"
S. 99, M 2: Wolfgang Mickel (Hrsg.), Politik und Gesellschaft, Frankfurt/M., 5. Aufl. 1974, S. 24, Bearb.: Berthold Wiegand, Wanda Kampmann und Wolfgang Mickel
S. 101, M 5: Olymp de Gouges, Schriften, zit. nach: Monika Dillier u. a. (Hg.), Frankfurt/M., 1980, S. 41 ff., Übersetzer: Vera Mostowlansky
S. 102, M 2: Zit. nach: Landesregierung NRW (Hg.), Geschichte auch für Mädchen, 1989, S. 20 f., Übersetzer: Sabine Franzen und Gerhard Seidel
S. 103, M 3: J.-J. Rousseau, Emile oder über die Erziehung, Schöningh, Paderborn 1971, S. 415 ff, Übersetzer: Ludwig Schmidts
S. 103, M 5: Zit. nach: Jean-Paul Bertrand, Alltagsleben während der Französischen Revolution, Freiburg/Würzburg 1989, S. 175, Übersetzer: Christine Diefenbacher
S. 115, M 2: Freiherr vom Steins Ausgewählte Schriften, hrsg. von Klaus Thiede, Jena 1929, S. 178
S. 115, M 4: Zit. in: Geschichte in Quellen, Bd. 5, BSV, München 1980, S. 15, Bearb.: Günter Schönbrunn
S. 117, M 3: Hans Ebeling, Reise in die Vergangenheit, Bd. 3, Braunschweig 1976, S. 109
S. 119, M 3: Berlinische Zeitung, 20. 3. 1848, zit. nach: Zeiten und Menschen 2, Paderborn 2004, S. 105
S. 121, M 3: Ernst Rudolf Huber (Hg.), Quellen zum Staatsrecht der Neuzeit, Bd. 1, Tübingen 1949, S. 257 ff.
S. 123, M 3: Zit. nach: Helmut Böhme (Hg.), Die Reichsgründung, München 1967, S. 273
S. 125, M 3: Manfred Görtemaker, Deutschland im 19. Jahrhundert, Entwicklungslinien, Bonn 1989, S. 274
S. 127, M 6: Stefan Zweig, Die Welt von gestern, Frankfurt/M. 1970, S. 94 f.
S. 129, M 2: Zit. nach: Uwe Spiekermann, „Hereinspaziert in die Welt ihrer Träume", Das Warenhaus als Ort des Konsums, in Praxis Geschichte, 4/1998, Braunschweig 1998, S. 38
S. 129, M 4: Franz Rehbein, Das Leben eines Landarbeiters, hg. von Paul Göhre, Jena 1911, S. 40
S. 133, M 6: Grundgesetz der Bundesrepublik Deutschland
S. 139, M 2: Aus: Zeitreise A2 neu, Leipzig 2005, S. 161 Q3 (bearb. v. Verfasser)
S. 139, M 3: Zit. nach: Jürgen Kocka/Bernd Müller, Wirtschaft und Gesellschaft im Zeitalter der Industrialisierung, München 1984, S. 54 ff.
S. 139, M 4: Dieter Bradtke, Die Industrielle Revolution in Deutschland, Stuttgart 1985, S. 20
S. 143, M 2: Zit. nach: 100 Jahre sind erst der Anfang, Zur Geschichte der Gewerkschaft Textil-Bekleidung, Bielefeld o. J., S. 4
S. 143, M 4: Jahresbericht des Historischen Vereins für die Grafschaft Ravensberg 1964/1965, Bielefeld 199, S. 11 f.
S. 145, M 2: Hans Schwab-Felisch, Gerhart Hauptmann, Die Weber, Vollständiger Text des Schauspiels, Dokumentation, Frankfurt/M., Berlin 1993, 33. Aufl., S. 153/154
S. 145, M 4: Wolff, W., Das Elend und der Aufruhr in Schlesien, Deutsches Bürgerbuch für 1845, hrsg. von H. Puttmann, Bd. 1. Darmstadt 1845; zit. nach: Gesammelte Schriften von Wilhelm Wolff, hrsg. von Franz Mehring, Vorwärts, Berlin 1909, S. 50ff., entnommen aus www.psm-data.de
S. 147, M 3: Dietrich Baedeker, zit. nach: Bodo Harenberg, Chronik des Ruhrgebietes, Chronik-Verlag, Dortmund 1987, S. 186
S. 149, M 3: Lorenz Pieper, Die Lage der Bergarbeiter im Ruhrrevier, Stuttgart 1903, S. 241
S. 149, M 4: Klaus Tenfelde, Sozialgeschichte der Bergarbeiterschaft an der Ruhr im 19. Jahrhundert, Verlag Neue Gesellschaft, Bonn/Bad Godesberg 1977, Abb. 17
S. 151, M 3: Li Fischer-Eckert, Die wirtschaftliche und soziale Lage der Frauen in dem modernen Industrieort Hamborn im Rheinland, Hagen 1913, S. 77 ff.

S. 152, M 1: Jürgen Kocka, Arbeitsverhältnisse und Arbeitsexistenzen, Grundlagen der Klassenbildung im 19. Jahrhundert, Bonn 1990, S. 486
S. 152, M 2: Das „Rothe Strafbuch" der Schnellpressenfabrik Koenig und Bauer, Friedrich v. König, Ein Jahrhundert Fabrikleben auf dem Lande, Münster 1900, S. 36 f.
S. 153, M 4: Stadtarchiv Duisburg 12/1375
S. 155, M 2: A. Popp, Jugend einer Arbeiterin, Nachdruck Berlin 1977, S. 35
S. 155, M 4: A. Stockmann, Fabrikkinder in Cromford, Köln 1989, S. 16
S. 155, M 6: FAZ vom 01.02.2007, Nr. 27, Seite 42, Bericht von Claudia Hangen
S. 156, M 1: Aus: Zeitreise A2 neu, Leipzig 2005, S. 164, Grafik vom Verfasser bearbeitet
S. 156, M 2: Bodo Harenberg (Hrsg.), Chronik des Ruhrgebiets, Dortmund 1987, S. 632
S. 157, M 3: Zusammengestellt nach: W. Treue, H. Pönicke und K.-H. Mangold, Quellen zur Geschichte der industriellen Revolution, Göttingen u.a. 1966, S. 99 und W. Köllmann, Die industrielle Revolution, Stuttgart 1987, S. 51
S. 157, M 4: H. G. Steinberg: Das Ruhrgebiet im 19. und 20. Jahrhundert - ein Verdichtungsraum im Wandel, in: Siedlung und Landschaft in Westfalen - landeskundliche Karten und Hefte 16 (1985), S. 21
S. 158, M 2: Graf Alexander Stenbock-Fermor, Meine Erlebnisse als Bergarbeiter, 1. Aufl., Bottrop 2000 (Nach der Ausgabe J. Engelhorns, Nachf., Stuttgart 1928), S. 10 - 40
S. 159, M 4 + M 5: Graf Alexander Stenbock-Fermor, Meine Erlebnisse als Bergarbeiter, 1. Aufl., Bottrop 2000 (Nach der Ausgabe J. Engelhorns, Nachf., Stuttgart 1928), S. 10 - 40
S. 161, M 2: Aus: Zeitreise A2 neu, Leipzig 2005, S. 173, Q3
S. 161, M 4: Bodo Harenberg (Hg.), Chronik des Ruhrgebiets, Dortmund 1987, S. 172
S. 162, M 1: Meyers Jugendlexikon, hrsg. u. bearb. v. Meyers Lexikonredaktion, 6. Aufl., Meyers Lexikonverlag, Mannheim, Leipzig, Wien, Zürich 2005, S. 225
S. 163, M 2: Meyers Jugendlexikon, hrsg. u. bearb. v. Meyers Lexikonredaktion, 6. Aufl., Meyers Lexikonverlag, Mannheim, Leipzig, Wien, Zürich 2005, S. 612
S. 164, M 2: J. Kuczynski, Die Geschichte der Lage der Arbeiter unter dem Kapitalismus, Bd. 3, Berlin 1962, S. 338
S. 165, M 4: Der Textilarbeiter, Nr. 6, o. O., 1909
S. 165, M 6: www.dgb.de/themen/themen_a_z/abisz_doks/f/frauentag2007.pdf (Stand: 25. 7. 2007)
S. 167, M 2: Bote vom Niederrhein vom 12.01.1866, in: Stadt Duisburg, Dezernat für Bildung und Kultur (Hg.), Industrialisierung und soziale Frage in Duisburg, Duisburg 1982, S. 63
S. 169, M 3: Interview des Autors von 1998
S. 169, M 5: Sobernheimer Intelligenzblatt Nr. 87, vom 07.06.1905. Zit. nach: Flemming, Saul, Witt (Hg.), Quellen zur Alltagsgeschichte der Deutschen 1871 - 1914, Darmstadt 1997, S. 56
S. 171, M 3: Brief von Willi Zimmermann (20.7.1859), zit. nach: Wolfgang J. Helbich, „Alle Menschen sind dort gleich." Die deutsche Amerika Auswanderung im 19. und 20. Jahrhundert, Düsseldorf 1988, S. 97 f.
S. 173, M 2: Wolfgang J. Helbich, „Alle Menschen sind dort gleich". Die deutsche Amerika-Auswanderung im 19. und 20. Jahrhundert, Düsseldorf 1988, S. 114
S. 173, M 4: zusammengestellt vom Autor
S. 175, M 3: www.debatte-ruhrgebiet.de/politik/cdu_rede_ruettgers.shtml (Stand: 22.7.2005)
S. 175, M 4: Statistik der Kohlenwirtschaft e. V., Rellinghauser Str. 1, 45128 Essen Statistik veröffentlicht unter www.kohlenstatistik.de
S. 183, M 2: Zit. in: L. Helbig, Imperialismus, Frankfurt/M. 1976, S. 6
S. 183, M 4: Zit. in: L. Zimmermann, Der Imperialismus, Seine geistigen, wirtschaftlichen und politischen Zielsetzungen, Stuttgart 1955, S. 27
S. 184, M 2: Zit. nach: D. Rothermund, Der Freiheitskampf Indiens, Stuttgart 1976, S. 26 f.
S. 187, M 2: Zit. in: Erhard Meueler (Hg.), Unterentwicklung, Wem nützt die Armut der Dritten Welt? Reinbek bei Hamburg 1975, S. 34 f.
S. 188, M 1: Dreesbach, Anne, Gezähmte Wilde, Die Zurschaustellung „exotischer" Menschen in Deutschland 1870 - 1940, Frankfurt/M. 2005, S. 136 - 137
S. 191, M 2: Zit. nach: Marie-Luise Baumhauer, Dieter Hein und Sylvie Kurze, Imperialismus, Beltz, Weinheim-Basel 1978, S. 36
S. 191, M 3: Zit. nach: Altdeutsche Blätter, Nr. 12 vom 19. 3. 1904
S. 193, M 3: F. Dickmann (Hrsg.): Geschichte in Quellen, Bd. 3, BSV, München 1966, Nr. 31. In: H. D. Schmid: Fragen an die Geschichte Bd. 2, Frankfurt/M., o. J., S. 110
S. 193, M 4: R. Konetzke, Lateinamerika seit 1492, Stuttgart 1971, S. 80
S. 193, M 5: Leo Frobenius, Kulturgeschichte Afrikas, Zürich 1954, Seite 13 f., zit. nach: Jürgen Schrieb, Die Dritte Welt, in: Wochenschau für politische Erziehung, Sozial- und Gemeinschaftskunde, Schwalbach 1975, S. 46
S. 195, M 3: Nach: Andreas Kettel (Hrsg.), Volksliederbuch, Hamburg 1979, S, 144 f.
S. 197, M 2a): Zit. in: Walter Hubatsch, Die Ära Tirpitz, Göttingen 1955, S. 56
S. 197, M 2b): Zit. nach: Axel Kuhn, Deutsche Parlamentsdebatten, Bd. 1, S. 192 ff.
S. 197, M 3: Nach: W. Kleinknecht/H. Krieger (Hg.), Handbuch des Geschichtsunterrichts, Bd. 5, Frankfurt/M. 1965, S. 119 f.
S. 197, M 5: Nach: Reichsarchiv (Hg.), Kriegsrüstung und Kriegswirtschaft, Anlagenband, Mittler, 1930, S. 530
S. 199, M 2: Zit. nach: Phillip Witkop, Kriegsbriefe gefallener Studenten, Taubner, Leipzig 1915, S. 7 ff.
S. 200, M 1: aus: Geschichte und Geschehen 9, Tempora, Klett, Stuttgart 1988, S. 241, Übersetzer: Hans-W. Ballhausen
S. 201, M 4: Altenburger Zeitung für Stadt und Land vom 8. August 1914, in: Praxis Geschichte, Ebenda. S. 24
S. 202, M 2: Zit. nach: J. Hoffmann, Der Imperialismus und der Erste Weltkrieg, Frankfurt/M., S. 65 ff.
S. 205, M 2: Rudolf Hanslian, Der deutsche Gasangriff bei Ypern am 22. April 1915, zit. nach: Ich kam, sah und schrieb, Augenzeugenberichte aus fünf Jahrtausenden, hrsg. von Martin Wein, München 1964, S. 381 f.
S. 206, M 1: Zit. nach: Phillip Witkop, Kriegsbriefe gefallener Studenten, Taubner, Leipzig 1918, S. 85
S. 206, M 4: Zit. nach: Die letzten Tage der Menschheit, Bilder des Ersten Weltkrieges, hrsg. von Rainer Rother, Katalog zur Ausstellung im Deutschen Historischen Museum vom 10. Juni bis 28. August 1994., Berlin 1994, S. 97 f.
S. 207, M 4: Heimatbuch der Gemeinde Forst, Band 3, S. 365 f., zit. in: Lebendige Vergangenheit, Tempora, Geschichte 8, Klett, Stuttgart 1991, S. 106
S. 209, M 3: Volkswille (sozialdemokratisches) Organ für die Interessen der arbeitenden Bevölkerung der Provinz Hannover, Hannover, 25. Dezember 1915
S. 209, M 4: Zit. nach: Journal für Geschichte 1980/5, Braunschweig S. 28/34
S. 211, M 3: Zit. nach: Journal für Geschichte 1980/5, Braunschweig S. 28/34
S. 211, M 4: Zit. nach: Stahl und Steckrüben, Bd. 1, Hameln/Hannover 1993, S. 332
S. 211, M 6: Zit. nach: W. Mühlhausen/B. Braun (Hg.), Friedrich Ebert und seine Familie, Private Briefe 1909-1924, München 1992, S. 95 ff.
S. 212, M 2: Geschichte in Quellen, Bd. 6, BSV, München 1979, S. 104, Berab.: Günter Schönbrunn
S. 213, M 3: Zit. nach: Die letzten Tage der Menschheit, Bilder des Ersten Weltkrieges, hrsg. von Rainer Rother, Katalog zur Ausstellung im Deutschen Historischen Museum vom 10. Juni bis 28. August 1994, Berlin 1994, S. 119
S. 213, M 5: Zit nach: Donauwörther Quellenbogen, Hrsg. Benedikt Nett, Geschichte 22, Cassianeum, Donauwörth o. J., 15
S. 213, M 6: Statistisches Material vom Verf. zusammengestellt, nach W. Köllmann, Bevölkerungsploetz, Würzburg 1965 f.
S. 215, M 4: Stadtarchiv Kaiserslautern, Akte Pfälzische Presse, Kaiserslautern, den 13. 7. 1931

Bildquellen

Cover o.: Klett-Archiv (Grit Kleindienst), Stuttgart;
Cover u.: Caro Fotoagentur (Oberhäuser), Berlin;
S. 7 l.: Bridgeman Art Library, Berlin;
S. 7 r.: Mauritius (imagebroker), Mittenwald;
S. 8 l.: Schloß Schönbrunn Kultur- und Betriebsgesellschaft (Herr Weiler), Wien;
S. 8 r.: BPK (Nationalgalerie, SMB), Berlin;
S. 9 l.: Panorama Hüttenwerke Oberhausen AG (HOAG), 1951, Fotosammlung Rheinisches Industriemuseum, Foto Bernhard Obberg;
S. 9 r.: ullstein bild, Berlin;
S. 10, 1: Klett-Archiv (Bünstorf (Altenberge)), Stuttgart;
S. 10, 2: TransFair e. V., Köln;
S. 10, 3: gepa, Wuppertal;
S. 10, 4: Klett-Archiv (Eck, Braunschweig), Stuttgart;
S. 10, 5: Germanisches Nationalmuseum, Nürnberg;
S. 10, 6: AKG, Berlin;
S. 10 u.: Bridgeman Art Library (New-York Historical Society), Berlin;
S. 11, 1: Matthias Perko, Wien;
S. 11, 2: Klett-Archiv (Hartmut Fahrenhorst), Stuttgart;
S. 11, 3: Kunsthistorisches Museum, Wien;
S. 11, 4: ullstein bild (Archiv Gerstenberg), Berlin;
S. 11, 5: BPK, Berlin;
S. 12, M 1: AKG, Berlin;
S. 12, M 2: AKG, Berlin;
S. 13, M 3: Dorling Kindersley Ltd., London;
S. 13, M 4: Österreichische Nationalbibliothek, Wien;
S. 14, M 1: BPK (Jörg P. Anders/Skulpturensammlung), Berlin;
S. 15, M 2: AKG, Berlin;
S. 15, M 3: Bridgeman Art Library, Berlin;
S. 15, M 4: AKG, Berlin;
S. 16, M 2: Stadtbibliothek Nürnberg, Nürnberg;
S. 17, M 5: StockFood, München;
S. 17, M 6: StockFood, München;
S. 17, M 7: StockFood, München;
S. 17, M 8: StockFood, München;
S. 17, M 9: StockFood, München;
S. 17, M 10: StockFood, München;
S. 17, M 11: StockFood, München;
S. 17, M 12: StockFood, München;
S. 18, M 1: Katja Wehner, Leipzig, Klett-Archiv, unter Verwendung einer Vorlage der Bayerischen Staatsbibliothek München;
S. 20, M 1: Germanisches Nationalmuseum, Nürnberg;
S. 20, M 2: aus: Deacon, Die Meere der Welt – ihre Eroberung, ihre Geheimnisse, Stuttgart 1963;
S. 21, M 3: AKG, Berlin;
S. 22, M 1: The Ancient Art&Architecture, Pinner;
S. 24, M 1: AKG, Berlin;
S. 26, M 1: Kunsthistorisches Museum, Wien;
S. 27, M 4: Shostal (Shostal Associates Inc.), New York;
S. 27, M 6: Archivo Iconografico SA, Barcelona;
S. 28, M 1: AKG, Berlin;
S. 29, M 2: The Ancient Art&Architecture, Pinner;
S. 30, M 2: FOCUS (Urs Kluyver), Hamburg;
S. 31, M 3: FOCUS (Hans Silvester), Hamburg;
S. 31, M 5: Klett-Archiv (Eberhard Gloger), Stuttgart;
S. 32, M 1: AP, Frankfurt am Main;
S. 32, M 2: Hansmann Bildarchiv (Interfoto, München), München;
S. 32, M 3: Corbis, Düsseldorf;
S. 34, M 1: BPK, Berlin;
S. 34, M 2: Architect of the Capitol;
S. 35, M 5: 7. Station „Bodenlos" aus: Der Misereor-Kreuzweg und das Misereor-Hungertuch aus Lateinamerika von A. P. Esquivel (c) MVG Medienproduktion, Aachen 1992;
S. 36, M 1: Klett-Archiv (Bünstorf, Altenberge), Stuttgart;
S. 36, M 2: Argus (Boris Rostami-Rabet), Hamburg;
S. 37, M 3: Klett-Archiv (Kroß), Stuttgart;
S. 37, M 4: Müller, Dr. Jürg, Schaffhausen;
S. 38, M 1: McRae Books SrL, Florenz;
S. 39, M 2: AKG, Berlin;
S. 39, M 3: AKG, Berlin;
S. 40, M 1: BPK, Berlin;
S. 40, M 2: Klett-Archiv (Eberhard Gloger), Stuttgart;
S. 41, M 3: Klett-Archiv (Eberhard Gloger), Stuttgart;
S. 41, M 4: Klett-Archiv (Eberhard Gloger), Stuttgart;
S. 42, M 1: Klett-Archiv (Fritz Wolfram), Stuttgart;
S. 42, M 2: Klett-Archiv (Hartmut Fahrenhorst), Stuttgart;
S. 43, M 5: Klett-Archiv (Fritz Wolfram), Stuttgart;
S. 43, M 6: laif (Le Figaro Magazine/Jean Michel Voge), Köln;
S. 44, M 1: Klett-Archiv (Klotz (Verl)), Stuttgart;
S. 45, M 1: Klett-Archiv (Guiskard Eck), Stuttgart;
S. 45, M 3: GEPA, Schwelm;
S. 45, M 4: gepa, Wuppertal;
S. 45, M 5: TransFair e. V., Köln;
S. 47: Klett-Archiv (Eck, Braunschweig), Stuttgart;
S. 48.1: Alamy Images RM (Michael Doolittle), Abingdon, Oxon;
S. 48.2: Peter Newark's Pictures, Bath;
S. 48.5: Action Press (ZUMA PRESS INC), Hamburg;
S. 48.6: AKG, Berlin;
S. 48 u.: Mauritius (imagebroker), Mittenwald;
S. 49.1: Picture-Alliance (UPI Photo/Art Foxall/Landov), Frankfurt;
S. 49.2: Corbis (Picture Press), Düsseldorf;
S. 49.5: ullstein bild, Berlin;
S. 49.6: Rainer Hackenberg, Köln;
S. 51, M 2: Peter Newark's Pictures, Bath;
S. 52, M 1: Museum Neu-Mexico;
S. 54, M 1: Courtesy, National Museum of the American Indian, Smithsonian Institution (T010617), Photo by Janine Sarna Jones;
S. 57, M 1: geobra Brandstätter GmbH & Co. KG (Playmobil), Zirndorf;
S. 57, M 2: Tessloff Verlag (Tesloff Verlag), Nürnberg;
S. 57, M 4: Karl-May-Verlag, Bamberg;
S. 57, M 5: Interfoto, München;
S. 58, M 1: Corbis (Stefano Amantini), Düsseldorf;
S. 58, M 2: Corbis (Bettmann), Düsseldorf;
S. 60, M 1: AKG, Berlin;
S. 62, M 1: Bridgeman Art Library, Berlin;
S. 64, M 1: ullstein bild (Granger Collection), Berlin;
S. 66, M 1: BPK, Berlin;
S. 67, M 2: AKG, Berlin;
S. 68, M 1: ullstein bild, Berlin;
S. 68, M 2: Bridgeman Art Library, Berlin;
S. 68, M 3: AKG, Berlin;
S. 70, M 1: Corbis (Picture Press), Düsseldorf;
S. 70, M 2 l.: Cumberland;
S. 70, M 2 r.: Cumberland;
S. 71, M 3: Rainer Hackenberg, Köln;
S. 72, M 1: Corbis (Picture Press), Düsseldorf;
S. 76.3: AKG (Bildarchiv Monheim), Berlin;
S. 76.4: Klett-Archiv (Henry Zeidler), Stuttgart;
S. 76.5: RMN (Gerard Blot), Paris;
S. 76.6: AKG, Berlin;
S. 76 u.: Schloß Schönbrunn Kultur- und Betriebsgesellschaft (Herr Weiler), Wien;
S. 77.1: Amnesty International, Bonn;
S. 77.2: Getty Images (Reuters/Langsdon), München;
S. 77.3: Klett-Archiv (Henry Zeidler), Stuttgart;
S. 77.4: AKG, Berlin;
S. 77.5: AKG, Berlin;
S. 78, M 1: RMN (Gerard Blot), Paris;
S. 79, M 2: Interfoto, München;
S. 80, M 1: BPK, Berlin;
S. 81, M 2: AKG, Berlin;
S. 81, M 3: Bibliothèque nationale de France, Paris;
S. 82, M 1: AKG, Berlin;
S. 83, M 3: Sächsische Landesbibliothek, Dresden;
S. 85, M 4: Bibliothèque nationale de France, Paris;
S. 86, M 1: AKG, Berlin;
S. 86, M 2: Mauritius, Mittenwald;

S. 87, M 4: BPK (Stiftung Preußische Schlösser), Berlin;
S. 88, M 2: AKG, Berlin;
S. 89, M 3: ullstein bild, Berlin;
S. 89, M 4: Süddeutscher Verlag (Rue des Archives), München;
S. 89, M 7: AKG, Berlin;
S. 90, M 1: AKG, Berlin;
S. 90, M 4: AKG, Berlin;
S. 92, M 1: AKG, Berlin;
S. 93, M 2: AKG, Berlin;
S. 94, M 1: AKG, Berlin;
S. 95, M 2: BPK (RMN), Berlin;
S. 99, M 3: Bridgeman Giraudon, Paris;
S. 100, M 1: AKG, Berlin;
S. 100, M 2: AKG, Berlin;
S. 101, M 3: Bridgeman Art Library (Giraudon), Berlin;
S. 101, M 4: Paris, Louvre, Collection Rothschild - 3807DR/(c) BPK (RMN/Thierry Le Mage), Berlin;
S. 102, M 1: BPK (RMN), Berlin;
S. 103, M 4: AKG, Berlin;
S. 104, M 1: Bridgeman Giraudon, Paris;
S. 105, M 2: Corbis, Düsseldorf;
S. 105, M 3: Bridgeman Giraudon, Paris;
S. 106, M 1: AKG, Berlin;
S. 112.1: Comstock (RF), Luxemburg;
S. 112.2: Klett-Archiv (Horst Troiza), Stuttgart;
S. 112.3: AKG, Berlin;
S. 112.4: BPK, Berlin;
S. 112 u.: BPK (Nationalgalerie, SMB/Jörg P. Anders), Berlin;
S. 113.1: Action Press (Langbehn/Pollex), Hamburg;
S. 113.2: Corbis (Uwe Schmid), Düsseldorf;
S. 113.3: BPK, Berlin;
S. 113.4: BPK, Berlin;
S. 114, M 1: AKG, Berlin;
S. 116, M 1: AKG, Berlin;
S. 117, M 2: AKG, Berlin;
S. 118, M 1: BPK, Berlin;
S. 119, M 2: BPK, Berlin;
S. 121, M 2: BPK, Berlin;
S. 122: AKG, Berlin;
S. 125, M 2: AKG, Berlin;
S. 125, M 4: Picture-Alliance (dpa), Frankfurt;
S. 125, M 5: BPK, Berlin;
S. 126, M 1: BPK, Berlin;
S. 127, M 3: BPK, Berlin;
S. 127, M 4: AKG, Berlin;
S. 127, M 5: BPK, Berlin;
S. 128, M 1: AKG, Berlin;
S. 129, M 3: ullstein bild, Berlin;
S. 129, M 5: BPK, Berlin;
S. 130, M 1: BPK, Berlin;
S. 130, M 1: DHM, Berlin;
S. 130, M 2: Creativ Collection Verlag GmbH (RF), Freiburg;
S. 131, M 3: Schulmuseum-Werkstatt für Schulgeschichte, Leipzig;
S. 131, M 4: ullstein bild (Steffens), Berlin;
S. 132, M 1: vario images (bonn sequenz), Bonn;
S. 133, M 2: Picture-Alliance (Tim Brakemeier), Frankfurt;
S. 133, M 3: Erich Schmidt Verlag, Berlin;
S. 133, M 4: Picture-Alliance (dpa/Uli Deck), Frankfurt;
S. 133, M 5: ullstein bild (Sven Simon), Berlin;
S. 134: BPK, Berlin;
S. 136.1: Akash, G.M.B., Hamburg;
S. 136.2: Klett-Archiv, Stuttgart;
S. 136.3: Klett-Archiv, Stuttgart;
S. 136.5: Deutsche Bahn Museum im Verkehrsmuseum, Nürnberg;
S. 136 u.: Panorama Hüttenwerke Oberhausen AG (HOAG), 1951, Fotosammlung Rheinisches Industriemuseum, Foto Bernhard Obberg;
S. 137.1: CentrO, Oberhausen;
S. 137.2: Feuer & Flamme. 200 Jahre Ruhrgebiet. Die Ausstellung im Gasometer Oberhausen. 19. Mai bis 15. Oktober 1995. Ausstellungskatalog, 2. Aufl.,(c) Klartext Verlag Essen 1995,S. 289;
S. 137.3: Klett-Archiv, Stuttgart;
S. 137.4: AKG, Berlin/(c) VG Bild-Kunst, Bonn 2007;
S. 137.5: ullstein bild (Oberhauser/CARO), Berlin;
S. 138, M 1: Deutsche Bahn Museum im Verkehrsmuseum, Nürnberg;
S. 140, M 1: BPK, Berlin;
S. 140, M 2: Heritage-Images, London EC1R 0NE;
S. 141, M 3: Bridgeman Art Library, Berlin;
S. 142, M 1: Artothek (Ursula Edelmann), Weilheim;
S. 143, M 3: BPK, Berlin;
S. 144, M 1: AKG, Berlin;
S. 145, M 3: AKG, Berlin/(c) VG Bild-Kunst, Bonn 2007;
S. 147, M 2: Stadt Bochum, Presseamt, Bochum;
S. 148, M 1: Lutz Niethammer, Bodo Hombach, u. a. (Hg.): Die Menschen machen ihre Geschichte nicht aus freien Stücken, aber sie machen sie selbst, (c) Klartextverlag Essen 2006, S. 88;
S. 148, M 2: Stadt Dortmund,Fritz-Hüser-Institut/Brambauer;
S. 149, M 4: Klaus Tenfelde: Sozialgeschichte der Bergarbeiterschaft an der Ruhr im 19. Jahrhundert. Verlag Neue Gesellschaft: Bonn - Bad Godesberg. 1977, Abb. 17 (c) Verlag J. H. W. Dietz Nachf., Bonn;
S. 150, M 1: BPK, Berlin;
S. 151, M 4: ZDF, Mainz;
S. 151, M 5: BPK, Berlin;
S. 152, M 3: Getty Images, München;
S. 153, M 5: Montanhistorisches Dokumentationszentrum, Bochum;
S. 153, M 6: Neue Ruhr Zeitung/Neue Rhein Zeitung vom 12.09.2006;
S. 154, M 1: aus: Sigrid und Wolfgang Jacobeit, Illustrierte Alltagsgeschichte des deutschen Volkes 1810 - 1900, S. 120, Schönbrunn-Verlag Wien, (c) Urania Verlag, Verlag für populärwissenschaftliche Literatur, Leipzig 1987;
S. 155, M 3: AKG, Berlin;
S. 155, M 5: Akash, G.M.B., Hamburg;
S. 158, M 2: Montanhistorisches Dokumentationszentrum, Bochum;
S. 159, M 3: Thyssen Krupp Stahl AG, Duisburg;
S. 160, M 1: BPK, Berlin;
S. 161, M 3: AKG, Berlin;
S. 165, M 3: Deutsches Tabak- und Zigarrenmuseum, Bünde;
S. 165, M 5: MEV, Augsburg;
S. 165, M 6: DGB, Berlin;
S. 166, M 1: AKG, Berlin;
S. 167, M 4: BPK, Berlin;
S. 168, M 1, M 2: Stadtbildstelle, Essen;
S. 169, M 4: BPK, Berlin;
S. 169, M 5b: Klett-Archiv (Christoph Heimbach), Stuttgart;
S. 169, M 6: Montanhistorisches Dokumentationszentrum, Bochum;
S. 171, M 2: Corbis (Bettmann), Düsseldorf;
S. 172, M 1: BPK, Berlin;
S. 174, M 1: Historisches Archiv Krupp, Düsseldorf;
S. 174, M 2: CentrO, Oberhausen;
S. 175, M 5: ullstein bild (Oberhauser/CARO), Berlin;
S. 178.1: Gabriele Klimek, Hildesheim;
S. 178.2: aus: Zeiten Menschen Kulturen, Heft 7, S. 113; Bild 1;
S. 178.3: Volksbund Deutscher Kriegsgräberfürsorge, Kassel;
S. 178.4: BPK, Berlin;
S. 178.5: BPK, Berlin;
S. 178.6: ullstein bild, Berlin;
S. 178 u.: ullstein bild, Berlin;
S. 179.1: AKG, Berlin;
S. 179.2: Interfoto, München;
S. 179.3: Museum Wustrow, Wustrow (Wendland);
S. 179.4: ullstein bild, Berlin;
S. 182, M 1: AKG, Berlin;
S. 182, M 3: aus: Niall Ferguson: Empire. How britain made the modern world. Penguin;
S. 184, M 1: BPK (Franz Jüttner), Berlin;
S. 185, M 4: ullstein bild (Archiv Gerstenberg), Berlin;
S. 186, M 1: BPK, Berlin;
S. 187, M 3: aus: Zeiten Menschen Kulturen, Heft 7, S. 113; Bild 1;
S. 187, M 4: Picture-Alliance (epd/Albert-Schweitzer-Zentrum), Frankfurt;

S. 187, M 5: AKG, Berlin;
S. 188, M 2: CCC, www.c5.net (Hürlimann), Pfaffenhofen a.d. Ilm;
S. 189, M 3: Interfoto, München;
S. 190, M 1: ullstein bild, Berlin;
S. 192, M 1: BPK, Berlin;
S. 192, M 2: AKG, Berlin;
S. 193, M 6: Historisches Museum (Ursula Seitz-Gray), Frankfurt;
S. 193, M 7: Museum für Gestaltung, Zürich;
S. 194, M 1: BPK, Berlin;
S. 195, M 2: AKG, Berlin;
S. 195, M 4: BPK, Berlin, VG Bild-Kunst, Bonn 2007;
S. 196, M 1: BPK, Berlin;
S. 197, M 4: BPK, Berlin;
S. 198, M 1: BPK, Berlin;
S. 199, M 4: Stehle, Karl, München;
S. 200, M 1: Wilhelm Stöckle, Filderstadt;
S. 201, M 3: Stehle, Karl, München;
S. 201, M 5: Süddeutscher Verlag, München;
S. 202, M 1: Süddeutscher Verlag, München;
S. 203, M 3: aus: Chronik 1914. Tag für Tag in Wort und Bild, Chronik Verlag;
S. 204, M 1: ullstein bild, Berlin;
S. 205, M 3: Interfoto, München;
S. 205, M 4: BPK, Berlin;
S. 207, M 3: ullstein bild, Berlin;
S. 208, M 1: BPK, Berlin;
S. 209, M 2: ullstein bild, Berlin;
S. 210, M 1: ullstein bild, Berlin;
S. 211, M 6: AKG, Berlin;
S. 212, M 1: Süddeutscher Verlag, München;
S. 213, M 4: Corbis (Bettmann), Düsseldorf;
S. 214, M 1: Klett-Archiv (Horst Troiza), Stuttgart;
S. 214, M 2: Gabriele Klimek, Hildesheim;
S. 215, M 3: Ursula Seitz-Grey, Frankfurt;

Nicht in allen Fällen war es uns möglich, den Rechteinhaber der Abbildungen ausfindig zu machen. Berechtigte Ansprüche werden selbstverständlich im Rahmen der üblichen Vereinbarungen abgegolten.

Aufbruch in eine neue Zeit

1492
Martin Behaim stellt den ersten Globus her.

1492
Kolumbus entdeckt Amerika.

1521
Cortés erobert Tenochtitlan/Mexiko.

um 1600
Zwangsarbeiter werden aus Afrika geholt.

Absolutismus und Aufklärung

1643 – 1715
Ludwig XIV. regiert in Frankreich als absolutistischer Herrscher.

14. Juli 1789
Erstürmung der Bastille und Beginn der Französischen Revolution.

14. Juli 1789
Erklärung der Menschenrechte

1799 – 1814
Napoleon führt im Namen Frankreichs viele Kriege.

Fortschritt im 19. Jahrhundert

1769
James Watt erfindet die Dampfmaschine.

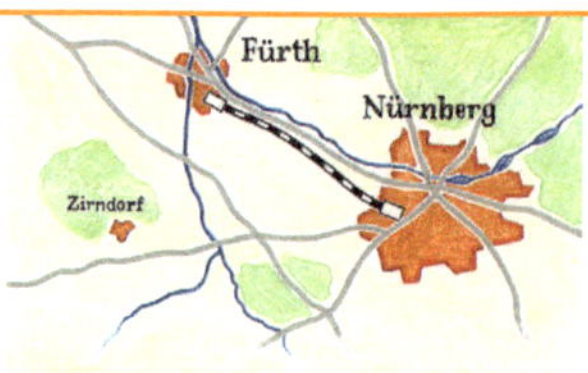

1835
Die Eisenbahnstrecke Nürnberg – Fürth wird eröffnet.

1844
Aufstand der schlesischen Weber.

1960
Im Ruhrgebiet setzt das Zechensterben ein.